南島文化研究所叢書

4

共同売店の新たなかたちを求めて

―沖縄における役割・課題・展望―

共同売店の新たなかたちを求めて —— 目次

共同店の設立

宮城栄昌

沖縄村落の社会的特質
―沖縄農村の自作農的性格を中心に―

与那国　暹

共同体の経済組織に関する一考察
―沖縄県国頭村奥区の「共同店」を事例として―

玉野井　芳　郎・金　城　一　雄

共同店

堂　前　亮　平

共同売店から見えてくる沖縄村落の現在

宮城能彦

沖縄本島北部の共同売店の立地と経営形態の変化
―国頭村・大宜味村・東村を事例として―

小川　護

共同性の創発
―土地整理事業以後の沖縄の村落共同体―

上地一郎

第二編　共同売店の過去・現在と展望

企業の社会的責任と社会的企業の経済的責任
―共同体的複合事業協同組合としての共同売店の過去、現在そして将来―

村上了太

過疎高齢化地域における小規模小売店（共同売店）
―維持可能性に関する定量的試算―

小巻泰之

共同売店における地域福祉の役割
―住民主体の地域ケアシステム―

中村丘学

期待概念あるいは自己投影としての沖縄村落共同体および共同売店研究

宮城能彦

はじめに

小川　護

沖縄国際大学南島研究所が地元沖縄における研究センターと資料センターの役割を併せ持つ機関として一九七八年四月に設立されて二〇二〇年で四二年目を迎えます。本研究所設立の一つには沖縄における学際的な共同研究を行う場としての目的がありました。そして琉球列島（南西諸島）の島々を対象とする学問研究の発展に寄与することを目指しています。

この学際的共同研究として、本研究所が設立当時最初に着手したのが、「共同店（共同売店）」の研究だったのです。ちなみに共同店とは、沖縄本島や離島の一部に存立する独自の特色をもった商店のことです。共同店は基本的に字による区画で、農山村や離島地域では概ね一つの村落から構成され、それを単位として字《あざ》の全住民の出資によって運営されています。また共同店は村落の中で唯一の商店であるところも少なくなく、そのようなところでは共同店が村落の「まち」を果たしています（一九九七年堂前）。その意味から共同店の歴史学、地理学、社会学、民俗学、経営学など多面的視点で共同研究を行うことは、ひいては沖縄の持つ、独自な商業空間の特性を知ることであり、また村落共同体のメルクマールとしての共同店を取り上げることによって、沖縄のシマ社会（村落共同体社会）を探ることでもあるのです。

そこで南島文化研究所（以下、略して南島研）では、これまでの南島研を中心とする共同店研究を整理し、当研究を今後さらなる発展を目的に、南島研の年間行事の中で最大の事業である市民講座において、二〇一六年に第三八回市民講座「共同売店の新たなかたちを求めて―沖縄における役割・課題・展望―」が開催されました。基調講演では、堂前亮平氏（南島文化研究所特別研究員・久留米大学文学部名誉教授）「一九七〇年～八〇年代における沖縄の共同売店（『南島文化』創刊号掲載の共同売店論文を中心に）」のテーマで講演がありました。パネリスト報告では、宮城能彦氏（南島文化研究所特別研究員・沖縄大学人文学部教授）、沖縄・奄美における共同売店の課題と可能性、村上了太氏（南島文化研究所所員・沖縄国際大学経済学部教授）「共同売店のマネジメント―英国との比較に見る経済性と社会性の両立―」、糸満盛也氏（奥区区長・奥共同店元主任）「地域活性化と奥共同店の課題」がそれぞれ登壇されました。最後に総合討論で、今後の共同店のあり方など活発な討論がフロアーから多数ありました。

その後、このシンポジウムを切掛けとして共同店研究を総括し、今後の展望を考える書籍を発刊してはどうかという声が宮城能彦氏をはじめ学内外の関係者から持ち上がり、この度、南島研叢書第四巻として発刊に至った次第です。

本書を発刊するにあたっては、堂前亮平氏、宮城能彦氏、村上了太氏のシンポジウムでご講演、ご報告いただいた関係者のほかに、近年、沖縄における共同店研究に取り組んでいる小巻泰之氏（大阪経済大学教授・ミクロ経済学）のご協力を得て、数回に渡り編集会議を重ねてまいりました。その結果、本書の構成は、第一編では、これまでの共同売店研究を振り返り、まとめる意味で、最初に宮城能彦氏による共同売店研究史の解題をお願いし、その次にこれまで学会誌・大学紀要で発表された共同店研究における主要研究の論文の採録を行っています。具体的には、平恒次氏「琉球村落の研究—国頭村奥区調査報告」（一九五七、琉球大学文理学部編『琉球大学文理學部紀要（人文科学）』第二号、一—五三ページ。なお本書ページ数の関係から本書一部所収）、宮城栄昌氏「共同店の設立」（一九六七、「共同店の設立」『国頭村史』、四九二—五〇六ページ）、与那国暹氏「沖縄村落の社会的特質、沖縄」（一九七六、沖縄村落の社会的特質、沖縄—自然・文化・社会、九学会連合沖縄調査委員会、弘文堂、五六八—五七四ページ）、玉野井芳郎氏・金城一雄氏「共同体の経済組織に関する一考察」（沖縄国際大学商経学部編『商経論集』第七巻第一号、一—二四ページ）、堂前亮平氏「共同店」（『沖縄の都市空間』（一九九七）古今書院一三三—一四八ページ。堂前亮平他「共同店と村落共同体（一）沖縄北部の事例」『南島文化』創刊号四七—一八六ページのうち著者が担当した「安田共同店」部分を一部修正して掲載）、宮城能彦氏「共同売店から見えてくる沖縄村落の現在」（二〇〇四、『村落社会研究』第一一巻第一号、一三—二四ページ）、拙著「沖縄本島北部の共同売店の立地と経営形態の変化—国頭村・大宜味村・東村を事例として—」（二〇〇八、『沖縄地理』第八号、一三—二三ページ）、上地一郎氏「共同性の創発」（二〇一四、高岡法科大学法学会編『高岡法学』第三二号、一—二六ページ）となっています。

第二編では、これまでの共同店研究の蓄積を踏まえて、今日さらには将来にわたる課題と展望について、現時点における共同店の学術的研究を中心とする論文を中心に取り扱いました。内容としては、村上了太氏「企業の社会的責任と社会的企業の経済的責任」（書き下ろし）、小巻泰之氏「過疎高齢化地域における小規模小売店―維持可能性に関する定量的試算」(書き下ろし)、中村丘学氏「共同売店における地域福祉の役割」(書き下ろし)、宮城能彦氏「期待概念あるいは自己投影としての沖縄村落共同体および共同売店研究」(二〇一六、『社会学評価』六七―四、三六八―三八二ページに二〇一八~二〇、科研報告書基盤研究C「沖縄村落共同体像を問い直す―近代沖縄村落共同体の形成過程と本質」)となっています。

本書の刊行が今後の沖縄における共同店研究の礎の一部となることを願ってやみません。最後になりましたが、本書を出版するにあたり編集に多大なるご協力いただいた堂前亮平氏、宮城能彦氏、村上了太氏、小巻泰之氏に感謝申し上げます。また、出版に際して、本書の意義を理解し、出版にご協力いただきました前南島研所長上原靜氏、現南島研所長崎浜靖氏、そして諸々の事務的処理をこなしてくださった前南島研支援助手の打越正行氏(現和光大学講師)、現南島研支援助手の宮平盛晃氏、研究支援課事務方各位に感謝いたします。

解題

宮城能彦

共同売店研究の先駆的な研究は田村浩による昭和二年の『琉球共産村落之研究』である。田村は、沖縄の村落共同体の資料を大量に収集し、奥の共同店についても深く論及した。

田村浩に始まる沖縄・奄美の共同売店[1]研究は、三つの時期に区分することができる。

第一期は田村『琉球村落之研究』(一九二七年)およびそれを批判的に継承した平恒次「琉球村落の研究―国頭村奥区調査報告―」(一九五七年)(本書一部所収)そして、『国頭村史』所収の宮城栄昌「共同店」(一九六七年)(本書所収)である。あるいは、直接の共同売店研究ではないが、鳥越憲三郎「古代琉球社会の研究」(一九三四年)があげられる。

第一期の特徴は、その問題意識が「琉球における資本主義の性格を理解したい」あるいは「村落共同体は資本主義体制の下に如何様に変化して来たのか」(平:一九五七)にある。特に田村においては Village Community の訳語として敢えて「共産村落」「村落共産体」としているところに、その問題意識が明確に表れている。田村の著作が発表された後、多くの研究者が奥に「原始共産制」の名残を探しにやって来たというが、もちろん多くの研究者が失望して帰ることになる。[2]

余談ではあるが、奥=原始共産制が残るムラというレッテルは戦後も続き、中国共産党による中華人民共和国建国の影響で、奥＝共産主義のムラというイメージが広まったという。そのために奥出身者は進学先の高校や職場で共産主義者だと疑われることがあった。

この時期の研究は、平も言及しているように、大塚久雄「共同体の基礎理論」やマルクスの「資本主義に専横する諸形態」がそのベースになっており、唯物論的経済史の研究対象であった。

第二期は一九七二年の沖縄日本復帰前後に行われた九学会連合による沖縄の総合的調査における与那国暹、一九七六、「沖縄村落の社会的特質―沖縄農村の自作的性格を中心に―」（『沖縄―自然・文化・社会』九学会連合沖縄調査委員会、弘文堂、所収）から始まる。（本書所収）

与那国は、田村・平らの問題意識を引き継ぎ、大塚久雄やマックス・ウエーバーの理論をベースに、奥の共同店を「共同店はかくして資本主義的営利主義の攪乱から村落共同体を防衛する共同組織として設立に至った」のであり、「共同店の出現が地割制下の村落共同体に密着した共同組織として、その伝統と理念を受け継いでいることは否定できない」とした。（詳しくは本書第二編拙著「期待概念あるいは自己投影としての沖縄村落共同体および共同売店研究」参照）

与那国の研究を継承しより実証的に奥共同店を調査研究したのが、玉野井芳郎・金城一雄、一九七八、共同体の経済組織に関する一考察―沖縄県国頭村奥区の調査共同店」を事例として―」である。それに続き、沖縄本島北部の共同売店の総合的調査研究として金字塔を打ち立てたのが、沖縄国際大学南島文化研究所『南島文化創刊号』所収の安仁屋政昭・玉城隆雄・堂前亮平、一九七九、共同店と村落共同体―沖縄本島北部農村地域の事例（一）」（本書所収）であった。

これらの調査研究の特徴は、地理学・歴史学・社会学者が共同で行ったまさに「総合研究」というところにある。これまでの共同売店研究は主に奥共同店あるいは奥集落における共同売店の研究であったが、ここではじめて、沖縄における共同売店の現状が明らかになり、その分布、立地、それぞれの設立時期、設立後の経緯などが解明された。

南島文化研究所における共同売店の総合的調査はその後も特に離島地域で行われ、我々は共同売店の全体像をみることができるようになった。その後、沖縄国際大学南島文化研究所紀要や『地域研究シリーズ』などにおいて、堂前亮平を中心に次々と共同売店の調査報告が行われるようになっていく。

・安仁屋政昭、堂前亮平、一九八一年、「波照間島・石垣島・西表島の共同店と村落構造」沖縄国際大学南島文化研究所編『地域研究シリーズ№三 波照間島調査報告書』六七―七六。
・安仁屋政昭、玉城隆雄、堂前亮平、一九八三年、「共同店と村落共同体（二）――沖縄本島中南部地域と離島の事例」沖縄国際大学南島文化研究所編『南島文化』第五号、一六五―二二九。
・堂前亮平、一九八三年、「共同店の設立と経営形態」宮城栄昌・高宮廣衛編『沖縄歴史地図〈歴史編〉』柏書房、一五〇。
・堂前亮平、一九八四年、「伊平屋・伊是名における共同売店と村落共同体」沖縄国際大学南島文化研究所編『地域研究シリーズ№五 伊平屋・伊是名調査報告書』二五―三〇。

それらの調査とは別に、共同売店発祥の地といわれる国頭村奥の共同店について綿密かつ総合的に調査したのが、仲間勇栄、一九八〇年、「沖縄県国頭村奥共同店の機能に関する研究」『協同組合奨励研究報告』第六輯、（全国農業協同組合中央会）である。

ところが、その後しばらく、共同売店研究は暫く途切れた形になる。その要因は、共同売店の実態調査によって、その全体像がかなり明確になったこと。あらたな視点を見出しにくくなったこと、そして、日本の村落研究において、沖縄の村落あるいは村落共同体研究が九学会連合による調査研究の行き詰まりを打開することなく、政治的問題や基地問題などにシフトしていったことが考えられる。

その間、沖縄本島の北部や離島では、社会資本、とくに道路などのインフラ整備が急速に進み、同時に過疎化と高齢化が加速していった。そのために共同売店の閉店も相次ぎ、むしろ交通が不便なところにこそ共同売店が存続し、「経営がなりたっているのが不思議」な状態へと変化していく。それらの時代的な変化を踏まえ、共同売店研究が次第に活発化してきたのが、二〇〇〇年頃からの第三期である。

その契機となったが、僭越ながら拙著「共同売店から見えてくる沖縄村落の現在」（二〇〇四年）（本書所収）である。ここでの問題提起は主に、①客観的に見て経営が著しく困難である共同売店がまだ存続できているのはなぜか、②これまでの生産地としての村落研究を、消費地あるいは生活の場という視点から見直すというところにあった。そこから見えてきたのは、「高齢者のために続ける」という地域福祉的な機能や情報交換の場としての共同売店の姿であった。

一方で、沖縄国際大学南島文化研究所による調査を継承し、その後の共同売店の実態を明らかにしたのが、小川護「沖縄本島北部の共同売店の立地と経営形態の変化―国頭村・大宜味村・東村を事例として」（二〇〇八年）（本書所収）である。

その後、日本全国において、過疎地、超高齢化地域における「買物弱者」が注目されるようになり、その対策のヒントとしての沖縄の共同売店が注目されるようになっていく。

その一方で、これまでとは全く異なった視点による共同売店研究も登場するようになった。その一つが、歴史・法社会学者の上地一郎による「沖縄社会の近代法制度への包摂とその影響―歴史法社会学的分析―」（二〇〇八年）である。上地は、近世沖縄村落の研究から、これまでの「共同店はかくして資本主義的営利主義の攪乱から村落共同体を防衛する共同組織として設立に至った」という定説を覆すような論を展開しており、共同売店研究のみならず、近世近代沖縄（村落共同体）史としても注目すべき論考である。

また、近年の、買物弱者対策としての共同売店研究のほとんどが「現状報告」の域を出ないなか、英国の共同売店を視野においた本質的・根源的な研究が経営学や経済学から出てきた。これが、本書第二編所収の、村上論文「企業の社会的責任と社会的企業の経済的責任―共同体的複合事業組合としての共同売店の過去、現在そして将来―」、と小巻泰之論文「過疎高齢化地域における小規模小売店（共同売店）～維持可能性に関する定量的試算～」である。

これらの論文は共同売店研究において、いわば本家ともいえる英国の実証研究を踏まえたという点や、共同体研究が観念的な「ユートピアとしての自己投影」になりがちであるというところから無縁の研究であるという点、そしてより具体的な数値を示すことによってより現実的でシビアな共同売店が考察されているという点で画期的なものである。

一方で、少子高齢化が進む過疎地における社会福祉の核としての共同売店の機能に注目し、住民主体の地域ケアシステムを構築していこうという実践的な試みも活発化している。(中村丘学「共同売店における地域福祉の役割~住民主体の地域ケアシステムを考える~」)。また、共同売店を都市地域在住者が応援し繋がることによって地域活性化につなげようとする試みもより具体化してきた。

沖縄・奄美の共同売店の数は、今後よほど大きな運動あるいは行政による何らかの施策がなければ、減少し続けるであろう。実際、本書を編集している間にもいくつかの共同売店が閉店してしまったという情報が入ってくる。

我々は、共同売店に自らが理想とする「共同体」を見るのではなく、あくまでも、現在の姿をそのまま見なくてはならない。もちろん、共同売店にいくらかの可能性があることは確かである。しかし、その可能性の中身についてのより深い議論はまだまだ不足しているのではないだろうか。

本書の第二編が共同売店研究の第四期として新たなステージへの第一歩となることを期待している。

注

（1）各論文でも言及されているが、共同売店は地域によって「共同店」「協同店」「協同組合」「購買店」などの呼称がある。本書では便宜上「共同売店」という名称に統一している。「共同店」の場合は店舗間の共同組合という場合があり、それらとの混乱を回避するためでもある。

（2）平：一九五二でも紹介されているが、奥の人たちからは今でもよく聞く話である。

琉球村落の研究

―国頭村奥区調査報告―

平　恒次

序　方法的覚書（略）

一　奥の自然的環境（略）

二　奥の土地経済（略）

三　奥の共同店（沿革）

奥区共同店は、奥部落における購買、販売、信用における独占的事業機関である。共同店は奥部落が共同体として、資本主義的要素の侵入と圧力とに対して自己防衛の手段として創造した共同事業である。

奥区共同店は、明治三十九年四月に部落有事業として設立された。その頃奥区に雑貨商を営むものが二人おり、その一人は生粋の部落民たる糸満盛邦氏（前記猪垣創始者と同一人物）で、他は与那原出身の太田とよばれる人であった。当時は土地所有における私有財産制度が確立された当初の事であり、人々の心に漸く私的利潤追求の欲望が萠した頃であった。全琉球的には資本主義的傾向は時代の潮流となって居った頃であり、流通面における商業資本の形態において、奥区にも資本主義的要素が発生し発展しようとしていた。

伝えるところによれば(註)、太田氏は他村で商売に失敗し、殆ど着のみ着のままの恰好で奥区に移住したという。こうして太田氏は始めは豆腐屋から出発し、次第に酒、素麺等を取扱う様になり、事業が軌道にのってからは、与那原のいとこの船を利用して雑貨商を営む様になり、資本も次第に充実して来た。糸満氏は毛氏(護佐丸)の流れを汲み、十一世盛栄が乾隆年間奥部落にすみついてより代々奥に定住し、盛邦氏は雑貨商としても太田氏より古く資本力も充実していたという。こういう状態において、外来者である太田氏はみるみる糸満氏の向うを張る雑貨商になってきたのである。

註　金城親昌翁の語るところによる。

時に、日本では明治三十三年に産業組合法が制定され、その後数年後おそらく産業組合の趣旨に刺戟をうけた部落民の一部が、流通過程に介在して利潤の形で農民を搾取している商業の私的経営に反感をもつようになったことであろう。しかも商業が区民の中からのみの発生であったとすればそれ程の刺戟にもならなかった筈であるが、着のみ着のままで奥部落に辿りついて、田畑を耕すのでもなく山に行くのでもなく、居ながらにして富を蓄積して行く太田氏の存在は、商業資本及び商業利潤の性格について心ある人々に余程の刺戟を与えたにちがいない。商業の共同化は、部落民の共同の利益のためにこの際どうしても必要であった。この動きが、盛邦氏の子盛弘氏を中心にして進められたということは、事を遂行するに当って甚だ好都合であった。盛邦氏はこの時に当って快く自己の商業資本を共同店にゆずりわたし、ここに奥共同店が明治三十九年四月に設立の運びとなった。

奥区共同店が、近代的資本主義的要素の侵入を契機として設立されたことは、奥部落の共同体の自己防衛の一策であったと考えることが出来る。この際商業資本の担い手が、奥部落にとっては外部からの「流れ者」である太田氏であったということは重要な契機であったといえる。何故ならば共同体にありがちな外来者への不信と恐怖がこの際は共同店という具体的な形に顕現したともいえるからである。と同時に又新しい時代の流れに対する共同体の反動と反発が自己の成員の中から出て来たこの流れの便乗者に対する徴戒という意味をもちながら私的企業否定として現われたともいえるのである。共同店設立に関する内外二つの共同体の敵に対しての戦いは、その後もたえず戦われなければならなかった。

太田氏は即座には奥から去らなかった。彼はその後十年間、共同店に対抗して事業を続け、その間における共同店の失敗（後述）によって却って利潤をおさめて大正五年漸く奥から去ったといわれる。その後購買販売事業は共同店が全く独占するところとなり、私的企業の発生及び侵入に対して防戦しつづけながら現在に至っている。利潤追求における個人的自由を中核とする資本主義は、一般に商業および商人として共同体に侵入し、遂には共同体を崩壊せしめるのであるが、奥においてはこの初期的段階において資本主義を撃退したのである。奥区民の中から編纂委員を挙げて編纂した大正七年の「奥字の事蹟」によれば、部落民の一部には共同店を破壊して、自己の営利の機会を老狙うものもあったが、有志の指揮掌握よるしきを得て着々隆盛に赴いた旨の記載がある。

字民明治三十九年春、字共同店ノ有利ナルヲ感ジテ、字資本金参百弐拾余円ヲ提供スルト共ニ、沖縄銀行名護支店ヨリ六百円ヲ借用シ、都合壱千円内外ノ資本金ヲ以テ開店セシトコロ、字民ノ一致共同ノ美風ハ経済ニマデ合一シテ年年才才隆盛ニ赴キ借財モ創立三年後ニハ全部返金スルヲ得テ、純資本金数千円ヲ造リ得ル域ニマデ達スルヲ得タルモ、有志間ノ苦心ハ尋常一様ニハアラザリキ。心アル有志者ハ誠意以テ共同店ノ維持、発展ニノミ腐心セルニモ不拘、愚昧ナル一部部落民及ビ他ノ野心家ハ共同店ヲ破壊シテ、自己ノ利ヲ得ントト、幾多ノ機会ノ暗斗アリタルモ、有志者ノ指導宜ジキヲ得テ着々初志ヲ貫徹シ得タリ。創立後順調ニ発達シ、大正三年頃ハ、共同店ノ全盛時代ニシテ、土地、建物、物品、貸付金、現金凡ソ壱万数千円以上トナリテ奥ニハ春ノ花咲ク如ク黄金ノ花咲ク全盛ノ勝ヲ得、字民ハ長閑ニ平和ナル日ヲ送ルヲ得タリ

大正三年の共同店最盛期は同時にまた危機の年でもあった。たまたま産業組合運動は県下に広がり、国頭村当局の勧誘があって、共同店も産業組合に切換えることになった。大正三年の末、無限責任奥販売購買信用組合として発足した。理念的には、共同店を産業組合にすることによって根本的な困難があるはずはないが、この産業組合は大正五年の諸島事業失敗により三千円余の負債を残して解散するに至った。

今ふりかえって奥の産業組合失敗の原因を想起すれば、その中でも最も有力なる原因は購買販売をおろそかにして信用面を偏重したことにあると思われる。これは当初のわが国産業組合運動の主体が信用事業であったこととその軌を一にするということが出来る。産業組合法が制定されたのは明治三十三年であるが、この全国的意義は、農家の多くが高利貸の手を通じての借財が嵩みその重荷からぬけ出ることが出来ないほど困窮状態にあったのを、産業組合からの低利融資によって高利の借財の肩替りをさせ、農家の負担を軽減しようとしたことにあったといわれる。（註一）もとより農家経済の根本的改善は単に信用による負担の軽減だけであってはならず、進んで流通段階を農民に有利となるように確保し、更に生産力増強による収入増大を図ることであるが、この方面における発展は昭和に入ってからのことである。（註二）

註一、馬場啓之助編「日本農業読本」東洋経済新報社、昭和三一年、一九七頁。

註二、同書一九八頁。

大正三年の末、奥共同店が産業組合に組織替されたときには、琉球における産業組合も全国的傾向に支配されて信用面にかたよっていただろうことは想像に難くない。産業組合にきりかえられるや、共同店流動資産の現金部分七千円余が字民に配当された。当時共同店の固定資産合計壱万数千円という状態であったといわれるなら（「事蹟」）これは保有現金の殆ど全額といってもよい状態であったにちがいない。更に組合は共同店時代からの掛売金の回収に熱意を示さず、加うるに組合からの借金ならびに延売（掛売）は無制限に行われ運転資金は多額配当によって涸渇しているために、購買販売事業は不活潑に陥るに至った。大正三年末から大正四年にかけて、琉球経済は金融逼迫の波におそわれ、奥産業組合の資金調達も思う様に行かず、加うるに部落民からの回収は久しく棄てて顧られなかったのであるから、事業の衰運は大凡確実なものとなったのである。

現金払底の際の窮余の一策として、組合は金銭換用の切符を発行し、これによって組合からの物品購入を行わしめ、叉部落民からの林産物等の取扱に使用した。部落民の産物を外部（那覇方面）に搬出して現金収入を得ようという計算であったわけであるが、不景気のために思う様に行かず、切符発行は募るばかりで困難な事態は深刻化する一方であったといわれる。この混乱につけこんで部落外からの商人の侵入も顕著なものがあり、前記太田氏はこの時に乗じて自己の立場をますます有利にしたといわれる。これらの商人は現金を所持し、消費雑貨の取扱いも組合より多種多様であったといわれる。組合に対する部落民の支持が減退するのに比例して、太田氏始め、部落の林産物取扱いに進出した外部者の勢力は増大した。産業組合は大正五年に失敗解散し、共同店復活の動きがおこるや、大田氏は奥部落から去る様になるのであるが、それまでに彼は相当の富を蓄積し得たと伝えられる。

太田氏等が成功する環境において、産業組合は破産状態に立到ったということは、たしかに組合当事者達の事業手腕の不手際さによるものと思われる。その上に産業組合の当事者達は、部落民に対して経営を秘密にする傾向にあり、共同店時代の慣行であった定期的経理報告および部落政治による共同店の監督ということもなく、したがって部落民（組合員）は破局が十分に進展してから始めて事情を探知したといわれる。かかる状態にあっては、部落民間に感情的反目が起るのは当然であり、「事蹟」には「字民が二派にわかれて、暗斗は暗斗を重ねて」憂慮すべき事態であったと記されている。これは経済的危機であると同時に、共同体としての精神的危機できあった。

事業の失敗、三千円余の負債および民心動揺の跡をうけて、大正五年十一月共同店が復活され、部落経済の再建が進められた。関係者の努力の甲斐あって大正六年三月、三ヶ月の経営結果は純益金を百拾五円あげ、更に大正六年中には負債も整理され、共同店の基礎はゆるぎないものになった。組合の失敗に対して、組合前後の共同店の成功は著しい対照をなすものといわねばならない。「奥字の事蹟」が大正七年一月に編纂された時は、産業組合のこのにがい経験の記憶がまだ新しい頃であった。産業組合の失敗について強く反省し、共同体の精神的基礎についての認識を新にする絶好の機会であったといえる。「事蹟」は次の如く反省する。

大正六年末第三回ノ計算ノ如キハ、純益金八百八拾円余リアゲ得テ、全ク元ノ共同店ニ復活シテ、民心経済共ニ和合一致シテ、今後益々進ミツツアリ。コレ全ク理事者ニヨラズシテ他ニ何ゾヤ。吾等編纂子思フ。本村ノ如キ交通不便ノ地ニ於テハ、従来ノ例ニナラヒ、字民一同我利ヲステ、精神ノ和合ヲ以テ、コノ事業ヲ起スナラバ、村民相互間ノ救済事業ノ発展ハ困難ニアラザルヲ信ズル次第ナリ。要ハ人ニアリ、故ニ人材ヲ造ルハ目下ノ急務ナリ。

「我利をすて」「一致和合し」という精神は、事ある度に、奥の憂世の士達によって繰返されるライトモチーフである。

その後奥の共同店は平和と静かなる発展を辿ったが、叉新たな危機が到来した。即ち空襲と敗戦による第二次大戦後の混乱期である。共同店売店は昭和十九年十月十日の空襲によって影も形もなくなった。その上に有力資産たる伊福丸も焼失し、共同店は自然消滅の形になってしまった。奥区民は昭和二十年十月五日戦時抑留を解除されて部落に帰還した。この頃共同店消滅に乗じて、販売購買事業の自由化が一部にきかれた模様であるが、部落有志はこの傾向を排除し、共同事業を奥区生産組合の名のもとに復活せしめ、却って従来よりも事業規模をひろげ、製茶、製材、精米、運送等部落内諸事業の独占をますます強化するに至った。浦崎直次氏の「奥の歩み」には次の様に記載されている。

部落民が捕慮を解放されて帰ったときには、祖先伝来の財産たる共同店の影も形もなかった。然し部落に復帰した部落民は、祖先伝来のこの事業をこのまま中絶しては祖先に対しても叉子孫に対しても申訳がないと、灰儘の中から有志各氏は議を重ね、稍もすれば、この際その営利企業の権利を獲得せんとする民の心配もありたるが、断然押し切って一九四七年四月七日、生産組合という名称の下に再発足したのである。（四一頁）

この生産組合は共同店を経営し、諸事業は共同店の管理と運営に任されたのであるから組合とは即ち共同店そのもののことであった。共同店売店は一九五六年、木造瓦葺から鉄筋ブロック建に改造され現代的な容姿を誇りつつ尚繁栄を続けている。

四　奥の共同店（性格）

奥区共同店は、共同体としての奥区の大黒柱である。共同店の性格については、奥区の基本法たる「奥区条例」に基本方針が制定され、具体的経営の細部に亘るものは「店則」によって規定されてある。奥共同店は「奥区民の経済生活を豊かにし、その福祉を増進すること」を目的として（条例第四十条）、区民全員をもって組織される（同第三十九条）。同様な事が店則には次の如く規定されてある。

目　的

第四条　本店は奥区の繁栄に寄与し株主の福利増進を計るを以て目的とする。

組　織

第二条　本店は奥区に在籍して一定の加入金を納入した人で組織する。

奥区の株は、区民の表現では「人口株」とよばれ、奥区に在籍する者は一人一株の権利を取得する。別に規定はないが、区民は慣習上、一人で二株以上をもつことは出来ない。株保有と配当額とは、特に密接な関係はなく、配当は株に対してなされるのではなく、株主（即ち区民）に対してなされることになっており、子供は成人より少額の配当を受ける。共同店の利益配当規定によれば、奥区に在住する満十六才以上の株主への配当を一〇〇とすれば、区内在住の十六才未満の株主には五〇、出稼中の満十六才以上の株主には同じく五〇、出稼中の満十六才未満の株主には一〇の割合となっている。株による組織の様な形態ではあっても、奥区共同店は、各株が財産に対する平等な所有権、収益に対する平等な請求権等を意味する株式会社や協同組合と異なる性質のもであることは、これをもって明らかである。株という名称はむしろ誤解に導くだけで無用のものであるとさえ云うことが出来る。

共同店の株を取得し、株主となる条件は、奥区民としての地位と立場によって異る。最も有利な加入条件は、奥区に在籍在住する者の子として出生する場合である。かような者は奥区の共同体の純粋な成員であるから、殆んど無条件に共同店の株主となる権利を出生と共に持っているものと見るべきである。これを奥区では「出生加入」と呼び、現在は形式的に少額の加入金を納付することになっている（店則第十六条第一項）。嫁入又は養子綴組によって入籍した者は、出生加入に準ずるとされる（同条第二項）。外来者でも奥区に永住を希望するものならば、その都度理事会の定める加入金を納めることによって株主となることが出来る（店則第十七条）。

現在の店則は一九五六年七月の改訂によるもので、旧店則に比較して著しく現代的性格をおびるに至ったものである。旧店則（田村著前掲書に記載されたもの）では、出生加入の規定は蔵く、当時の部落の慣習として、区民の子は出資なくして当然無条件に共同店の株主となることが出来ると考えられていた。しかし外部から嫁入もしくは養子縁組で入籍するものは加入金五円也を納めることになっていた（田村、一六三頁）。奥部落てに転籍したものの場合は、共同店財産の全額を総人口で割った金額を納付することによって、株主となることが出来るとされてあった（同一六四頁）。

もと奥区民で他部落に嫁入又は養子縁組で入籍したものが離縁復籍した場合は出資なく無条件に株主になるとされた（同頁）

明治四十五年には奥区は戸数一六三戸、人口一、〇一四人であったといわれ（浦崎、二頁）、大正三年には土地、建物、物品、貸付金、現金等凡そ一万数千円あったといはれる（事蹟）。大正三年の人口をかりに一、二〇〇人とすれば、当時の外来者の加入金は資産総額を一五、〇〇〇円として約一四円となる。この様に加入条件は、出生、養子縁組又は嫁入をして転籍した外来者という順序に従って、条件の序列があった。部落の内部者が優先するという考慮は現在でも払はれてはいるが、往時の如き共同体内部者と外来者という明白な区別は幾分かうすれてきたということが出来、それだけ共同店の性格が現代化したということが出来よう。現今では少くとも形式的には、共同体の成員でありながら共同店とは関係がないという事実も新店則の規定の下においては起る可能性がある。即ち奥区民の子として生れながら加入金を納付しない場合がそれである。ここでは微妙ながら、共同店が共同体からはなれて独立企業化して行く過程が見られる様にも思える。（註）

註、しかしこの傾向を圧倒する他の規定も存在する。基本法たる奥区条例にすれば、「奥区民の共同経営にかかる共同店その他のに加入する」ことは区民の義務であるとされる（条例第三条第五号）。したがって共同店の株主となるかならないかは、区民の自由な選択に任されているのではなく、区民たるものの義務として必然化されており、もし共同店に加入することを欲しなければ、区民たることをやめる以外に道はない。

株主の脱退については店則第十八条の規定がある。他地方へ転籍するものは、自然に共同店の株保有から脱退するとされる。その場合には理事会の決議如何によっては脱退金を与えることが出来る。出稼ぎそのものは株主たるの地位に影響しないが、奥在住区民と同様の義務を果すことが必要であり、かかる義務を果さないものには、株主たる権利が自然に消滅するものとされる（第十五条）。旧店則には脱退金の規定はない。

共同店は部落の所有であると解されているので部落の政治と直結している。奥区民は区の政治に参加することによつて共同店にも参加するのである。奥共同店は店則第四十一条によると、日用雑貨の購買、配給物資の取り扱い、林産物および農産物の販売、製茶業、精米業、発電事業、酒造業等の事業を経営することになっており、現在これらの事業を現実に行っている。奥程度の部落においては、これらの事業は現在考えられうるすべての事業を含んでいるということが出来、さらにこれらの事業のいかなる部分においても慣習上私的企業は抑圧されているのであるから、共同店は奥区を一国に例えれば、主要産業の国有化された状態と同様な立場にあると見ることが出来る。共同店は部落の政治以外には他の如何なる政治又は経済機関の支配にも干渉にも服することはない。この性格は、共同店をして産業組合や協同組合と異らしめる根本的特徴ということが出来る。産業組合にきりかえられた大正三年から五年にかけての経験によると、共同店は組合の機関として部落の政治的監督から遊離して仕舞い、区の政治と経済とが疎遠になり、区民の一般的福祉を旨とする区の共同体的政治が、共同店の経営に反映されない結果になり、したがって共同店役員の秘密主義的且独善的経営を発生せしめ、遂に悲惨な失敗を招くに至った。奥区民は政治と経済との統一をのぞんで共同店を復活せしめたが、かかる意味をもつ共同店としてのみ成功し得たということは深く味わうべき経験であり、区民もまたこの経験から学ぶべきものを学んだのである。この故に共同店の性格を知るためには奥区の政治機構がどうなっているかを見る必要がある。

奥区民が部落政治に参加する方法には、直接的方法と間接的方法とがある。直接的方法とは、各戸代表をもって組織され、区常会又は部落常会とよばれる集会による方法である。区条例には常会に関する規定は特に定められていないが、慣習上ならびに条例の各個所において現われる如く、常会は奥区における最終最高の意思決定機関である。田村博士はこの集会を「人民集会」とよび彼の『共産』村落にふさわしい印象を与えようとしているが（前掲書、一五三頁）、部落では「人民集会」という名称は存在したことがないといわれる。伝統的には「村揃い」（ムラズレー）とよばれ、これが昭和の戦争期に入って流行語たる「常会」にとってかわられたということである。

部落政治への間接的参加とは、区長、共同店主任、理事、代議員、区書記等の選挙を通じての部落政治参加の方法である。選挙権については「奥区に在住する満二十才以上の男女」は選挙権を有するものとされる（条例第三十三条）。被選挙権については、満二十六才以上とされる。（同第三十四条）。選挙の方法は、区長、共同店主任及び区書記の場合は単記無記名投票となし、理事及び代議員は連記無記名投票となっている（同第三十八条）。

理事は四人あり、区長と共に理事会を構成する（条例第五条第一号）。代議員会は区民選出の十名の代議員と成人会の正副会長で組織する（同第六条第一号）。代議員と理事会は奥議会を溝成する（同第六条第七号）。一国に例えれば、理事会は閣議の如きもの、代議員はいはば一院制の国会の如きものということが出来よう。共同店主任は必要に応じて議会に出席して発言し、併せて議決に加わることができるとされておる（同第八条）。奥選出の村会議員は理事会に出席して発言し、議決に参加することが出来る（同第五条第四号）。理事会は区長が招集し（同第五条第九号）、理事は区長を補佐し、その相談役となる（同第五条第六号）。

代議員会の主要なる職務は、区の産業政策の研究樹立および実行である。代議員会には(イ)農事部、(ロ)山林部、(ハ)土木建築部、(ニ)衛生部、(ホ)畜産部の諸部門を置き（条例第六条第三号）、「各部門担当者は区長の指示によって担当部門に関して研究調査し、計画を樹て併せてその実行に当る」ものとされる（同条第六号）。又代議員会は「独自の立場で区内の諸問題を研究調査し、併せて案を議会に提することが出来る」（同第七条）。

理事会および代議員会をもって組織される奥議会の任務の中には、「区産業政策の樹立並びに実行に関する事項」（条例第九条第三号）、「区有財産の設定および使用、並びに保護管理をなすに必要な協議をなし、併せてその監督をなすこと」（同条第八号）等である。

奥区の政治における常会の地位については、条例の中に散見するものを総合して見ると次の様なものがある。

理事会の決議事項を区長は議会並に区常会に報告するものとする。（第五条第十号）

区運営上緊急な事柄で、区常会で決定すべき事項について（奥議会は）研究調査をすること。（第九条第六号）

区長は議会の決議事項を凡て区常会又はその他の方法で区民に知らしめなければならない。（第十一条）

奥区長は、議会で決議した事に対してもし承服出来かねる事項があった場合には、その決議のあった日から十日以内に議会を招集して再議に附し再考を促すことが出来る。再議に附しても尚決しない時は、之を区常会で決す。（第三十条）

右の諸条項における区常会は、明らかに議会よりも高い地位をもつものということが出来、部落の最終最高の意思決定機関とすることが出来る。

この様な政治的構成をもつ奥区において、共同店は部落所有の共同財産として管理運営される。条例に定められる部落の理事は同時に共同店の理事であり、代議員は共同店の代議員である。共同店経営において全責任を負うものは、区民の選挙する共同店主任であるが、主任は区長及び理事会の指示と監督を受けるものをされる（店則第七条第五号）。共同店の場合の最高最終の意思決定機関は総会であるとされ、この総会は、店則第八条第二号により区常会をもってこれにあてることになっており、場合によっては奥議会が総会に代わることも出来る。共同店主任の任期は二カ年であるが必要とあれば任期中でも総会の過半数の賛成を得てこれを解任することが出来る（店則第十条）。

かくの如く、共同店は全く部落の政治に従属しており、そして部落の政治は共同体的慣習と伝統に立脚しておるために、共同体が近代以前の社会形態でありしたがって古臭いものであるというならば、共同店の経営の実状もまさにこの近代以前的性格のものと期待することが出来るであろう。経営の実状については次節において考察される。共同店の性格を見れば、形態は協同組合に類似したものの様であるけれども「部落有」というその性格は協同組合と根本的に異る点であることは強調されてよい。協同組合は、自由意志による部落民の参加を要するけれども「部落有」ではなく、したがって部落の政治的管理に服する必要はないからである。

　次に奥区の政治経済の機構図を示す。（筆者試案）

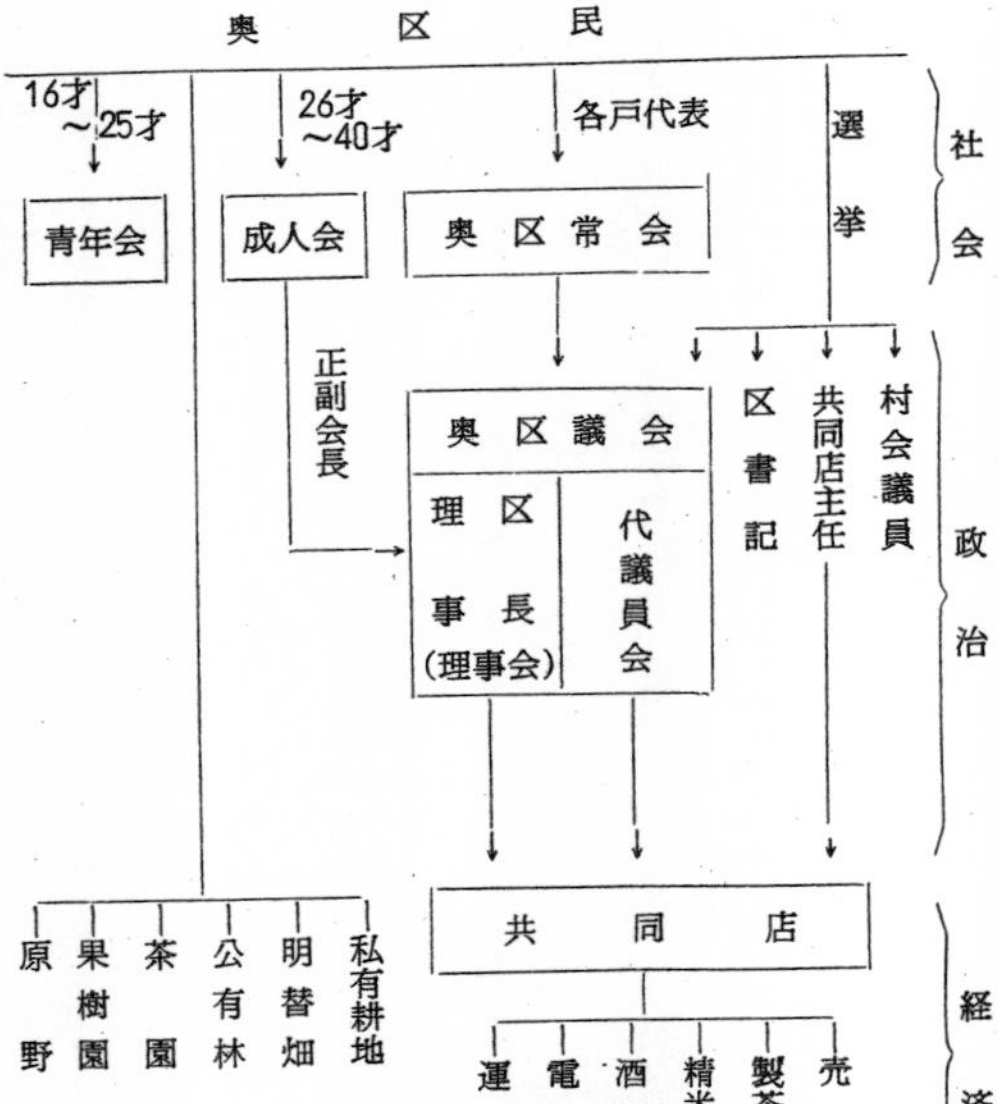

五　奥の共同店（経営）

奥の共同店の事業は、生産、購買、販売、信用の各分野に及んでいる。生産事業においては、製茶業、精米業、酒造業、電灯業があり、購買事業には区民の必要とする消費物資を取扱い、販売事業としては区民から買いとった林産物、農産物等を外部に搬出売却する。信用事業においては、区民に対して信用受授の業務老行うと共に余裕金の投資を行う。

製茶業においては、共同店が原料たる生葉を区民から買い上げ、これを共同店所有の製茶工場で製茶し、生葉代金の支払いはその期の製品が全部売却された後に行う（製茶事業規定第一、第二条）。生葉納入後代金受取りまでの期間は、生葉代金の範囲内で共同店売店から商品を買うことが出来る。生葉の代金は、その期の製品の総売上高の二割を工場手数料、残額の五歩を販売手数料として差引いたのこりを、生葉の総斤数でわって斤当り価格を算定する（同第三条）・工場手数料として取られる総販売高の二割は、更に工場六、従業員四の比率で分配するが、茶の価格等に変動があった場合は、理事会が新にこの分配率を定める（第六条）。茶業は琉球政府が奨励する産業であって、琉球政府は茶業振興のために助成金を各地の茶業組合に下附している。この為に奥にも茶業組合が結成されており、製茶工場施設に茶業組合として政府の助成金を得たけれども、組合としては製茶工場を所有せず、共同店が所有運営するところとなっており、共同店主任は茶業組合長をかねている。茶業組合の主たる業務は、製茶工場の利用を円滑にするために、過度の集荷から生葉に損耗が起らぬ様に、茶摘みと集荷の日時及び順序を規制し虚製品の品質を統一することである。

各種事業が共同店に統一されたのは、一九五三年奥議会の議決によるものであり、製茶、精米、酒造、雷灯等の各事業ははじめ公有公営（奥区所有運営）の事業として戦後発足したものである。精米工場は昭和九年、製茶工場は昭和十年、それぞれ宮城親栄氏が私的に設置したものであるが、戦後は戦災によって使用不能となっていたものを、区が修理補強して、製茶工場は一九四七年、精米工場は一九四九年公有事業として復活した。区は更に一九四九年中に発電機を購入し、配電設備をなし、一九五〇年には酒造業を認可され、工場を建設した。一九五三年にはこれらの事業を共同店に統合したのである。かくして共同店の関篠する事業分野は著しく拡大された。

戦後は戦災に加うろに引揚者による人口の急増があったために、個々人の経済力が急激に低下していたので、ここにのべる如き事業を起すにも共尚的方法を必要とし、諸事業は区全体の共同事業として発足したのである。戦後数年間は、沖縄全島に亘って、個人の創意に基く企業は、全く停頓し、そのために奥区における共同事業の拡大は何等奇異の現象とは見られなかったであろう。この頃は土地利用においても、人口急増によって耕地を有しないものも多数あったために、公有地、私有地の別なく割当による生産機会の平等をはかったこともあると伝えられる。急激な困窮の時期において、人類社会の原始的形態たる生産の共同化にもどろうとする現象は、各国各地の社会が同様な事態において経験する現象である。普通の場合はかかる共同化、集産化は過渡的なものであり、生産力の立直りと共に以前の個人企業にもどっていくものである。しかし奥の場合には、生産各面における右の様な共同化は、戦後困窮時の状勢下に発生したことであるけれども、本来強固な個人企業の伝統がなく、すでに購買販売信用面においては、共同店が殆ど完全に部落を支配していたので、かかる共同店に公有事業の統合をはかって生産の共同化を恒久化したことは自然の発展であるとされるべきであろう。

戦後における奥区の政治経済の歩みは、一国に例えれば社会化の過程であり、この社会改造の過程がイデオロギーに立脚するものでなく、奥区の共同体としての性格によって自然発生的に遂行されたことは意義深いことである。

酒造業は一九五〇年に創設され、外部からの酒輸入による貨幣の喪失を防ぐ方法として企図された。酒の移入は一九四八年に八六〇、〇〇〇円に達し（浦崎、七五頁）、これはその年の奥区の林産物収入を上回る金額であつた。酒造工場が出来た後、一九五六年には、酒造工場原料費及びその他関係支出が三二七、〇〇〇円で、ビール、サイダー等移入額六二、〇〇〇円、合計三八九、〇〇〇円が酒に関連した貨幣の流出となっているが、奥産の酒の移出が二六七、〇〇〇円であるから純損失は一二二、〇〇〇円である。これを一九四八年の八六〇、〇〇〇円とくらべると奥区の対外収支は著しく改善されたと見ることが出来る。酒造工場建設はこの点合理的な経済政策であつたということが出来る。

利潤の見込、又は部落の対外収支の改善という経済的選択基準に適合する事業のみが、建設されるのではなくして、区民の生活改善に役立つものであれば、採算を無視しても採択せられることがある。電灯業の場合は明かにこの様な性質の事業であり、経営上経常的に赤字であるけれども、部落民の福祉に貢献するところは甚だ大きい。一九五六年第三期（九―十二月）における電灯業関係諸費用は七二、四六二円であるが、収入は五九、八八八円である。点灯時間は毎晩三時間であるが、電灯料は那覇地区に較べると甚だ高い（註）。避遠の地にありて狭小なる需要を対象として生産することは必ずしもすべての面において採算がとれるわけではないことを示す。

註、奥区の電灯料表は次の様なものである。

ワット	一日	一月
25	1.70円	50.00円
30	1.80	55.00
40	2.20	65.00
50	2.50	75.00
60	2.80	85.00

購買販売事業を促進するために共同店は現在大型トラック一台を所有し、毎日那覇における共同店出張所と注復している。奥からは薪炭及び移出用商品を積み出し、那覇からは食料品、日用雑貨及びその他区民の必要とするものを運搬する。一九五三年までは、自動車の通行不可能であったので、共同店は小型船齢を所有して、奥那覇間の運送に当らしめた。現在この共同船は処分されてしまって、海上運送の時代はすでに歴史の一こまとなった。

信用事業に関しては、店則附随の「預金に関する規定」と「貸付に関する規定」がある。共同店には預金部を置き、主任がこれをとり扱う（預金規定第一条）。預金利子は月百円につき壱円の割となっており（同第四条）、預金は一律に普通預金として要求により何時でも払戻し出来る様になっている（第五条）。

授信業務は零細な局地的資金需要に応ずることが主眼である。貸付の対象は、病気療養費、畜産購入費、及び学資となっており（貸付規定第一条）、病気療養費は期限二カ年として、利子は預金利子を課することになっている（同第二条）。畜産購入資金は、豚が一カ年以内、牛馬が二カ年以内とし、預金利子よりも五分高の利子を要求する（同第三条）。高等学校以上の就学は学資金貸付の対象となり、琉球大学及び高等学校入学者には準備金として四千円以内、内地大学入学者には同じく一五、〇〇〇円まで預金利子をもって貸付を行い、卒業後二カ年以内に償還するものとされる（同第四、五条）。共同店は更に学資の一時立替も行ひ、琉球大学及び高等学校在学者には一月一、〇〇〇円の二カ月分、内地大学在学者には一月二、〇〇〇円の一カ年分を一時立替し、その返済期限は毎勘定期限（四月末日、八月末日、十二月末日）とし、返済なき場合は重ねて立替を行うことは出来ないとされる（同第六、七、八条）。一時立替の最後の返済期限は卒業後一カ年以内とする（同第九条）。

共同店は、区民の中で死亡者があった場合は満十六才以上の者には、五〇〇円、満十六才未満のものには三〇〇円の香奠料をおくる（店則第二十条、配当並に香奠に関する規定第六条）。部落に公けの行事がある場合には、共同店は金品を支出し、叉青年文庫、児童文庫へ定期的に補助金を支出する。この事情は共同店が、部落所有であると共に、商業よりも区民の必要に応ずるために組織された機関であることを示す。

奥の共同店の勘定は毎年四、八、十二月の三回行はれ、決算報告を行う（勘定規定第一条）。勘定に参加するものを勘定委員と云い理事、代議員、成人会幹部、青年会正副会長等が勘定委員になる（同第三条）。

奥共同店勘定体系における一つの特徴は固定資本財の概念が全く存在しないことである。固定資本財はいわば消耗品と同様な取扱いをうけて居り、減価償却引当金などの積立ては行われない。従って資本財は原則として一括現金払いで購置され、使用にたえられなくなるまで使用し、更新に当っては「基本金」から支出するという方法をとる。資本支出を取扱う勘定に「基本金台帳」というのがあり、基本金は借入金返済、資本財購入等によって減少し、借入金受入れ、資本財売却、営業上の純利益金等によって増加する。多額の資本財を購入すれば、基本金はただちにそれだけ減少し、その補填は、その後長期に亘って営業上の利益の繰入れによって行われる。次に基本金台帳からの抜萃によって基本金の性格を示す。

基　本　金　勘　定

	円 1,663,842.03	1956年9月6日現在 資本金額
	207,682.86	1957年第三回勘定利益金
計	1,871,524.89	
内	100,000.00	建築費銷却費
	57,319.50	発電機修理雑費
小計	157,319.50	
差引	1,714,205.39	1957年1月6日現在 資本金額

ここに建築費とあるのは新築した共同店売店の費用のことで、一括して払い得なかったので分割払ひすることになり当期の分一〇〇、〇〇〇円が支払われたのである。

資本財購入又は修理の為に現金を支出する時には、基本金がそれだけ減少することが明らかである。一九四七年九月二十九日附で、一株五円宛の一二七一株の設立資金が基本金に加えられたことがあるが、当期には株加入受入が五二〇円あったにも拘らず、出資金としては基本金に加えられないで、次の損益計算書が示す如く共同店収入として取扱われているので、当期利益金に含まれつつ基本金に加えられる。共同店の株は資本として株式会社における様な意味をもたないことはこういう取扱いからも明らかである。

次に共同店の損益計算書たる利益計算帳の一九五六年第三期分を示す。この払の部に見られる如く、共同店は単なる事業団体ではなくして部落民の生活と密接につながっており、部落の社会的行事に参加し、文化活動を助成する等の機能を有している。

共同店のあらゆる勘定のしめくくりとして賃借対照表に相当するものが、左に掲げる「勘定精算書」である。これは前期勘定委員達によつて作成され、区民に報告されるものである。無数の帳簿や勘定表が錯綜しているので、理解を便ならしめるために適所に説明を附した。

奥共同店利益計算書
1956年第3期

払の部		請の部	
県道修理雑費支払い	9,416.00	受入配当金	6,560.00
木炭倉庫代支払い	1,300.00	株加入受入	520.00
香奠料支払い	2,000.00	商品利益	278,948.06
諸税金		林産物収入	158,820.60
申告所得税1957年第1期分	16,230.00	製茶工場収入(第3期茶)	29,261.12
村民税1957年第1，2期分	420.00	電灯工場収入	59,888.50
林産物税{7，8，9 / 10,11,12}月分	6,252.00	貸付金受入利息	20,018.00
教育税1957年第1,2期分	2,218.00	山工買入日記表利益	17,281.50
村固定資産税	336.00	雑収入	4,646.50
村民税	420.00	精米工場収入	24,006.50
奥区への負担金(9，10,11,12月)	20,000.00	合計	599,950.78
新築落成記念祝賀会費	10,382.50	本期払の部	392,267.92
奥区陸上競技会賞品代	1,711.00	差引利益	207,682.86
村陸上競技大会寄附	2,325.50		
辺土上原ダム完成祝儀	2,000.00		
選挙祝酒1斗代	850.00		
1957年度カレンダー230枚	3,900.00		
青年文庫への補助金9，10,11，12月分	4,000.00		
児童文庫への補助金 〃	6,000.00		
成人会年末慰労会寄附	1,500.00		
店雑費	76,131.50		
林産物販売雑費	28,536.50		
製茶工場雑費	20,563.72		
電灯工場雑費	72,462.50		
商品雑費	24,980.50		
商品損失	4,088.60		
預金部支払利息	62,545.60		
本期勘定雑費及勘定祝費	10,611.00		
合計	392,267.92		

実際に受取った利息のみが考慮されている。叉精算書には当期預金利息未払い分の預り額が記入されているけれども、これもまた損益計算の過程でも考慮される筈のものであった。

更に、現金が減少すればそれに相当する減少が、貸方のある項目にあらわれるか、もしそうでなければ現金減少の分だけの増加が借方の他の項目のいずれかに起らなければならないが、現金は減少したけれども諺このいずれの現象も起らなかった。即ち前記基本金勘定においてはこの期間中に発電機修理のために、現金支出を行っているが、精算書の貸方に記入されたのは、この支出を差引かない以前の基本金であり、借方記載の現金はすでに修理費分だけ減少した後の金額である筈であるから、結果としてはこの分だけ貸方が借方に超過することになる。

右にのべた諸事情霧見れば、借方超過になる要因も、貸方超過になる要因も存在する。どちらの要因が金額的に多いかによってその時々のどちらかの超過が起るわけであるが、かかる勘定の観念と体系では貸借両方の一致した。バランスシートはおそらく不可能であろう。一九五六年第三期にはこれらの相対立する諸要因の相殺作用は完全ではなく結局において七千円余の借方超過を来した。この超過金額は勘定体系の不備から発生した純粋な誤差であって何等の実質的資産をも意味しないことは以上の叙述によって明かである。しかるに奥共同店におけるこの誤差の処理方法では、何等かの実質資産を意味するものであるかの様に取扱われているのである。

この超過金（過剰金）は、次の勘定期までは「剰銭預り帳」に記入される。精算書の請の部にある「剰銭預り帳」がそれである。それから更にその次の期間中にこの過剰金額は積立金に繰入れられる。精算書請の部の積立金とはこういう様に誤差を積立てたものであって、各期の利益の一部を積立てて来たものでもなければ、減価償却引当金等を積立てたものでもない。したがってこの積立金は何等の実質価値をももたないものということが出来、共同店の資本の一部として考えることの出来る性質のものではない。共同店の資本は、自己資本（出資金および利益金）と他人資本（借入金等）を合せて基本金として、基本金勘定に逐時記入されていくのであるが、ここにいう積立金は基本金の一部を構成していないということは、当事者達自身でその性格について疑惑をもつからであろうかとも思われる。

この過剰金額の原因の一部としてあげられる林産物および茶の期末在庫と当期受取利息の未収部分は、その次の勘定期間に販売せられ又は受入れられて、それぞれ損益計算における利益を構成するであろう。もしそうならば積立金がその分だけ減少するか、剰銭預帳金額がその分だけ減少すべきであるが、一旦預り金となり積立金となった以上は、決して減少するものではない。会計手続の不備から発生した誤差が次々と積立金に繰入れられて累積していくことは時が経つにつれて重大な問題となることであろう。

勘定規定では、不思議にも右の様な過剰金が当然出るべきものとして、これを経営の成功の指標として喜ぶ様な傾向がある。同規定第五条、第六条では次の様に規定されている。

五、勘定による剰余金は、次期勘定まで据え置きにし、計算上違算の有無を検して、壱千円は主任に与え、残余は別途積立金に繰り入れるものとする。

モ、一度之ヲ放棄シ、他ニ転ズル時ハ、何人ト雖再ビ其ノ土地ヲ占用耕作スルヲ妨ゲザルナリ・・・・村落形成後ニアリテモ尚土地所有観念ハ斯ノ如クニ明確ナルモノニアラザリキ・・・（四〇～四一頁）

だから土地所有の原始形態は自由占用であって共有でも私有でもないと結論されるのである。かくして村落共産体は出来てもまだ共産村落にはなっていない。共産村落形成の過程は次の如くのべられる。

思フニ土地ハ農耕ノ基礎ニシテ其ノ定住初期ニアリテハ、土地ニ関スル所有ノ観念未ダ発達セズ、団体ニヨリ、若シクハ単一家族ニヨリ、自由ニ占用セラレタルモノニシテ漸次人口ノ増加ト社会的必要ハ田畑ヲ頭数ニ均分スルノ理想ヲ実行スルニ至レルハ、何レノ国ニアリテモ古代未開ノ民ニ行ハレタルモノナルガ、日本及ビ支那ニ於テハ之ヲ均田若シクハ井田ト称シタリ（一一八頁）

琉球ニオケル共産村落ハ太古門族共産体ニ淵源スルモノアリト雖、建国前按司ニヨリテ統制シ来レル集団部落（筆者註、新語である。村落共産休と同義なりや否や不明）ガ西紀千百八十八年舜天王国ヲ形成シ、同千二百六十二年英祖賢君始メテ支那井田ノ法ニ倣ヒ、人頭ニ応ジ、土地均分ヲ実行シ共産村落ヲ見ルニ至リ・・・・（三七頁）

こうして始めて「共産村落」が出来たのである。田村博士は更に次の如く云う。

是故ニ琉球共産村落ハ原始門族共産体ニ淵源シ、後代英祖王ノ創意ニヨル共有口分田ノ人為的

所産〔傍点筆者〕ニシテ、其ノ人頭割地ハ貢租ニヨル人頭賦課ト不可離ノ関係ニアリ・・・・
（三八頁）

琉球における土地制度は総括すれば、門族共産体から村落共産体へ、そして共産村落へと進展し、共産村落は更に中古英祖王の口分田時代および近世慶長検地以後の定期地割時代にわかたれ、人為的に作り出された共産村落は一九〇三年土地私有制確立によつて人為的に廃絶されてしまった。
（四三～四四頁）

田村博士は即ち曰く

琉球共有百姓地ハ其ノ遠因セルトコロ第十二世紀代英祖王ノ支那古代制ニ則リテ井田ノ法ヲ行ヒタルニアリト雖、百姓地トシテ其ノ共有ノ確立シタルハ実ニ慶長後尚象賢及ビ察温ノ訓令ニヨル復興ニアリ。（四七八頁）

共有百姓地ノ確立ニヨリ発達シタル琉球村落ハ明治三十六年土地整理ニヨリテ旧藩以来耕地七割弱ノ共有地ヲシテ最後ノ地割ヲ行ヒ、其ノ占有権ヲ与フルニ及ンデ共産村落ノ一般的形態ヲ失フニ至レリ・・・・（四七九頁）

こうして田村博士の「共産村落」は耕地の共有のみを唯一の必要十分条件としていることは明かであり、かかる意味での共産村落は久高を除いては現在全く存在しなくなった。

田村博士の研究の目的であるところの、土地所有の原始形態の考証は、村落共同体の現状を調査の対象とする者にとっては、それ程重要なことではない。しかし、田村博士は、土地所有の原始形態が共有ではなかったことを証明するために、共有が後代に現われたことを究明することによって、現今の村落に対して重要な影響を残している王朝時代の土地制度およびその基礎の上に営まれた村落の政治的社会的制度を刻明に記述したのである。

田村博士が記述した現代以前の村落共同体の物質的基礎ならびに共同体的上部構造は、博士が発見すべく企図したその原始的意味を外視しても、琉球村落の現状調査の途上において非常に有意義な手がかりとなり、跳躍台となり得る。この意味で筆者は田村博士の著書に接するのである。

註　田村博士の意図する原始所有の形態についての解明は、その筋の専門学者による評価がのぞまれる。更に田村博士が琉球の社会経済史において独自の時代区分を行い、その時代区分に従って、村落の変遷を観察していることは、琉球経済の発展段階およびその基礎たる共同体の諸形態について、今後なさるべき多くの問題を孕んでいると見られる。この点はマルクスの「資本制に先行する諸形態」および大塚久雄教授の「共同体の基礎理論」等が有効に利用さるべき分野であると思われるけれども、この方面の勉強を筆者はまだ十分にやっていないことを率直に告白しなければならない。この点また専門学者の注意を歓迎する所以である。

共同店の設立

宮城栄昌

一九〇六年（明治三九）四月国頭間切奥村に共同店が設立された。糸満盛邦の努力によるものであった。この共同店は購買・販売・信用における独占事業の機関で、奥の場合は生産事業も経営していた。その性格は資本主義の侵入と圧力に対抗できない村落が、自己防衛＝相互扶助の手段として設立したところにある。

日本の軽工業を中心とする第一次産業革命は、日清戦争（一八九四～五）から日露戦争（一九〇四～五）の間に完成した。しかし日清戦争後の景気が引きおこした物価上昇は、農民や労働者の生活をしめつけた。景気とは裏腹に小作貧農の出稼ぎや、その子女の製糸・紡績女工行きが激しくなり、農村が荒廃しかけた。日露戦争後は重工業を中心とする第二次産業革命が完成するのであるが、これはあくまで資本主義産業で、貧農や労働者は景気の前でまたもや困窮を強いられた。

沖縄における資本主義の攻勢はまだそれほどでなかった。しかし元来貧困な社会であったし、それに戦争による特別税の負担があった上に、一九〇四年（明治三七）における未曽有の大旱魃による痛手は、資本主義の微力なる攻勢さえ抵抗し難い圧力となった。何よりも村落の独占商業機関たる町屋の取扱う商品の高値は、村落民の経済生活を脅かすに至った。このような脅威は日本の独占資本の波が農村に寄せれば寄せるほど増大していった。とくに経済的に弱い国頭村で、明治末期から大正時代にかけてほとんどの村落が共同店を経営した経済的背景はそこにあったのである。

さらに沖縄には共同店を成立させるもう一つの背景、すなわち社会的背景があった。沖縄の村落は地縁的血縁的共同体社会である。共同の先祖神が鎮まりいますと信ずるお嶽あるいはお拝み中心の無意的社会は、近代的な社会意識や政治意識のそとにあった。それは著しく封鎖的なものであり、排他的なものである。だからこそ他村落とは無関係に、村落成員だけの共同店がもてるのである。いわば発生的な独占機関である。しばらく奥共同店を問題にしてみよう。

田村浩はその著書『琉球共産村落の研究』の中で、「奥ノ部落制度中最モ共産的施設ヲ有セルモノハ、産業組合ノ実質ヲ有スル共同店ヲ中心トセル共有財産ナリ。共同店ハ部落ノ共同施設ニシテ共有財産トシテ経営セラル。奥ハ交通不便ノ山間僻在ノ部落ナルガ故ニ、日用雑貨其ノ他生活資料ハ共同購買ニヨルヲ必要トシ、那覇市場小売相場ヨリ五分安ニテ共同店ヲ機関トシ部落民ニ販売ス。部落民ノ主ナル生産ハ林産ニシテ、共同店ニ対シ各一日一荷ノ薪木ヲ搬入シ、之ガ対価トシテ日用必要ナル雑貨ヲ購入ス。又部落ノ共有財産ニ属スル共同船アリ。部落民ノ伐採薪木ヲ一手ニテ共同店引受ケ、之ヲ共同船ニテ那覇市場ニ販売シ、帰路ハ雑貨ヲ搭載ス。本部落ハ物々交換経済ニシテ、貨幣経済ハ極メテ小範囲ニ行ハルルガ如シ。耕地ハ慣行ニヨル地割制最近迄行ハレ人頭割ニ配当ヲ受ケタルガ故ニ、土地ヲ有セザルモノナク、貧富ノ度著シカラザルナリ。即チ家族人数ニ応ズル耕

第十三条　本店ノ顧問ハ取引ノ視察ヲ必要ト認メタルトキハ出張視察スルコトヲ得
第十四条　本店ニ関スル帳簿其ノ他書類ハ用済シ後満三ヶ年問之ヲ保管スルモノトス
第一五条　本店ニ関スル那覇出張旅費ハ金参拾円トス
第十六条　本店総資本額弐万五千円以上ニ達シタルトキハ其ノ利益ヨリ当字税戸別割全部ヲ支出スルコト
第十七条　本店ニ於テ学事奨励貯金ヲ取扱フコトヲ得
第十八条　当字民ニシテ出稼者ト難字月割賦其ノ他立夫諸費用住民同様ノ負担ヲ負フモノハ本店ノ権利義務ヲ有スルモノトス
第十九条　出稼人ニシテ住民同様ノ負担ヲ負ハザル者ハ本店ニ対スル権利義務ハ自然消滅スルモノトス
第二十条　畜産ノ生計ヲ計ル為メ戸籍簿ヲ設クル事
第二一条　畜産並ニ生産物ヨリ応分ノ寄附ヲシテ基本金ニ積立テスルモノトス
第二二条　結婚出生等ニモ寄附セシメルコトヲ得
但別ニ細則ヲ設ク
第二三条　本組合員ニシテ奉職者モ出稼人同様ト看倣シ字民同様ノ負担ヲ負フモノトス
第二四条　飢饉ノ時ハ人口割ニテ食糧品ヲ配当スルコト

貸付規定

第一条　本店余財アルトキハ銀行村信用組合ニ預金又ハ貸付スルコトヲ得

第二条　字民ノ貸付ハ資力信用程度表ヲ毎年一回調定シ之ニ基キテ貸付スルモノトス

第三条　他字ヘノ貸付ハ確実ナルモノ連帯ニテ印鑑証明添付シテ貸付ヲナス

第四条　当字出身中等学校以上ノ学生ヘノ貸付金ハ在学中ハ無利息卒業後ハ一般利子ヲ附シ五ヶ年々賦ニテ返済スルモノトス

第五条　当字民ニシテ出稼者ニ天渡航費トシテ信用程度以上ニ貸付スルコトヲ得

第六条　病人ヘハ信用程度外ニ貸付スル事ヲ得

第七条　貸付ハ病気、土地購入、畜産購入ニ限リ貸付スルモノトス

第八条　貸付保証人ハ貸付主任及ビ顧問ノ承諾スルモノニ限ル

第九条　漁業者ニハ奨励トシテ第七条同様貸付スルコトヲ得

第十条　天災地変ニ際シテハ特ニ貸付スルコトヲ得

加入規定

第一条　他字ヨリ嫁又ハ養子トナリ入籍スルモノハ加入金トシテ金五円納付ノ上本店ノ権利義務ヲ有スルモノトス

第二条　他字民ニシテ当字ヘ本籍ヲ越シ永住ノ見込アル者本共同店財産ノ全部ヲ当時現在人口ニ割当テ一人分割ヲ納付シテ本店ニ関スル権利義務ヲ有スルコトヲ得、但他字民ト

ノ私生子ハ右同様トス
第三条　本組合脱退者ニシテ更ニ加入セソトスル者ハ其ノ時ノ協議ニヨリ相当加入金ヲ納付シテ本店ノ権利義務ヲ有スルモノトス
第四条　他字人ノ嫁又ハ養子トナリ転籍シタル者ニシテ都合ニヨリ離縁復帰スル者ハ出資ナクシテ本店ノ権利義務ヲ有ス

脱退規定

第一条　他字ヘ転籍スル者ハ財産分与ヲナサズ之ト共ニ本店ニ対スル権利義務モ自然消滅スルモノトス
第二条　出稼人ニシテ住民同様ノ負担ヲ負ハザルモノハ本店ニ対スル権利義務ハ自然消滅スルモノトス

物品ニ関スル規定

第一条　輸入品ハ輸入ト同時ニ顧問立会ノ上仕入簿ニ記載シ證印ヲ得ルコト
第二条　当字内ノ人民ニ対スル延売額ハ一戸参円以内トス
但奉職人ハ拾円以内トス

船舶規定

第一条　他字ヘ輸出入ノ諸品運搬中損害アルトキハ船主其ノ責任ヲ負フモノトス
第二条　本店ノ船長ハ当字民ヨリ二名以上ノ確実ナル引受人ヲ設ケ置クコト

第三条　物品運搬中不正行為ニヨリ損害生ジタルトキハ船長其ノ責任ヲ負フモノトス
但天災地変ノ時ハ此ノ限リニ非ズ

寄附金規定

第一条　当宇民ニシテ畜産売却ノ時ハ売価百分ノ二ヲ翌日迄ニ本店ニ寄附スルモノトス
但期限経過スルモノハ其ノ倍額ヲ徴収スルコトヲ得
第二条　畜産ノ出生ハ亡死翌日限り本店ニ報告スルコト
第三条　米収穫期ニハ各戸ノ収穫等級ニヨリ応分ノ寄附スルモノトス
第四条　甘藷ノ豊年毎ニ各戸芋作等級ニヨリ応分ノ寄附スルモノトス
第五条　婚礼ノ際ハ御祝儀トシテ金弐円以上寄附スルモノトス
第六条　出生ノ時ニハ御祝儀トシテ出産ノ翌日金五拾銭以上寄附スルモノトス

学事奨励規定

第一条　当宇中等学校以上ノ学生へ学資トシテ左ノ通補助スルモノトス
一、中等学校生ニ毎月金五円
二、遊学生ハ毎月金拾円
三、中等学校へ入学ノ時ハ書物代トシテ金弐拾円
四、修学放行ノ時旅費トシテ金拾五円也
五、遊学生へ準備金トシテ金四拾円也

共同店及び共有船を部落の共有財産としてその経営を共同事業に組み入れ、村税をその収益によって平等に負担し、しかも住民の一切が共有財産に対して平等の権利を有しており、きわめて親和的な規定であるが、その反面村落のもつ封鎖的排他的な性格が濃厚にあらわれている規定である。たとえば加入規定によると、他字から嫁または養子となって入籍したものは加入金を納付し、また他字からの転籍者は割当金を出資して、はじめて字民と同様の権利義務を有することになっているから、総則第三条の「字奥在籍ノ人民」とは、元々奥に居住していたものの子孫を意味し、この人たちは生れながらにして共同店の組織員になり得たのである。私生子の場合も、他字民との私生子には割当出資の履行義務を負わしたのに、当字民との私生子にはその義務はなかった。他部落民という意識がよく露呈している。それでいて他字への転籍者には、共同店に対する権利義務を放棄させており、共同体からの脱退者にはもう用がないのである。つまり来るものからは取り、出ていくものには支払わない組織になっている。これは村落のもつ歴史的性格たる封鎖性排他性から出たもので、利害のそろばん勘定からでたものではなかった。

奥共同店は一九一四年(大正三)無限責任販売購売信用組合に転換し、一九〇〇年(明治三三)三月に制定した産業組合法による組合となった。当時広く県下に産業組合運動が行なわれ、県は一九一三年(大正二)専任吏員を置いてその指導奨励にあたらしめていた。しかしこれは政府が地主や商人を保護しようとする天下り的組合であった。共同店としての経営で成績をあげていた奥共同店が組合となった大きな動機は、「営業税免除」という県側の巧みな説明に魅力を感じたことにあった。利益の増大はやはり望むところであったが、まもなく運営がうまくいかないで倒産した。失敗の原因について田村浩は、(1)金銭換用の切符を発行したこと、(2)組織変更に際して精算剰余金を村民に分配したこと、(3)部落に動揺を来したことの三項をあげている。

切符を発行したのは組合が発足したその年であったが、これは対価物（林産物）と生活必需品の交換の停止であり、結果的には林産物の出荷量を不定ならしめた。また組合が発足した一九一四年からは世界大戦の影響によって物価が高騰し、組合は組合自体の事業の拡張や、部落民に対する支払いが増大したのに、固定資本が少なかったため十分な対応ができなかった。それに融資を広く行なったのにその回収が思うようにいかなかった。要するに共同店成立の諸条件に基づいた経営法から、近代式をうたいながら天下り的であった組合経営法に無準備で転じたことが、失敗の根本原因であった。こうして奥は一九一六年（大正五）再び共同店を復活させた。

共同店の創設をはじめ奥部落の発展に功績を残した糸満盛邦に対して、一九三一年（明治四五）ときの知事日比重明は木杯一組を贈って表彰した。同時に奥部落に対しても表彰状があたえられた。

奥共同店の活動はほかにいくつかの特異性がある。たとえば寄附金規定があることである。これは基本金を増すためのものであるが、婚礼や出産に祝儀として寄附せしめるのは近代の一般慣行とはむしろ逆である。現に組織員の死亡に対しては七円の香奠料を贈っている（総則第十二条）。婚礼そして出産による一員は生れると同時に共同店の組識員になり、共同の権利義務を負うが故の寄附とみてよかろう。沖縄の社会には古くから正月の初揃いや四月の畦払い《あぶしばれー》に、その日までの一年以内に出生のあった家は、部落に対して酒や馳走を出し、部落の仲間入りをさせてもらう儀礼があった。奥の寄附にはこの慣例とのつながりがみられる。奥にはまた学事奨励規定がある。これは貸与規定であるが、その額は大正末期のころの国頭村補助金（これは償還義務がなかった）に劣らないものである。奥に進学者が多かったのはこれに負うところ大であった。(1)

復活後の奥共同店は順調な歩みをみせた。販売面では消費物資に、購買面では買いとった林産物や農産物の外部への搬出売却に、信用面では信用受授の業務、余裕金の投資、預金及び貸付に従事した。このほかに生産事業として製茶・精米・酒造・電灯業を行なった。なかでも茶の栽培と製造は県下一の産業として発展していった。一九五〇年（昭和二五）の沖縄県全体の十製茶場による生産量は一三一、三〇〇斤であるが、国頭村は第一位で全体の約一三一パーセントにあたる四二、二〇〇斤を産出している。(2) 国頭村のは全部奥での生産である。

その後国頭村の多くの字に共同店が出現した。創立年月日の不明のものがあるが、ほとんど奥共同店の復活をみた一九一六年（大正五）以後である。創立は次表のとおりである。

字名	創立年	創立時字内にあった町屋数	創立時出入していた山原船数	白黒騒動時分裂の有無	備考
浜	一一九二	二	一	無	
半地	一九二八	一	〇	無	奥間の小字として経営
比地	不明	二	三	無	

奥間	一九二三	三	〇	有	産業組合から出発
鏡地	一九二七	〇	七	無	比地兼久分店から出発
桃原	一九二二	四	二	無	
辺士名	一九二〇	七	不明	有	一九〇六年に設立した産業組合より出発
宇良	一九三〇	一	一	無	
伊地	不明	二	一	有	
与那	不明	二	三	無	一九〇七年ころ組合店より出発
謝敷	一九一九	三	三	無	
佐手	一九二一	三	三	有	
辺野喜	一九一六	四	四	有	
宇嘉	一九一八	五	四	無	
宜名真	一九一九	三	五	無	組合店より出発
辺戸	一九一六（推定）	一	〇	無	
奥	一九〇六	二	四	無	
楚州	一九一四	四	二	無	町屋数四の中二は伊江など小字一九一六年ころの組合店より出発、町屋数は伊部のを含む
安田	一九二一	七	三	有	
安波	一九二一	七	三	有	組合店より出発

共同店創立当時ほとんどの部落に個人経営の町屋があった。これら町屋は奥の太田町屋と同じく、共同店の発展につれて次第に廃業していった。その点共同店は個人の営業を圧迫して独占的経営権

を確保したわけであるが、それは共同店が村落共同体に密着した商店であったからである。従来の個人経営店は住民の利益を収奪したという評価に立ち、その廃業は当然だとする住民たちがいた。

創立時その部落に出入していた山原船は、必らずしも町屋の所有者関係のものとは限らなかった。これは一般の町屋が山原船を所有し、乗組人を雇い入れて商品の運送ができるほどの資本がなかったことを物語っている。牽浜の宮城、佐手の前、辺野喜の上門・仲門小、安田の高五郎屋など船と店を両有していたものは、確かに部落内の富裕家であった。

字名	分裂年	店数	合併年
辺士名	一九二九	三	一九三九
佐手	不明	三	一九二九
辺野喜	一九二八	三	一九三三（推定）
安田	一九二六	三	一九三一
安波	不明	二	不明

共同店が創立されたころから発動機をそなえつけたいわゆるポンポン船があらわれ、それが山原船にかわって運送に従事する傾向にあった。共同店創立のころ奥間に三、鏡地に三、辺野喜に一、宜名真に一のポンポン船があり、鏡地の一は部落船であった。

共同店は一九二四年（大正一三）に起きた白黒騒動（上下方騒動）に原因して分裂したものがあっ

た。中立派のを含めて三分したものもあった。その状況は右表のとおりである。三分したのはまず二分し、闘争の過程で中立派が生じてこれが一共同店を経営するようになった。辺土名はその一例であるがその場合の戸数は下方派百戸、上方派七十戸、中立派三十戸であった。

新設の共同店は奥共同店の出現に刺激されたものであるが、大体が世界大戦の終了以後の創立であるのは、景気の下降で不安定になってきた部落民の経済生活を、共同で維持しようとする意図からであった。とりわけ町屋は商品価格の下落を押えながら、部落民からの買上げ物産の価格をつり下げようとしており、それに対抗する必要から出たものであった。しかしその経営はあまり思わしくなかった。その大きな原因は村落共同体の解体と資本主義経済の農村浸透にあった。この二つはきわめて徐々なる速度であったが、共同店の将来を左右する重大事象の発生であった。

沖縄では一九〇三年（明治三六）に土地整理が完了した。土地の個人所有が認められたため土地の集中作用が起き、その結果として土地を失う者があらわれた。また世界大戦による砂糖や林産物の高騰は、耕地の大きな者、労働力を多量に有する家を富ました。公有林利用の規制がふみにじられ切り出しが勝手となった。自然共同店組織員内に富の差が生じ、権利義務の平等観念にひびが出た。戦後における不況の進行とともに延買者が多くなったが、それをカバーするのは余裕のある家のものであった。

砂糖が戦争中から国頭村の新産業になったことは既述した。その生産は戦後もなおつづいた。それだけ共同店に対して常時対価物を提供していた組織員数と提供量が減少するか、あるいは季節により不定となった。また安波や与那などでは、共同店とは無関係の榑板製造所ができ、部落民はそこに板材を搬出しつづけた。共同店は集荷に手をやいた。その一方、従来からの商業支配者であった町屋や船主、それに辺土名などで染られた寄留商人の地盤はなお堅く、部落から立ちのかせることができなかった。かけ買いの重なっているものにとってはなおのことであった。

戦争がもたらした経済作用の変動は、資本が小さくしかも利益の分配に急なる上に、未経験者ばかりの主任及び店員を擁し、また顧問にも人を得なかった共同店にとって適切な対応の仕方がなかった。その経済作用の変動は村落共同体の歴史的要素をもつぎ崩しつつあった。それなのに共同店は依然として旧来の背景に拠りかかり、新時代的経営への努力が足りなかった。

そういう状態であった中の一九二四年（大正一三）に村の白黒騒動が起き、いくつかの字の共同店がそれにまきこまれてしまったことは既述した。これもすでに述べたように白黒騒動は他村から波及してきたものであるが、村内では村長の地位争いが勃発の契機となった。勢力は上方の立憲団、下方の同志会と大きく分れても、字内でまた二つに割れたいく部落かがあった。この分裂は村落共同体成立の歴史に基づくものであり、一部落が二つに割れたところほど異なった血縁団体の複合がみられた。辺野喜では鋸をもって共同店を真二つに切ったといわれている。また共同店は味方派に運動資金を不正融資したとされ、主任や店員が告訴される事件もおきた。辺土名・佐手・辺野喜・奥共同店などがその災難にあっている。しかし有罪となったものは一人もいなかった。

白黒騒動といっても村落共同体の争闘であった。国頭村の場合は対立が感情的なものであり、村

浜共同店の資本金・利益推移表

年次	総資本金（円）	利益金（円）	決算月	備考
1921（大正 10）	1,285.157	405.157	7.10.12	同年 2 月 28 日借入金 740 円で設立
1924（〃 13）	2,262.550	682.385	1.7.12	前年共同店新築，7 月主任引継時 1377.93 円欠損
1927（昭和 2）	4,175.664	999.385	7.1（昭 3）	共同店店則制定
1930（〃 5）	5,391.872	1775.572	7.12	村税戸数割 4 期分 412.5 円支出
1933（〃 8）	4,782.243	832.222	7.12	村税第 4・1・2・3 期分 832.9 円支出。8 月 5 日引継時 1189.972 欠損
1936（〃 11）	−	674.226	7.12	村税第 4・1・2・3 期分 864.02 円支出。翌 27 年 6 月 1 日以後村税への支出廃止，総人口・現住人口へ配当
1939（〃 14）	5,167.591	1314.718	7.12	
1942（〃 17）	5,614.133	932.664	6.21	30 年 11 月共同店農事実行組合と改称
1945（〃 20）	4,683.416	-1528.239	7	第 52 回勘定

民の生活を破壊する何物以外のものでないことを知る中立派がてで、それが騒動の鎮静役をつとめた。しかし一時は中立派の設立する共同店が辺土名などにできた。そして国頭村の騒動は一九二八年（昭和三）に収まるが、騒動に起因して分裂した共同店は間もなく合併し、両派の対立感情は解消した。もともと同一共同体に属していた成員の握手は容易であった。ただ中立派の共同店までできた辺土名では合併がおくれ、ようやく一九三九年（昭和一四）になって一つとなった。三次的分子はむしろ共同体の批判者であり、それだけ共同体への復帰が困難であったからである。

それでも共同店はその設立目的たる組合員の福利増進につとめた上、その利益を字費・諸補助金・慶弔費など加入員の経済的負担に還元していた。ことに第二次世界大戦時における国民経済の未曽有な逼迫時代にも不死身というほどの活動をつづけていた。その一例として一九二四年（大正一三）に起きた白黒騒動時代にも分裂しなかった浜共同店の資本金と利益金の推移状況を右上の表で示すことにしよう。[3]

なお田村浩は奥の共同店をもって、共産的施設と称している。沖縄の村落を共産村落と挙てのことであるが、沖縄には村落共産体は存在しない。それは共同生活体あるいは共同社会(Gemeinshaft) である。田村浩が共産村落にいう Community も実は共同社会または共同生活体の意である。河村只雄も奥部落は共同体、あるいは共同村落というべきであるとしている。[4]私有財産制度が人間疎外と社会悪の根源であるが故に、財産の共有を基礎としての象理想社会が実現できるとする思想（体制・運動を含む）が共産主義であるが、共同店による財産の共有はそういう思想に根基づけられたものでなく、そういう体制や運動もともなわなかった。奥をはじめ共同店をもった村々は、ゲマインシャフトと拳るほうが、その実体に則しているといえよう。

注

(1) 田村浩著「琉球共産村落の研究」第二章近代ニ発達セル奥ノ共産部落。平恒次「琉球村落の研究」(国頭村奥調査報告書)。宮城栄喜「奥字の実蹟」。浦崎直次「沿革史、奥の歩み」参照。

(2) 沖縄群島政府統計課編「沖縄群島要覧」一九五〇年版参照

(3) 浜共同店沿革誌参照

(4) 河村只雄「南方文化の探求」参照

沖縄村落の社会的特質
―沖縄農村の自作農的性格を中心に―

与那国　暹

沖縄の農村は三〇〇年近くも地割制度という特色ある土地制度のもとにおかれてきた。土地整理事業によって近代的土地所有が確立されたのはようやく一八九九（明治三二）年以降のことであった。現在の沖縄の農村や農業の特質には地割制度との関連をたどることによってよりよく説明できるものが幾つもある。たとえば零細な自作農的性格、耕地分散、「地割制集落」などである。また農民層の分解が沖縄においていちじるしく停滞した原因としても地割制度や租税制度を含む旧慣温存政策を見おとすことはできない。

本稿は地割制度とこれに終止符をうった土地整理事業の特質をあきらかにすることによって、村落構造の解明に一つの手がかりを得ようとしたものである。

一　地割制度

沖縄の地割制度は支配者の租税収奪のための主要な社会政策であったが、それはまた強固な共同体慣行によって維持されてきたことも忘れてはならない。支配者にとって納税負担の確保が目的であったから地割制度における土地均分政策などは付随的な手段であったにすぎない。だから王府は間切各村に割り当てられた貢租を完納しているかぎり、百姓地の割り替えに際しても多くは干渉せず、各村の自治と慣行にゆだねる方針であった。たとえば地割の年限は間切、村によって多様であった。極端な場合は糸満村のように毎年割り替えるところがあり、一方越来間切のようにほとんど地割を行わない村もあった。同じ村でも地種地目により、あるいは同一の地種地目に属するものでも、地味の肥瘠または土地の遠近によって割り替えの時期に異なるものがあった。また地割の具体的な手続きもそれぞれの村の慣行に従ってなされたから、もちろん一様ではなかった。つまり王府は村共同体の自主的な規制にゆだねることによって効果的に地割制度を維持し、租税収奪を確保することができたのである。一八九九（明治三二）年最終の地割協議を親しく視察したという仲吉朝助は、その模様をつぎのように描いている。

「地割方法を詳細に記述すれば、複雑にして其手数甚だ面倒なるの観あれども、各村は古来の制度に慣れ、殊に地割団体たる村の組織は一面に於ては下級の政治団体たると共に、私的関係に於ては有無相通じ、吉凶相助くるの良風の下に於て、殆ど一氏族乃至三四氏族より成立組織せるのみならず、其団体意志を遂行する機関は内法に依りて厳然たる権威を有するを以て、地人会の如きは数時間にして平和に終了し、曽て之に関する争議ありしことを見聞せず」(1)

先島地方をのぞく間切各村には成文化された内法があった。なかには地割替えの心得や年限などを明記したものも見られる。もちろん王府もときに令達などを出して地割制度を監督する必要があったことはいうまでもない。たとえば本部間切各村内法第一一条には、「村々地割之儀段々被仰渡趣有之候に付ては家内々之厚薄人口之多さに応じ九ヶ年限り割替致一統無親疎配当致し少も無親疎様可申付事」(2)とある。これにたいして兼城間切役々勤職帳では「田畑之儀、拾ヶ年振には厚薄段々出来致し、其上混乱之儀も有之へく候間、其心得を以て田方は四五年、畑方は八九年振、時節見合無親疎割直せ候事」(3)と指示しているのがみえる。内法と令達とのあいだに顕著な齟齬のないのは当然であるとしても、前掲内法の規定は官府令達の書き写しといった方が適切なくらい類似したものになっている。ここに内法の本質がかくされているといえよう。地割も貢租も直接物理的強制力によったのではなく、内法はじめその他の慣行による共同体規制の形をとったから支配者の施策はむしろ強固な基礎をうることができたのである。

ところで地割の真髄は「無親疎配分」ということであった。さきに引用した内法にも令達にもこのことが強調されている。つまり家族数、労働力の多少、貢租負担力、土地の肥瘠、利便等をよくよく考慮したうえで公平に土地を配分せよという意味である。地割の具体的な手続きをみると、村によって慣例による差異はあるが、いわゆる無親疎配分の方針に立っていたことを示している。

手順としてはまず村の地割すべき耕地をいくつかの、例えば八〇地とか一〇〇地とか二〇〇地とかの「地」に分ける。つぎに各百姓の家族数、労働力、貢租負担力等にしたがって百姓Aは二地、Bは一地、Cは七分五厘、Dは二分五厘という風にそれぞれの持地数すなわち持ち分を決定する。つぎに全耕地をその生産力と耕作上の利便により査定していくつかの等級をつけ、かつそれぞれの等級の土地につき一地当たり、半地当たり……の面積（坪数）と決める。つぎに二地持はどこの耕地から田は何坪、畑は何坪、一地持は……と各持ち分にたいする耕地の組合わせを決め、最後にくじ引きで地与に配分し、地与はまたくじ引きで与内の各百姓に配分する。地割配分の際に生ずる少量の土地の過不足は、「統並」と呼ばれる方法で矯正された。なおこれらの持ち分の決定、耕作地等級の査定、耕作地の組合わせ等はすべて地人（地割地の配当を受ける百姓）の協議によった。(4)

二　耕地の分散

地割の目的が各地人に耕地を公平に配分し直すことであったとすれば、そのためには各種の作物に適する土地を、その肥瘠、位置の遠近に区分し、各人に公平に配当する必要がある。上述した「地」・「分」の組み合わせ方法はこの方針にそうものであったが、その結果土地の一筆あたりの坪数ははなはだ狭小なものになるとともに、四方八方に耕地片が分散することになった。村によっては一村民の配当を受けた土地の箇所が四〇ないし五〇にも達し、その一カ所の面積ははなはだしい場合は

表 1　真壁村 1 地人の地割配当内訳

筆数	畑		田		山野	
	坪数	住宅との距離	坪数	住宅との距離	坪数	住宅との距離
		町		町		町
1	30	北へ　15.0	300	北へ23.0	30	西へ　4.0
2	20	東へ　18.0	60	北へ14.0	50	北へ23.0
3	250	北東へ26.0	20	北へ10.0	3	東へ18.0
4	230	北東へ26.0				
5	200	西へ　17.0				
6	80	北へ　18.0				
計	1260		380		83	

仲吉朝助『琉球の地割制度』より

表 2　地割村調べ

郡名	地割を行った村	地割を行わなかった村	合計
島尻郡	90	112	202
中頭郡	91	65	156
国頭郡	109	26	135
宮古郡	0	38	38
八重山郡	1	31	32
合計	291	272	563

『沖縄県史』第21巻，608・9頁。

二、三坪にすぎないところもあるという状態であった。たとえば真壁村のある地人が受けた六分五厘の地割配当の内訳は畑六筆、田三筆、山野三筆の合計一二筆からなり、表1のように分布していた。

　このように土地が細分され散在した状態では耕作に不便であり、無益の労力と費用を費やすことになるので、県土地整理事務局は土地整理法施行後一年以内に地割を行い、できるだけ広く耕地をまとめるよう指導した。この勧告にしたがって一八九九（明治三二）年中に割り替えを行ったのは全数五六三村中二九一村であった（表2）。しかし最終の地割の主旨はあくまでも「一般に対して土地の所有を得しめ及所有の公平を保たんがため此際なるべく地割替を為すべきことを勧告」(5)したのであったから、各持地人がそれぞれの耕地を交換分合することによって一挙に整理統合するというわけにはいかなかった。また最終の地割を行わなかった村が二七二村あったことも地割制時代の耕地の占有形態を現代に残すことになった。

三　沖縄農村の自作農的性格

沖縄県土地整理法は原則として現在の地割により土地の配当を受けた者、またはその権利を承継した者に所有権を認定した。しかし村のなかには地割後すでに数年もしくは一〇数年経過しているものもあり、漸次持地の割合が均衡を失う状態になっていたので、地人の協議により同法施行の日から一年以内に地割替えを行うことを勧めたのであった。その結果一般地人のほとんど全部が自作農民になった。また従来地割配当を受ける資格のなかった居住人も同法第六条によりその浮掛地（百姓地の一部を小作するもの）にたいして所有権を得ることになった。

一九一〇（明治四三）年現在における自小作別農家数をみると、自作農家七一・六％、自小作農家一八・一％、全く耕地をもたない小作農家は一〇・三％である。同年の全国平均は

表 3　最近の自小作別農家数
（単位：戸，（　）は構成比%）

	自作農家	自小作農家	小自作農家	小作農家	計
1968年	36,400 (56.4)	15,400 (23.9)	5,500 (8.5)	7,200 (11.2)	64,500 (100)
1969	34,400 (55.6)	14,000 (22.6)	7,400 (12.0)	6,100 (9.9)	61,800 (100)
1970	33,300 (56.3)	14,000 (23.7)	5,900 (10.0)	5,900 (10.0)	59,100 (100)
1971	32,200 (56.6)	13,600 (23.9)	6,300 (11.1)	4,800 (8.4)	56,900 (100)

「農業生産統計調査報告」1971年
（琉球政府企画局統計庁）

自作農家三二・八％、自小作農家三九・五％、小作農家二八・四％の割合であるから、土地整理後の沖縄における自作率は全国平均の二倍以上、逆に小作農家は全国平均の半分以下ということになる。土地に所有権が付与されたことによって田畑の売買による所有権の移動が自由に行われるようになれば、有力な地主または資本家による土地兼併の傾向が生じてくるのは当然である。土地整理後自作農家の漸減と自小作ないし小自作農家の増加はこうした傾向を反映したものといえよう。しかるに戦前戦後一貫して小作農家が一〇％内外にとどまっている点は見おとされてはならない（表3）。戦前における本土農民の約三分の二が借地農民であったことを思えば沖縄県は特異な事例といわなければならないと思う。

しかしその反面耕作地面積が五反未満の零細農家を多数つくりだす結果になった。土地整理直後の統計が得られないので、一九二二（大正一一）年以降の動向についてみると（表4）、五反未満の農家が戦後にいたるまでつねに五〇％以上存在していることがわかる。ちなみに一九二六（昭和元）年現在につい

表 4　経営耕地規模別農家数　（単位：戸，（　）は構成比％）

	5反未満	5反以上	1町以上	2町以上	3町以上	5町以上	計
1922年	47,531 (55.5)	23,214 (27.1)	9,729 (11.4)	2,704 (3.2)	1,569 (1.8)	860 (1.0)	85,607 (100)
1923	46,284 (54.3)	23,899 (28.0)	10,021 (11.8)	2,794 (3.3)	1,401 (1.6)	879 (1.0)	85,278 (100)
1924	47,071 (55.0)	24,354 (28.5)	9,424 (11.0)	2,713 (3.2)	1,405 (1.6)	615 (0.7)	85,582 (100)
1926	47,635 (55.5)	23,629 (27.5)	9,688 (11.3)	2,985 (3.5)	1,359 (1.6)	585 (0.7)	85,881 (100)
1936	51,369 (55.4)	25,930 (28.0)	10,700 (11.5)	2,929 (3.2)	1,232 (1.3)	431 (0.5)	92,650 (100)
1940	49,205 (55.0)	25,331 (28.3)	10,554 (11.8)	2,697 (3.0)	1,377 (1.5)	285 (0.3)	89,454 (100)

『沖縄県史』第20巻

てみると、五反未満層五五・五％、一町以上の経営者はわずかに一七・一％である。一戸当たりの経営耕作地面積では全国平均が一町一反であるから、沖縄の七反四畝はその六割程度にすぎない。

四　農民層分解の特徴

こうした零細な土地所有と経営――自作農的性格――こそが沖縄農村の顕著な特色をなすのである。これを、直接地割制度ならびにこれに終止符を打った土地整理事業の結果に結びつけたのでは短絡にすぎるかも知れない。土地整理の後土地の処分が自由になれば農民層の分解は急速にすすんだのではないかと推測されるからである。この点の解明が必要であろう。

仲吉朝助が一九〇三（明治三六）年に調査したところによると、東風平村世名城部落において、一八九九（明治三二）年最終の地割配当を受けた地人は一四〇戸であったが、一九〇二（同三五）年一二月末日までに地割地を売却したものが一二戸あったという。(6) さらに一九二三（大正一二年）一二月における現状は表5のようであったというから土地の売買交換はさかんに行われたとみなければならない。また農林省の嘱託をうけて沖縄県の小作に関する調査を行った牛島英喜の復命書によると、一九二三年現在で五町以上一〇町未満の耕作地所有農家数は八五五戸、一〇町以上二〇五戸という報告もある。(7) この数字は土地整理後沖縄においても農民の階層分化がかなりすすんだことを示している。

表 5　土地整理後における土地移動の状況

村　名	1899年最終の持地人	左のうち土地を失った者 1923年	割　合
真和志村識名	87	3	3.4
国場	174	23	13.2
大里村南風原	95	15	15.8
大城	178	22	12.4
稲嶺	122	16	13.1
具志頭村具志頭	125	6	4.8
玻名城	104	5	4.8
安里	116	5	4.3
西原村小那覇	215	31	14.4
我謝	240	10	4.1
与那城	44	5	11.3
中城村伊集	96	6	6.2
伊舎堂	165	18	10.9
泊	90	2	2.2
具志川村天願	120	29	24.1
名護村宇茂佐	78	12	15.4
合　計	2,049	208	10.2

仲吉朝助『琉球の地割制度』より

しかるに一方比嘉春潮によると、土地整理が終結する一九〇三（明治三六）年現在、田畑五町以上を所有して地主と称せられる者が島尻に六戸、中頭に二一戸、国頭九戸、計三六戸で、それでも一〇町以上を有するものは二、三戸に過ぎず、二〇町以上は皆無であったという。[8] 田村浩も一九二四（大正一三）年現在の状態としてつぎのように述べている。

「久志村字川田、平良、宮城三ヶ部落三百四十八戸中土地を有せざる者なく、又失ひしものなく、国頭村比地百十一戸中土地を有せざる者僅か一人、整理後失ひし者一人もなし、同奥間百六十戸中土地を有せざる者六戸、土地整理後失せし者三戸、桃原七十二戸中土地を有せざる者五戸、土地整理後失ひしもの三戸、即ち那覇・首里・名護等の都市経済の発達と共に近傍部落の土地は騰貴し金融の便及び文化の発達に伴ひ、土地を失ふもの比較的多く国頭方面の山間僻遠の地は殆ど土地整理時代の状態を維持し、尚未だ薪炭及び鶏卵を以て barter を行ふ交換経済を見るは注意すべき点なりとす」。[9]

資本主義経済が農村をまきこむようになれば、土地を失い貧農層に転落していくものが現れる反面、土地を兼併し地主階級なるものが発生してくるのは自然の勢いである。しかるに沖縄においては、そのような形態での農民の階層分化は比較的緩慢であった。前項でも触れたように自作農の漸減と、自小作ないし小自作層の漸増の傾向はみられるものの、小作農層は戦後の現在に至るまで一〇％内外を保ってきているのである。本土の場合は地租改正（一八七三（明治六）年）後小作地の割合は急速に増加し、昭和のはじめ頃までには日本の耕地の半ばに近い部分が小作地となっていた。これに対応して小作農家率も三〇％に近いものとなっていた。そして地主が寄生地主化していったところに本土における農民層分解の特質があったのである。

これにたいして沖縄においては、大地主と称せられるものの数がきわめて少なく、不在地主ないしは不耕作地主もきわめてまれで、一〇町内外の所有者といえどもそのほとんどが一部耕地の手作経営にたずさわり、製糖などを行っていたのである。つまり沖縄においては寄生地主は成立しなかったといってよい。地主の小作料収益が少なくかつ不安定であったことが主要な原因と思われるが、それにはつぎのことを考慮する必要がある。耕地面積が狭隘なのに加えて農業技術の水準も低く、さらには台風や干ばつの被害を受けることが多いため、沖縄県の一戸当たり農業所得は置県以来つねに全国で最下位であった。沖縄農業の低生産性は農民にとってまともに小作料を支払ったのでは成立しえないほど収益の少ないものであったから、寄生地主の成立は事実上不可能であったと思われるのである。もちろん資本主義的農業経営は起こりえようはずがなかった。

表 6　県外出稼者数（外国を除く）

	昭和元年末現在人口			昭和元年末現在出稼者数			総人口に対する率(%)		
	男	女	計	男	女	計	男	女	計
那覇市	23,648	26,925	50,573	1,011	793	1,804	4.3	2.9	3.6
首里市	10,076	11,165	31,241	755	651	1,406	7.5	5.8	6.6
島尻郡	68,243	72,825	141,068	4,441	3,705	8,146	6.5	5.0	5.8
中頭郡	70,573	74,982	145,555	3,853	3,624	7,477	5.0	4.8	5.1
国頭郡	48,901	54,410	103,311	6,234	6,107	12,341	12.7	11.2	11.9
宮古郡	27,779	28,459	56,238	383	57	440	1.4	0.2	0.8
八重山郡	17,037	16,512	33,549	265	260	525	1.6	1.6	1.6
合計	266,275	285,278	551,535	16,942	15,197	32,139	6.3	5.3	5.8

『沖縄県統計集』

また戦前までの沖縄においては農業以外の産業に見るべきものはなかったから、農村の貧農層ないし過剰労働人口は他府県の都市部へ出稼ぎに行くものが多く（表6）、国内移住も盛んであった。一方移民として国外に出る者もきわめて多く、一八九九（明治三二）年以来沖縄県人が移住した地域はアメリカ領ハワイ、アメリカ合衆国、フィリッピン、ブラジル、アルゼンチン、ペルー、メキシコ、セレベス、スマトラ、ボルネオ、大洋島、ジャワ、カナダ、ニューカレドニア、中国、ボリビア、ニューギニアなど文字通り七つの海を越えて広がっていった。一八九九（明治三二）年から大正を経て一九三八（昭和一三）年までの移民渡航許可数は七二、七七二人で、(10)これは当時（一九三八年）総人口五九四、三二二人の一二・二%にあたる数字である。ちなみに大正末頃から昭和初年にかけての沖縄県の人口動向を見ると、那覇市とそのほか僅かの例外を除くと各町村では軒並み減少しているのである。(11)つまり沖縄の農村においては近代的土地所有の確立後まもなく過疎に似た徴候があらわれてくる。しかるに貧農層と過剰労働人口の外部への流出は、中堅の自作農層を再生産する形をとったから、地主対小作人といった極端な階層分化はおこりにくかったといえると思うのである。

五　村落共同体と共同店

地割制下における村落は土地共有を基礎として、共同耕作を行い、共同で貢租を納入し、あるいは共同経済を営むところの、あきらかに「共同体」として把えられるべき性格のものであった。しかるに土地整理法の施行にともない、地割制度が廃止されたことによって村落は従来の共同体的連帯の主要な根拠を失うことになった。この意味では経済史学などでいう資本主義以前の段階としての共同体は崩壊したといえようが、各種の共同体的組織や慣行を現在の農村に求めることはもちろん不可能ではない。たとえばユイの慣行、模合による経済的互助組織、御嶽と祭祀組織など、いずれも地割制下の共同体においてもっともよく機能したものである。しかしこんにち特異な共同組織として注目されるのはおそらく共同店だろうと思う。

共同店は土地整理事業の終結後まもなく国頭村奥部落にはじめて設立をみたもので、その分布も本島北部地域にかぎられているが、沖縄における共同体的組織の一つの典型とみることもできるのである。以下この点を明らかにして結論にかえたい。

いまではほとんどの共同店は部落を単位にした消費組合の色彩が強いが、その全盛期には購売、販売、信用における独占事業の機関であっただけでなく、奥部落の場合は製茶業、精米業、酒造業、電灯業などの生産事業まで経営していた。このような共同店を成立させた社会経済的背景は、農民がようやく地割制度の桎梏から解放され、土地所有における私有財産制度が確立されて沖縄においても資本主義的営利追求の傾向が時代の潮流をなしつつある時であった。農民たちは一部の商人が田畑を耕すのでもなく、居ながらにして富を蓄積していく姿を目したに違いない。そしてこうした個人主義的営利追求がやがて貧富差を拡大し、村の共同体的秩序を破壊する結果になることを敏感に感じとったに違いないのである。共同店はかくして資本主義的営利主義の攪乱から村落共同体を防衛する共同組織として設立に至ったといえるのである。この意味では共同店は資本主義経済のおとし子にほかならない。しかし共同店の出現が地割制下の村落共同体に密着した共同組織として、その伝統と理念を受け継いでいることは否定できない。たとえばかつて地割百姓地が共有になっていたごとく、共同店は部落の共有財産にほかならない。奥部落の店則は「本店は字奥在籍の人民を以て組織す」と規定し、全住民が一人一株の権利を取得することになっていた。別に規定はないが、区民は慣習上、一人で二株以上をもつことはできないという。[12]これを奥部落の地割慣行が人頭割に配当されていたことと比較するとき、両慣行の類似性に注目せざるをえないのである。沖縄の農村は実に明治の後葉まで地割制度のもとにおかれてきたから、農民の階層分化はおこりにくかったし、またすでに述べたように土地整理後は零細な自作農家が主体をなしてきたから依然貧富の差は大きくなかった。かかる共同体内部の並列的構造と共同体成員が公平を重んじ、平等の権利義務を強調する価値観とは決して無関係ではないと思われる。

われわれはかかる共同体意識に根ざした社会組織を沖縄の多くの村落にみいだすのである。

参考文献

(1)仲吉朝助「琉球の地割制度」(『史学雑誌』第三九編第六号、一九二八年)六七頁。
(2)『沖縄県史』第一四巻、四五〇頁。
(3)『近世地方経済史料』第九巻、六頁。
(4)地割配分の手続きについては、仲吉朝助の上掲論文、田村浩『琉球共産村落の研究』(一九二七年)に詳細な記録がある。ここでは比嘉春潮の「地割制」のまとめにしたがった。『比嘉春潮全集』第二巻、一八九頁。
(5)「沖縄県土地整理紀要」(『沖縄県史』第二一巻)六〇八頁。
(6)仲吉朝助、前掲論文、第八号、七八頁。
(7)『沖縄県史』第一五巻、四一〇頁。この統計には若干疑問があるが、この数字をそのまま承認するとしても、一〇町以上の耕作地所有農家二〇五戸は当時全農家数(七七、七四六戸)の〇・三%にすぎない。
(8)『比嘉春潮全集』第二巻、八八頁。
(9)田村浩、前掲書、三三四頁。
(10)安里延『沖縄海洋発展史』(一九四一年)四九〇頁。
(11)国勢調査によると沖縄県の人口総数は一九二〇(大正九)年五七一、五七二人、一九二五(大正一四)年五五七、六二二人であるから両年度を比較すれば、一三、九五〇人の減少である。

共同体の経済組織に関する一考察
―沖縄県国頭村字奥区の「共同店」を事例として―

玉野井　芳　郎・金　城　一　雄

はじめに

経済学の最近の研究は、従来の研究対象―商品経済または市場経済―の枠を超えて、非市場経済のあり方に光をあてる必要を見いだすにいたっている。この点で、共同体の経済を、経済学、社会学、歴史学、ひいては地理学や社会人類学の諸観点から考察しなおすことは、社会科学における焦眉の研究課題といってよいだろう。沖縄本島北端の村落で運営される共同体の経済組織、「奥共同店」を事例に求めた本研究は、その第一歩を示すものと理解されたい。

共同店は、周知のように、明治末期に沖縄本島北部域を中心に設立され、主に村落共同体内の生産物の集積・出荷、生活物資の購買・販売等を担う、いわば生産・消費組合的性格を有するものであった。

この共同店が沖縄で最初に設立されたのは、一九〇六年（明治三九）四月、沖縄本島北端国頭間

切奥村においてである。(1)

本稿では、この奥村の共同店を事例にし、村落共同体内経済組織の中軸ともいうべき共同店と村落諸機能との連関、とりわけ村落自治機能との連関性をさしあたり考察したい。

一　奥共同店の沿革

1　創設期（明治三九～大正三年）

まず、「奥」の共同店が部落有事業として設立された当時のことを考えてみよう。

当時は、周知の「土地整理」が完了し、土地私有制が法形式の上で確立された時代であった。まだ一般的に経済水準の低かった沖縄、とくに国頭間切のような農山村においては、いわゆる「物持」の勃興といえども、その財力の大きさは微々たるものであった。いくらかの財産家といえば、やや広い土地を所有し、かたわら「町屋」(2)という小さな雑貨商を営む程度であった。

その頃、当該村落「奥」にもこの町屋を経営するものが二人いた。一人は乾隆年間（一三九〇～九五）に奥に住みついた首里士族の子孫糸満盛邦であり、他は与那原出身の太田某であった。太田氏は他村で商売に失敗し、ほとんど着のみ着のままで奥に移住し、豆腐屋を始めた。しだいに酒、麦麺を扱うようになり、事業が軌道に乗ってからは、与那原の従兄弟の船を利用して雑貨商を営むようになり蓄財も次第に充実してきた。糸満氏は毛氏（護佐丸）の流れを汲み、一一世盛栄が奥に移入して以来村落内婚を重ね、代々「奥」に定住していた。一五世盛邦氏は山原船を持ち、雑貨商としても太田氏より古く資本力も勝っていたという。[(3)]

このような状況下で、外来者である太田氏はみるみるうちに糸満氏の向こうを張る町屋経営者になっていった。

小さな村落で、こうした二つの「町屋」が競合するということはどのような結末をもたらすであろうか。

当時ようやく商人的資本が末端村落に侵入しつつあった状況を考えると、共同体内のいわば自然発生的ともいえるきわめて弱少な財力が共同体外流人の資本によって駆逐されるであろうことは目にみえている。太田氏が裸一貫から一定程度の資本量を蓄積しえたことは、当時の共同体内の個人的財力がいかに弱少であったかを想起させるものである。当時は、この村落域においてはそれほど貨幣経済の侵透はなされていなかった。[(4)]したがって、町屋の商品は、商品→村落民の生産物（生産物は町屋商人が那覇にて換金）、商品→貨幣（少しく以前からの町屋商人への生産物の売却による微量な貨幣の個人ストック、その時々の生産物の換金要求によって得たこれまた微量な個人所有の貨幣）の関係性において販売されていた、と想像されうる。したがって、きわめて弱少な資本量による町屋経営の両者は、小さな村落内の限られた生産量、限られた購買力のもとでは一時的な競合的ダンピングすらやれない場合がある。仮りにそれが可能だったとしても、それは両者とも資金の循環、回復のために第三者の資金に頼らざるをえなくなり、代理マネジメントにおちいる。そのようになれば、村落共同体の保全維持は、共同体成員の手を離れ、共冋体の崩壊を加速化することともなろう。

太田氏が、糸満氏と拮抗しうるほどの町屋の経営者に上昇したということは、当該村落奥にとっては、そのような危機をはらんでいたことをも意味する。このような状況のもとで、先住者として土着し、村落の指導的役割を果たしていた糸満氏は、自分の財力を村落民のために投げうつ決意をし、村落共有の「共同店」の設立を具体化するのである。[5]

しかしながら、それは、容易なことではなかった。太田氏はしばらく奥にとどまり反撃の機をうかがっていたという。[6] また、村落内の一部には、当時ようやくにして芽ばえつつあった私的利潤追求の発想を開花させようと暗躍するものもいたという。[7] このことは、逆に共同店が私的企業を否定する形で進行していかざるをえない一因となったであろう。なぜなら、太田氏の追放は、〈部外者の私的利潤の追求↓共同体防衛〉という一種のコンフリクト形式をとりながらも、結果として〈糸満氏の個人資本の確立〉（すなわち、地域内資産家＝名望家の生誕）をもたらさない、という保障は必ずも明確ではなかったのではないか、[8] と推測することも可能だからである。この点で、平恒次の次の指摘は注目に値する。「…この際商業資本の担い手が、奥部落にとっては外部からの流れ者である太田氏であったということは重要な契機であったといえる。何故ならば共同体にありがちな外来者への不信と恐怖がこの際は共同店という具体的な形に顕現したともいえるからである。と同時に又新しい時代の流れに対する共同体の反動と反発が自己の成員の中から出てきたこの流れの便

乗者に対する懲戒という意味をもちながら私的企業否定として現われたともいえるのである」(9)(傍点引用者)

このように共同体内外の二つの軋轢を制御しながら、奥共同店は創立された。これは、既述のことからもうかがい知ることができるように、共同休内有力者と共同体外の者の町屋経営をめぐる経済コンフリクト(economic conflict)の産物としてもみることができるが、しかし、それ以降の共同店の軌跡を見るなら、近代資本主義の村落破壊に対する共同体の自己防衛策のあらわれ(10)とみるべきであろう。

ともあれ、奥共同店は、糸満氏の私有権譲渡の後に、当時の字の共有金三二〇円に、沖縄銀行名護支店からの借入金六〇〇余円を加え、事務員三人、監督五人で発足した。当時の状況を、「奥字の事蹟」は次のように記している。

字民ハ明治三九年春、字共同店ノ有利ナルヲ感ジテ、宇資本金参百弐拾円ヲ提供スルト共ニ、沖縄銀行名護支店ヨリ六百円ヲ借用シ、都合壱千円内外ノ資本金ヲ以テ開店セシ処、字民ノ一致共同ノ美風ハ経済ニマデ合一シテ年々歳々隆盛ニ赴キ、借財モ創立三年後ニハ全部返金スルヲ得テ、純資本金数千円ヲ造リ得ル域ニマデ達セルヲ得タルモ、有志間ノ苦心ハ尋常一様ニアラザリキ、心アル有志ハ誠意ヲ以テ共同店ノ維持発展ニノミ腐心セルニモ不拘、愚昧ナル一部民及他ノ野心家ハ共同店ヲ破壊シテ、自己ノ利益ヲ得ント幾多ノ機回暗闘アリタルモ、有志ノ示尊宜シヲ得テ着々初志ヲ貫徹シ得タリ。創立後順潮ニ発達シ、大正三年頃ニハ共同店ノ全盛ノ金盛時代ニシテ、土地、建物、物品、貸付金、現金凡ソ壱万数千以上トナリテ、奥ニハ春ノ花咲ク如ク黄金ノ花咲ク全盛、勝ヲ得、字民ハ長閑ニ平和ナル日送ルヲ得タリ。(11)

2 「産業組合」期（大正三〜大正五年）

黄金の花が咲いたかにみえた大正三年は、同時にまた、共同店にとっては危機の年でもあった。この年の末、共同店は「産業組合」に変ることとなった。当時、日本「本土」においては、明治三三年に産業組合法が制定され、産業組合の運動が全国に流布し、その余波は沖縄にも及んでいた。奥共同店も国頭村当局の勧誘により「無限責任、奥販売購買信用組合」という名称のもとに産業組合へと改組された。改組の大きな動機は「営業税免除」にあったという。ところがこの産業組合は大正五年の初頭、改組わずかに一年半にして事業失敗により三、〇〇〇円の負債を残して解散するに至るのである。

その失敗の原因を、「奥字の事蹟」は「何故ニ時代ニ適スル産業組合ガ斯モ悲惨ナル失敗ヲ成セルカ子孫後学ノ為ニ失敗の原因ヲ記載シ置カン」との趣旨で、次のように記している。

一、理車者モ字民モ十分ニ産業組合ナル主旨ヲ知ラザリシコト
二、理事者ノ手腕ノ足リザリシコト

三、県下金融逼迫ノ餘影ヲ受ケテ資金ノ融通ガ出来ザリシコト
四、共同店ヨリ変更ノ時ニ現金七千円余円ヲ分配シテ組合ニ固定資産ノ残ラン為メ運転ガ出来ザリシ為メ
五、物品販売ノ現金ナラズ且ツ金銭出納ノ粗漏ナリシ為メ
六、理事者ガ組合ノ内容ヲ隠シテ一般株主ニ十分周知セシメザリシコト
七、現金ナキ為メ金銭換用ノ切符ヲ濫発セシコト(12)

上記の「事蹟」の総括項目を多少とも整理、コメントすると次のことがいえるだろう。

一、共同店成立時の共同体的諸条件に基づいた経営法から、文明式商業機関（「事蹟」）方式に一挙に転じたこと、しかもそれが村役場主導であったことは、やはり失敗の一因となろう。

二、産業組合的経営手法に理事者が不慣れであったとはいえ、この期に、先述の太田氏が成功をおさめて奥を引き上げて行ったことを考えれば、確かに理事者達の事業手腕の不手際は失敗の一因となろう（ここに、共同体の経済組織を維持するに際してのリーダーシップの重要性がある）。

三、当時の産業組合は、信用事業に重きを置いていた。したがって、組合の盛衰は国家レヴェルの経済動向に左右されやすくなる。この傾向は、土着的共同店よりは近代的産業組合の方が

大である。

四、現金七千余円の配分は、従前の剰余金積立のほぼ全額を村落民へ還元配分したことを意味する。これは、改組に伴う精算を意味するものとして形式的には明朗である。しかしこれは、実質的には後の組合運営資金の涸渇をも意味する。従前は、年間利潤の何％かが村落民に配分され、残りは固定資産の拡充や流動資産の一時ストックに廻されていた。この慣行を無視し、現金ストックを皆無にしたことは、以後の経営悪化の大きな一因となったことであろう。

五、共同店時代からの掛売金の回収に熱意を示さず、同時に組合からの借金、掛売りは無制限に行なわれていた。産業組合の初期の理念が、末端農家の救済にあったことからして、上述の傾向を助長した。これは、中央機構の機関決定が末端へ行けば行く程教条化されて遂行されることが多いことの証左とも把えることができる。

六、共同店時代の慣行であった定期的経理報告および村落自治機構による組合の監督ということもなく、経営悪化が深化した後に村落民は事情を承知したといわれる。このような状況下では、村落民の間に反目が起るのは当然であり「字民ガ二派ニ分シテ暗闘ヲ重ネテ」（「事績」）憂慮すべき事態であったといわれる。これは、村落内の経済的危機であると同時に、従前より培ってきた共同体の「和合一致」の精神、奥村落の全般的危機でもあった。ここにも、村落維持、村落関連事業の遂行にあたってのリーダーシップの重要性が深く問われている。

七、組合は、現金保有が底をついた際の一策として、村落民からの林産物を組合発行の金銭換用

〈切符〉にて購入し、その切符をもって村落民に物品を購買させた。組合が日常生活物資を村落外から購入するには共通貨幣が必要である。しかし組合にそれのストックがない。したがって、組合は何とかして日常生活物資を購入、供給するため窮余の策として、村落民には〈共同体内貨幣〉の〈切符〉を発行したのである。しかし、組合の「村落民の産物を外部（那覇・与那原方面）に搬出して現金収入を得る」との目算は、時あたかも不景気の只中ということもあってうまくいかなかった。これは、従前の〈村落民の生産物(主に林産物)↑↓商品〉、および〈村落民の生産物↑↓貨幣〉という共同体内交換を停滞させ、結果的には、組合を窓口とする林産物の集積、出荷を不定量ならしめるという悪循環をもたらした。(13)共同体外からの現金を所持する商人の流人はますますそれに拍車をかけ、組合の切符発行はふえるばかりで、困難な事態は深刻化する一方であったといわれる。

これらの混乱につけこんで、先述の太田氏はますます勢力を伸ばしたという。また、村落外からの商人の侵入も顕著であったという。これらの商人は現金を所持し、物品品目も組合より多様であったといわれるから、村落民もこれら商人との接触の機会を多く持たざるを得なくなっていた。このように組合に対する村落民の支持の減退と太田氏をはじめとする流入者の勢力の伸張はパラレルなものであった。

3 「共同店」への復活（大正五～昭和一八年）

産業組合が危機に頻し、村落全体の経済が流人者達によって包囲されんとしたこの危機もやがて克服される。大正五年一一月には、産業組合を廃止し、従前の「共同店」が復活した。関係者の努力により村落経済の再建が進められた。大正六年三月、共同店復活後の第一回目の決算期には三ヶ月間の営業成果として一一五円の純益をあげた。さらに同年末には、産業組合の三、〇〇〇円の負債の返済のめどもつくようになり、共同店復活の基礎はゆるぎないものになった。この間に、先述の流入商人たちは次々に奥を去っていった。太田氏などは一財をなして去っていったといわれている。

産業組合の失敗をふまえ、共同店の再建にこぎつけたこの間の事情を「事蹟」は次のように記している。

第二回ノ勘定ニ於テ純益金五百円余ヲアゲ、大正六年末第三回ノ計算ノ如キハ、純益金八百八拾八円余リアゲ得テ、全ク元ノ共同店ニ復活シテ、民心経済共ニ和合一致シテ、今後益々逃ミツツアリ。之レ全ク理事者ニ依ラズシテ他ニ何ゾヤ。吾等編纂子思フ。本村ノ如キ交通不便ノ地ニ於テハ、従来ノ例ニ習ヒ、字民一同ガ我利ヲ捨テテ、精神ノ和合ヲ以テ、コノ如キ事業ヲ起スナラバ、村民相互間ノ救済事業ノ発展ハ困難ニアラザルヲ信ズル次第ナリ。(14)

ここに記されている「我利ヲ捨テ」「和合一致」する精神こそは、事あるたびに、村落の指導者たちが唱合する理念であり、いわば「奥精神」ともいうべきものであった。

その後、大正中期から昭和にかけて、共同店は全盛をきわめた。その財力は、当時村医さえ置けない村が多数あった中で、奥では独自に診療所を設立、経営するほどになっていた。その他、「預金部を設け、各戸の税金も共同店を通じて支払う(15)」など、組織、機構的にも村落民にますます根をおろすようになっていった。

曲折を経ながらも見事に再建され、村落民の経済生活にとっては不可欠な存在として機能し続けた共同店が、またもや新たな危機に見舞われることになった。それは、空襲、そして敗戦という第二次大戦による混乱によってもたらされた。

4　第二次大戦後の「共同店」

一九四四年（昭和一九）一〇月一〇日、奥は村落ごと空襲を受け、共同店舗、有力資産の伊福丸も焼失し、共同店は自然消滅することとなった。

一九四五年（昭和二〇）一〇月五日、アメリカ軍の抑留から解放されて村落に帰還した人々は、ぼう然自失の中から、村落と共同店の再興を手さぐりしつつ求めていた。

そして一年半後、一九四七年（昭和二二）四月、従前の共同店を「奥区生産組合」の名で復活させるにいたった。その時の状況を「奥の歩み」は、次のように記している。

部落民が捕虜を解放されて帰った時には、祖先伝来の財産たる共同店の影も形もなかった。然し部落に復帰した部落民は、祖先伝来のこの事業をこのまま中絶しては祖先に対しても又子孫に対しても申し訳がないと、灰墟の中から有志…（中略）…各氏は議を重ね、稍もすれば、此の際その営利企業の権利を獲得せんとする民の心配もありたるが、断全押し切って、一九四七年四月七日、生産組合といふ名称の下に再発足したのである。[16]

このようにして、組合は、復興の一歩を踏み出したが、福利、生産施設はほとんどなかった。手始めに村落の復興に役立つ製材所を設置、次に茶工場の再建を実現させ、さらに「部落民の総労力と二十数万円の金を投」じ、[17]村落内にて機帆船を建造するにいたった。その後、精米工場、配電事業、酒造工場と、組合関連事業は次々に復興されていった。めざましい復興の途である。その間、「諸施設に費用をかけすぎて融通資本が無くなり、一時は停頓状態に陥り、民心動揺の形勢すらあった」[18]が、このような状況は、先述のように村落民は既に経験したことでもあり、難なくおさまった。

生産関係事業に重きをおいた「生産組合」は、次第に購売、販売にも力を入れるようになり、一九五〇年（昭和二五）末には、「共同店」に改組される。しかし、生産関係の諸事業は従前の組織のまま据えおかれ、一九五三年（昭和二八）にいたって、共同店の事業部門に統一された。

その後、既述の諸事業は、村落民の生活に欠かすことのできないものとして定着するが、一九六〇年代以降、漸次縮小されてゆき、現在残っている生産関係事業は、製茶業のみである。

一九六〇年代末以降、北部域の「共同店」が、「農協」に改組、あるいは編入されることが多くあったが、当該村落の「奥共同店」は、従前のまま「部落有」の「共同店」として、経営され、今日にいたっている。

二　共同店と村落自治機能

1　ムラ機構の中での共同店の位置づけ

一般的に、村落の生産構造あるいは生産組織に関して言及する際には、個別対象のみでなく村落自治との関連性において論及することが望ましい。当該村落にあってはとくにその感を強くする。奥には、現在七つの行政的「班」が存在する。これは、地割制下における各「与」あるいは「組」を継承するものでは必ずしもない。各班には「班長」が一名づついて、日常生活諸般の各班内の責任をうけもつ。これは持ち廻り制である。当該村落には、この地縁的結合である行政「班」の他に、青年会、成人会、婦人会、老人会等の年齢階梯的な集団が存在する（その具体的活動については、ここでは割愛する）。

ムラ人たちは、上述の班および諸集団に属しながら日常生活を営んでいる。それらの日常的諸活動を具体的に保障し、規制すべく成文法化したものが「奥区条例」である。

当該村落の基本法ともいうべき「奥区条例」は、戦前期からの村落内慣習法に大方沿うものであるが、一九六三年改正明文化の「条例」は、一〇章六八条から成り、第一章には「奥区民の権利と

義務」が明記されている。すなわち、
第一条　奥区民たる要件は条例で之を定める
第二条　奥区民は左に定められた義務を果たすことによって共同の施設又は財産を平等に利用する権利を有する
一、区の内規を守ること
二、すべての公共施設に割当られた負担をする
三、農林業及び其の他の共同事業に従事する
四、区の費用を負担する
五、区民共同経営にかかる共同店其の他の事業に加入することが出来る
六、区に在籍を有し区外に在住する奥区民は毎年規定に従って負担金を区会計に納入する

村落「奥」の人々は、以上のような、ムラ人としての基本的な権利と義務を遂行しながら、日々の生活を営んでいる。そして、ムラ人として「ムラの政治（村落自治）」に関わるには、次の二つの方法がある。

いわゆる「部落総会（常会）」によって直接的に関わる方法と、自らの選挙によって選出した「部落役職者」を通じて間接的に参加する方法の二つである。

部落「総会」は、戸主および二〇才以上の男女に出席する権利が与えられており、奥区の村落自

治に関する最高機関であり、唯一の決定機関として位置づけられている（「条例」第五条）。総会は年に三〜五回開催され、村落会計の審議・承認役員選挙等は定例的開催であり、他に重要な問題が生じた時には臨時にも開催される。

部落役職者を通じてムラの政治に参加する方法が最もよく表現されているのは、奥区「議会」であろう。これは、図1のように、区長、理事（四名）、代議員（八名）、青年・成人・婦人会の各正・副会長（計六名）、

図I　共同店と村落の意思決定機構図（1977年現在）

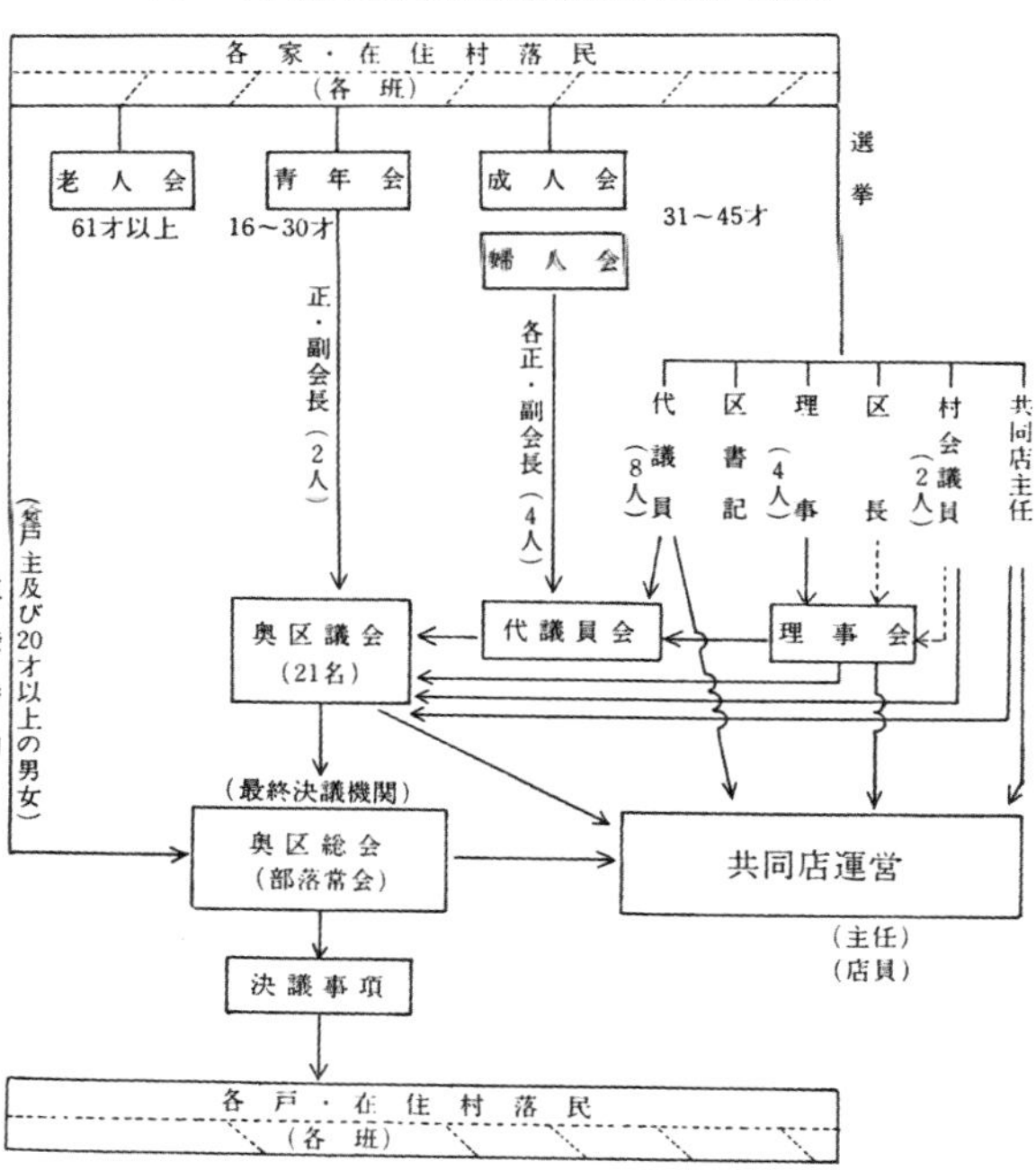

共同店主任をもって構成され、毎月一回開催され、公開されることが義務づけられている。ここで、さまざまな部落運営に関する事項が提案、討議され、さきの「総会」で承認を得た後に効を発する。この議会における活動任務は、一部の特定階層の意のままになったり、あるいは有名無実化することなく、戦後一貫して積極的な活動がなされている。(19)

ところで、共同店は、奥区民の基本法ともいうべき「奥区条例」において、どのような位置を占めているのだろうか。共同店に関しては、先にみたように、「条例」第一章の「奥区民の権利及義務」においても触れられている。その他に、「条例」第七章はすべて共同店に関する規定である。

第七章　共同店―（「奥区条例」）―
・・・・
第五二条　区民全員をもって共同店を設置する
第五三条　共同店は区民の経済生活を豊かにし其の福利を増進することを目的とする
第五四条　前条の目的を達成する為左の事業をおこなう
　日用雑貨の販売、農林水産物の購入・販売
　製茶・製米・発電所
第五五条　共同店に主任一人をおく
第五六条　主任任期は二年とし再選を妨げない
第五七条　主任は共同店全事業運営を掌ると共に財産に対しては全責任を負ふものとする

第五八条　共同店は区運営費其の他議会の認定する育成すべき団体等に助成しなければならない
第五九条　職員に対しては議会で定めた給料又は手当を支給する
第六〇条　共同店の経営については別に店則を別に定める　（傍点―引用者）

上記のように、共同店は「区民全員をもって」構成され、その目的は「区民の経済生活を豊かにし其の福利を増逃する」ことにある。

共同店の基本的指針は、上記の「奥区条例」によって規定され、具体的経営は、別掲の「共同店々則」に沿ってなされる。

共同店の最高最終の意思決定機関は「総会」であり、この総会は既述の「区の総会（部落常会）」を以て充てる（「店則」第八章二項）。ムラの理事は同時に共同店の理事でもあり、代議員もまた共同店の役員である。さらに、具体的運営にあたっても、区長、理事会は「共同店運営に関し主任の諮問に応じ必要ある場合は独自の立場で指示を与えかつ業務上の監督をすること」（「店則」第七条四項）ができる。

共同店主任も他の役職と同様、ムラ人の選挙によって選出される。主任は「共同店に対する一切の業務を統理し本店運営にあたり本店の財産に対しては全責任を負うもの」（「店則」第七条一項、および先記「条例」）とされている。任期は二ケ年であるが、必要とあれば、任期中でも総会の過半数の賛成を得てこれを解任することができる。

さらに、共同店は毎年三期[20]（四、八、一二月）に「勘定」を既述の「区議会」に報告しなければならない。

以上のように、共同店は、ムラ人たちによる村落自治＝「ムラの政治」機構のなかに明確に位置づけ、包摂せられている。

2　共同店への加入・脱退条件

共同店は、ムラ人全員によって構成されるが、本項では、その加入条件、脱退条件、利益の配当等について、いま少し考察を進めてゆきたい。

共同店は「区民全員」をもって構成されるが、その加入条件は区民全員が必ずしも同一であったわけではない。

大正末期より昭和初年にかけて当該村落を踏査した田村浩の『琉球共産村落之研究』によると、共同店への加入条件は次のとおりである。

加入規定

第一条　他字ヨリ嫁又ハ養子トナリ入籍スルモノハ加入金トシテ金五円納付ノ上本店ノ権利義務ヲ有スルモノトス

第二条　他字民ニシテ当字へ本籍ヲ越シ永住ノ見込アル者本共同店財産ノ全部ヲ当時現在人口ニ

割当テ一人分割ヲ納付シテ本店ニ関スル権利義務ヲ有スルコトヲ得、但他字民トノ私生子ハ右同様トス

第三条　本組合脱退者ニシテ更ニ加入セントスル者ハ其ノ時ノ協議ニヨリ相当加入金ヲ納付シテ本店ノ権利義務ヲ有スルモノトス

第四条　他字ノ嫁又ハ養子トナリ転籍シタル者ニシテ都合ニヨリ離縁復帰スル者ハ出資ナクシテ本店ノ権利義務ヲ有ス(21)（傍点—引用者）

上記のことからもわかるとおり、共同店への加入は、ムラ人としての地位と立場により異なる。共同体外から嫁入りした者あるいは養子縁組により入村・入籍した者は、加入金を納入しなければならない。また、嫁入、養子縁組によらず入村・在籍した者は、永住の見込みのある者に限って割り当て金を払って加入することができる。

最も有利な加入条件は、当該村落「奥」に代々在籍しかつ在住する者の子として出生する場合である。これに該当する者は、いわば「純枠なる共同体成員」とみなされ、出生と同時に「出資ナクシテ」(22)共同店の成員となる権利を有する。これを当該村落では「出生加入」と呼んでいる。

次に有利なるものは、当該村落にて出自し、嫁また養子となり離村した者が、離縁して帰村した場合である。これも、「出資ナクシテ」(23)加入できる。

但し、当該村落に出自、在籍していても共同体外の者との私生子は、割り当て金を納めて加入す

ることができる。

これらのことから瞥見しうることは、共同店への加入条件は、「永住」と「出自」のファクターにより大きく差異があるということである。

共同店加入に関する条件は、今日では、上記のように明確に区分されてはいないが、「永住」と「出自」に関する条件は基本的に残されている。但し、従前に比べて、永住と出自の比重が逆転してきたかの感がある。

一九七三年（昭和四八）改制の「店則」によると加入規定は次のようになっている。

株加入
第一五条　一　株主に出生子があった場合は加入金として別に定める加入金を納付して株主となることが出来る
二　株主に嫁人養子縁組して入籍した者もこれに準ずる
第一六条　一　外来者でも奥区に永住して希望するならば加入金を納入して株主になることが出来る
但し区議会並び株主総会の承認をうる
加入金はその都度理事会で決定する　（傍点―引用者）
奥共同店への加人に関して、さらに看過されてならない点は、一度加入が認可されると加入者は既述の差別を受けることなく、また老若男女同等の権利を有することである。それは、「一人一株」の原則に端的に表現されている。どのような地位や立場にあろうと一人で二株以上を持つことはできない。

ここで「株」というのは、いわゆる「権利」を意味していると解してよい。これは、従前は、既述のとおり「無出資」で取得することもできたが、戦後は「店則」に定める規定額（一九七八年現在、一五〇〇円）を納めて取得する。

「一人一株」の原則は、別に明文化されているわけではなく、慣習的なものである。(24)これを当該村落では「人口株」と呼んでいる。以上のように、奥共同店への加入は、単に行政上の「区民」としてではなく「ムラ人」としての要件を満たしうることを条件とし、老若男女を問わず「一人一株」の平等原則が貫徹されている。

次に、共同店からの脱退についてであるが、古い「店則」では下記のとおりである。

脱退規定

第一条　他字ヘ転籍スル者ハ財産分与ヲナサズ之ト共ニ本店ニ対スル権利義務モ自然消滅スルモノトス

第二条　出稼人ニシテ住民同様ノ負担ヲ負ハザルモノハ本店ニ対スル権利義務ハ消滅スルモノトス(25)　（傍点―引用者）

上記のように、ムラから出て行く者は自然に共同店の成員たることを止めるのである。ムラ人で共同店の成員であっても、出稼ぎの期間中、共同店に対して何らの負担金を負わない者も同様である。

上記に表現されているのは、両者ともムラ人であることを止めた際には、同時に共同店の成員であることを止めるということである。ここでも、共同店の維持が同時に村落の機能維持に強くつながっていることがわかる。脱退の際には何らの「財産分与」はなされない。「他字へ転籍スル者ハ財産分与ヲナサズ」との表現は、村落の封鎖性・排他性を意味するものとして把えられなくもない。しかし、共同店の維持、村落共同沐の維持という点から考えると、必ずしも一義的に「封鎖性・排他性」の表現として把えられるべきではないのではないかと考える。土地に緊縛された共同体、特に「奥」のように共同耕地や共同の入会林野を有し、そこで共同の生産を営む歴史を有した村落においては、その生産上の諸関係に階級的ヒエラルキーがあったとしてもやはり、ムラを離れる人々は、ムラに残る人々たちからみれば、自分たちの共同的生産という関係およびムラの精神から離脱してゆく者でしかなかった。共同体間、あるいは共同体外との関深で支配―被支配の関係が濃厚であっても、それが共同体内支配構造にストレートに反映されるとは必ずしもいいがたいのである。(26)

共同体は、離れゆく者に対しては仮に「冷徹」であったとしても、それは永遠の「烙印」では必ずしもない。再度包容してくれる場所でもある。これは、既述の加入規定の条文第三条、四条（特に第四条）にも表出している。

さて、共同体は必ずしも静態的なものではない、ということは言うまでもないことである。脱退の条件は、今日ではどのようになっているのだろうか。

株の脱退

第一七条一、部落外転籍するものは自然に株を脱退するものとする

二、本店の株主で部落外へ出稼の為脱退を希望するものはそれを認める

三、前項の脱退者には協議によって脱退金を与えることができる

四、第三項の脱退金の額は理事会で決定する(27)

上記は、一九七三年改制の新「店則」に依るが、既述の大正末期の脱退規定と比べると、離村、出稼者に関しては、ニュアンスにやや相違はあるが、本筋においてほとんど同じである。脱退金に関しては、大きく変化している。古い店則では財産分与は全くなされないが、新しい店則では脱退金が支払われており、現在は九一五円が支払われている。

3　村落財政と共同店の利益配分

共同店の売上高や、利益高は、表1のとおりである。

共同店の収益より、主任・店員の人件費をはじめ共同店運営に必要な全経費が供出される。また、

表1　損益計算書（奥共同店）　（単位・円）

	50年度 自S49.12.21～ 至S50.12.20		51年度 自S53.12.21～ 至S52.2.28		52年度 自S52.3.1～ 至S50.2.28	
Ⅰ 売上高		¥66,423,405		84,052,286		95,345,463
Ⅱ 売上原価		54,624,736		70,564,297		79,880,840
売上総利益		11,798,669		13,487,989		15,464,623
Ⅲ 販売費及び一般管理費						
1. 人件費	2,770,100		3,424,000		3,172,000	
2. 租税公課	1,253,067		1,347,867		1,211,670	
3. 電話料	42,205		73,143		88,105	
4. 寄附金	420,915		503,315		320,020	
5. 慶弔費	25,240		21,000		43,000	
△6. 精米経費	159,141		191,208		207,911	
7. 店雑費	3,342,100		3,589,676		3,280,610	
8. 減価消却費	888,322		1,051,575		3,030,556	
9. 貸倒損失	0	8,901,090	5,844	10,207,628	0	11,353,872
営業利益		2,897,579		3,280,361		4,110,751
Ⅳ 営業外収益						
1. 貸付金利息	8,717		15,556		15,247	
2. 店雑収入	364,484	373,201	482,924	498,480	325,957	341,204
Ⅴ、営業外費用						
1. 借入金利息	69,581		4,844		0	
2. 預り金利息	0	69,581	3,026	7,870	0	
経常利益		3,201,199		3,770,971		4,451,955
Ⅵ 特別損失						
1. 前期損益修正費	0		0	489,120	0	
当期純利益		3,201,199		3,281,851		4,451,955

△精米事業は、現在行なわれていない。しかし旧精米所施設は鮮魚店として使用されており、その運営諸費用である。

表2　年度別利益処分（奥共同店）

	50年度	51年度	52年度
剰余金配当積立金	550,000	700,000	800,000
年末慰労積立金	1,045,000	1,100,000	578,000
資本金	526,199	231,851	853,955
任意積立金	1,080,000	1,250,000	2,220,000
合計	3,201,199	3,281,851	4,451,955

（単位・円）

表3　租税公課内分明細（奥共同店）

	51年度	52年度
事務所負担金	1,120,000	960,000
ＰＴＡ負担金	201,600	187,200
固定資産税	8,420	6,890
原付二輪車税	1,000	―
軽自動車税	―	650
労働保険料	16,847	55,930
合　　計	1,347,867	1,211,670

（単位・円）

※表1、表2、表3および表6は、いずれも奥共同店会計綴簿より抽出整理したものである。

表1には表出してないが、学事奨励金、香典料等も供出される。村落民への貸出もなされる。その他「議会の認定する育成すべき団体等にも助成しなければならない」（「奥区条例」第五八条）。利益処分と租税公課の明細は表2と表3にまとめている。

ここでは、それらのすべてについてコメントすることは避け、利益の個人配当と区運営費への助成に焦点をあて考察を進める。

共同店の成員が、その地位や立場、老若男女を問わず〈一人一株〉保有の平等の関係にあることは前述のとおりであるが、利益の個人配当に関しては、この〈一人一株〉の平等原則が貫徹されているわけではない。

古い「店則」（大正末~昭和初期および第二次大戦前）では、個人配当に関しては明記されていないが、一九五六年、一九七三年改制の「店則」では明記されており、一九五六年「店則」では、次のように記されている。

五、奥共同店利益配当規定並に香典に関する規定
一、共同店運営上支障がないと認めた時には利益配当をする
二、配当金の額は其の都度理事会で決定する
三、配当は左の基準による
1、奥区に在住する満一六才以上の株主・・・一〇
2、奥区に在住する満一六才未満の株主・・・・五
3、出稼中の満一六才以上の株主・・・・・・・五
4、出稼中の満一六才未満の株主・・・・・・・二
5、高等学校以上の学校に在学する学生は第一項の待遇をする
四、配当は配当の日から六〇日前までに加入した株主に限る（以下略）

上記規定にも明らかのように、個人配当は一株に対して機械的に平等ではない。配当に関して「年齢」（一六才）が一つのメルクマールになっているが、これが何に由縁するかは、現在のところ明らかではない。村落の現実的諸機能を考慮すると、次のように考察されるであろう。

すなわち、「村落在住の一六才以上」と「高校生以上（実際には一六才以上であろう）」の二項に該当する者の配当率が高いということは、何を意味しているのだろうか、ということである。

村落内に〝在住し〟〝一六才以上〟ということは、村落の機能維持に現実的に関与しうるという

ことを意味しているのではなかろうか。村落の政治、経済機能、ムラ普請、農耕における共同労働も〝一六才以上で在住の者〟でなければ、実質的には関わりえないのである。

仮に、〈一人一株〉保有の慣行が、人頭割地割制の形式的側面（人頭割が形式的であったといっているのではない）を敷衍したものであるとすれば、この配当の表面的不平等（機械的平等の排除）は、村落維持機能の歴史の中で奥村落民が編み出した生活の智慧―合理的計算性―貫徹の証左ではなかろうか。

〝高校在学以上の者〟への配当率高は、ここでは、奥の人々の子弟の教育に対する昔からの期待のあらわれと把えておきたい。これは、共同店「店則」の「学事奨励規定」の伝統性の中にもあらわれている。

なお、一九七三年改制「店則」も個人への利益配当に関しては、ほとんど同義である。

次に、共同店収益よりの村落運営費への助成について考察を進めよう。古い「店則」には、総則第一六条において「本店総資本額壱万五千円以上ニ達シタルトキハ其ノ利益ヨリ当字税戸別割全部ヲ支出スルコト」（傍点―引用者）と記されている。新しい「店則」には、村落全体に対する補助義務規定はない。しかし、既述の「奥区条例」には、区運営費を補助しなければならない旨（第五八条）が明記されている。

現「店則」に明記はされてないが、現実には、共同店から村落運営への助成金は供出されている。

当該村落「奥」の昭和五〇、五一年度〈村落財政〉の歳入、歳出総額および明細は、表4、表5

表4　村落財政会計報告書（歳入の部）

科目	50年度 (50.1〜50.12)	51年度 (51.1〜52.3)	説明 (51年度)
補助金 %	2,132,600 (55.72)	3,532,960 (86.08)	共同店補助金　72,000×12=864,000
国頭村より	1,118,600 (29.23)	1,821,450 (44.38)	共同店人負担金　150,000
奥共同店より	864,000 (22.57)	1,120,000 (27.29)	役場より報酬 区長　77,800 × 3 = 233,400 1〜3月追加分　30,000
共同店人口配当金	150,000 (3.92)	150,000 (3.65)	保母　92,800 × 7 = 649,600 山係　102,800 × 2 = 205,600
負担金	0	441,510 (10.76)	
畜産収入	0	0	
山林収入 %	10,200 (0.27)	6,000 (0.15)	山口銭　10,200
貸地料 %	40,617 (1.06)	84,490 (2.06)	バス停留所敷地料　4,320 診療所敷地料　6,700 郵便局敷地料　8,280 電話電柱　21,317
請銭収入 %	16,180 (0.42)	53,300 (1.29)	出稼者請銭　16,180
雑収入 %	127,980 (3.34)	427,883 (10.43)	公民館使用料　5,000 外灯料残金　2,520 正月豚の検査料残金　300 納税割戻金　12,607 国民保険料徴収手当　5,464 国民年金徴収手当　9,334 納税賞金　7,600 寄附金（よしさん）　10,000 北部製糖株配当金　2,056 お賽銭　54,134 ウイミ座より入金　16,330 9月う願会費　1,150 慰霊祭おさい銭　1,485
繰越金	0	0	
借入金 %	1,500,000 (39.19)	0	公有林代より借入　1,500,000
合計 %	3,827,577 (100.00)	4,104,363 (100.01)	

（単位・円）

表5　村落財政会計報告書（歳出の部）

科目	50年度 (50.1〜50.12)	51年度 (51.1〜52.3)	説明 (51年度)	
会議費 %	32,105 (0.75)	51,860 (1.10)	議会9回 成人会婦人会役員会 3団体役員会	25,515 3,450 3,140
旅費 %	258,140 (6.01)	378,280 (8.05)	パイン工場株主総会（2回2名） 農協総会（5名） 婦人会へ 県庁土地課（2回） 北糖株主総会（2名） 農民大会（那覇2名） 畜産大会（那覇3名） パイン危機大会 区長辺土名29回 区長名護11回 書記辺土名5回 書記名護2回	15,220 20,700 2,500 16,240 9,340 11,500 12,480 12,500 92,900 40,640 15,900 7,920
職員報酬 %	1,654,000 (38.49)	2,055,000 (43.73)	区長　75,000×12＝900,000 書記　60,000×12＝720,000 小使　2,000×12＝ 24,000 書記　12月分手当　10,000	
祭祀費 %	12,467 (0.29)	15,150 (0.32)	年中行事 其の他	10,747 1,720
援助費 %	135,340 (3.15)	97,355 (2.07)	外灯料12ヶ月分 婦人会へ補助金 青年会村駅伝大会 青年会球技大会 村運動会 マメスリ機 部落球技大会 老人会村運動会寄附金車賃	37,000 10,000 5,000 15,000 21,500 34,000 6,660 6,180
事務費 %	1,090 (0.03)	0	資力調査	1,090
慰労費 %	92,833 (2.16)	35,791 (0.76)	父の日雑費 敬老の日経費 那覇敬老会へ寄附 部落役員忘年会	9,785 20,000 10,000 53,048
奨励費 %	11,920 (0.28)	43,260 (0.92)	年末各組へ賞金 部落駅伝賞品（正月）	8,000 3,920
勘定費 %	85,190 (1.98)	85,585 (1.82)	勘定3回分	85,190
税金	0	0		
診療所援助金 %	203,040 (4.73)	203,040 (4.32)	16,920×12＝203,040	

（単位・円）

科目	50年度	51年度	説明
備品費 %	70,460 (1.64)	4,900 (0.10)	スピーカー一式 19,000 スピーカー施設、線代 20,760 郵便箱 1,400 計算器 25,000 プレーヤー修理 3,000 印鑑 1,300
幼稚園費 %	422,820 (9.84)	538,120 (11.45)	保母報酬 {25,000×3＝75,000 30,000×9＝270,000 部落より補助金 2,000×12＝24,000 旅費辺土名 6回 14,980 旅費名護 2回 4,740 米軍将校クラブ旅費（善和さん） 7,420 米軍将校東区時経費 11,430 幼稚園玄関修理 15,250
研修費 %	10,000 (0.23)	8,860 (0.19)	区長研修（八重山）
交際費 %	29,830 (0.69)	13,000 (0.28)	村経済課職員懇談会 10,750 村経済課職員来区時日当雑費 8,000 県庁より奥港湾懇談会 11,080
光熱費 %	32,366 (0.75)	38,792 (0.83)	プロパンガス 5, 00 電球3箱 8,250 電灯料12ケ月分 18,916
需要費 %	35,500 (0.83)	60,210 (1.28)	新聞代12ケ月 12,000 通信費 2,510 お茶代 6,950 消耗品代 7,790 年賀状 6,000 其の他 250
選挙費 %	8,440 (0.20)	13,840 (0.32)	部落役員選挙 8,440
雑費 %	314,110 (7.31)	269,795 (5.74)	龍児氏見舞金 50,000 久安氏香典料 5,000 世渡原交際費 2,600 花見会へ寄附 6,400 前宮城香典料 10,000 沖大芸能クラブ謝礼金 6,940 村議会議員東区 7,300 郷友会アブシバレー寄附金 5,000 キビ陳情費 20,000 お茶お土産（開発庁関係） 2,400 辺土名公民館祝儀 3,000 ガソリン代 2,200 連護岸抜採夫賃他 5,400 盆おどり大会経費 18,500 村老人会接待費 4,200 農業委員選挙経費 10,000 ソノ米寿祝儀 10,000 診療所寄附 5,000 運輸省課長来区経費 23,140 クリマス品代 6,710 ビセ氏歓迎会 15,500 那覇郷友会懇談会 56,600 其の他 19,040

科目	50年度	51年度	説明
消防費 %	31,080 (0.72)	27,190 (0.58)	出初式旅費 15,720 団長旅費 4,000 村消防隊へ（2名） 9,360 其の他 2,000
営繕費 %	117,935 (2.74)	111,020 (2.35)	公民館改造費 49,620 バス停留所小屋作り 41,195 水道係手当 2,000×12=24,000 其の他 3,000
畜産費 %	3,180 (0.07)	0	豚予防注射不足金 3,080
土木費 %	27,760 (0.65)	89,740 (1.91)	農道掃除ガソリン代2回 3,760 係手当 2,000×12=24,000
農事費 %	24,000 (0.56)	51,580 (1.10)	係手当 2,000×12=24,000
山林費 %	33,000 (0.77)	0	森林組合株金 33,000
保健衛生費 %	67,625 (1.57)	24,340 (0.52)	掃除検査日当他 4,300 老人会へ品代（浜掃除) 3,250 エンムキガソリン代 1,370 川済清掃時品代 16,080 掃除検査雑費 1,095 無料検診時茶お土産 8,730 チリ箱代不足金 31,670 其の他 1,130
公園費 %	14,800 (0.34)	6,010 (0.13)	公園作業3回 14,800
予備費 %	0	7,500 (0.16)	
繰越金 %	567,834 (13.22)	469,186 (9.98)	
合計	4,296,865 (100.03)	4,699,404 (100.02)	

※「村落財政会計報告書」は、歳入、歳出いずれも奥区事務所の「奥区会計予算、決算書」を整理したものである。

のとおりである。

五〇年度は、歳入総額約三八三万円、歳出総額約四三〇万円で、約四七万円の赤字決算である。

五一年度（但し一五ヶ月決算）は、歳人総額的四一〇万円、歳出総額約四七〇万円で、約六〇万円の赤字決算である。

五〇年度歳入の部の構成比率をみると、国頭村役場、共同店、負担金等を含む補助金が五五・七%（約二一三万円）、借入金三九%（一五〇万円）、雑収入三・三四%（約一二八万円）、貸地料一・〇六%（約四万円）、その他等である。借入金は、公有地売却の際に積み立てておいた部落特別会よりの借入である。

五一年度は、補助金が八六・〇八%（約三五三万円）と大幅に上がり、借入金は〇、雑収入は一〇・四三%（約四二・八万円）となっている。

ここで注目すべきは、五一年度総歳入に占める補助金比率が大幅に上がっているにもかかわらず、村当局からの補助は、補助金内構成比率では五〇年度を下回って（五二・四五%→五一・五六%）いるということである。しかも、村当局からの補助金のうち約六一・四%は、区長、保母、山係等への人件費なのである。残りの約三八・六%、約七〇万円が、村落の諸事業費に廻される。これは、上記人件費を除く歳入総額（二、九一八、三六三円）の約二四%にすぎない。さらに、実際の村落運営の結果（歳出総額より前述人件費を楚いた総額三、五八〇、八〇四円）からみると、約一九%を占めるに過ぎない。

共同店からの補助が、補助金総額で占める割合は、五〇年度二二・五七%（約八六万円）五一年度二七・二九%（一一二万円）である。これに、共同店人口株配当金を添加するならば、二六・四九%、三〇・九四%を占める。

表4のとおり、額面では、共同店からの補助金は村当局のそれより少ない。しかし、既述のとおり、村当局の補助金から人件費を除いて考察すると、共同店からの補助は歳入総額の約三四・八%を占め、村当局浦助が占める割合より高い。さらに人口株配当金を添加すると、約四三・五%となる。歳出総額では、約三三・五%、約三五・五%を占める。

このように、当該村落奥では、村落財政において、実質的には、村当局よりも共同店からの補助金の方が大であることがわかる。

村落で生活を営むには、公的徴税の他に各村落独自のいわゆる「部落運営費」が徴収されるのが一般的であった。しかし、「奥」においては、古くから、共同店の利益金によってそれを代納し、特別の場合を除いて「字費」を納める必要はなかったのである。ここにも、共同店の利益が各戸および村落へ還元される証左をみることができる。

先（第一節）に、共同店はムラの政治に包摂されることを述べたが、既述のように、ここでは、共同店はムラの財政に十二分に寄与していることがわかる。

4　共同店とムラの生産活動・他の生活諸機能との関連

共同店は、ムラの財政の他に、ムラの生産活動、福利・厚生にも深く関与してきた。田村浩が既に「農民唯ノ財源タル山林伐採……山林ヨリ伐採シタル木材―荷ハ共同店ニ記帳シタル後、海辺ノ積置場へ自ラ運搬ス」[28]（傍点―引用者）と記述したように、共同店は古くからムラ人の生産活動と関わってきた。第二次大戦後の復興期には、製材、精米、製茶、運送、電燈業も共同店の活動の一担であったが、現在では、製茶、精米が「店則」上、実資的には、製茶業のみが共同店と深く関わっている（肥料の購入、日常生活物資の購入等については本稿では割愛する）。

茶業に関わる生産組織は、従前は共同店に包括されるものであったが、一九七三年（昭和四八年）に「農事組合法人奥茶業組合」として分離、独立した組織となった。しかし、茶業組合長は共同店主任の兼務であり、茶の集積、出荷も共同店の窓口を通して行なわれている。茶業に関しては、形式的には共同店よりの分離、独立した形態をとっているが、内実の実質的機能においては従前と変わらず、共同店運営の一環に組み込まれている。

共同店は、ムラの生産活動のほかに、ムラ人たちの日常生活、教育、福利厚生にも関与してきた。古い「店則」では、共同店より「飢饉ノ時ハ人口割ニテ食糧品ヲ配当スルコト」（「総則」第二四条）と明記されており、共同店がこの村落と運命共同のものとして位置づけられていることがわかる。

また、病気や天災地変、進学、畜産購入の際にも共同店よりの貸付がなされる。古い「店則」では、教育に関しては「貸付規定」の別に「学事奨励規定」をもうけており、山間僻地に存り続けた

「奥」にあって、人村育成も一つの大きな村落的課題であったことが推察できるのである。

貸付規定

第一条　本店余財アルトキハ銀行村信用組合ニ預金又ハ貸付ケルコトヲ得
第二条　字民ノ貸付ハ資力信用程度表ヲ毎年一回調定シ之ニ基キテ貸付スルモノトス
第三条　他字へ貸付ハ確実ナルモノ連帯ニテ印鑑証明ヲ添付シテ貸付ヲナス
第四条　当字出身中等学校以上ノ学生へ貸付金ハ在学中ハ無利息卒業後ハ一般利子ヲ附シ五ヶ年々賦ニシテ返済スルモノトス
第五条　当字民ニシテ出稼者ニハ渡航費トシテ信用程度以上ニ貸付スルコトヲ得
第六条　病人ハ信用程度外ニ貸付スルコトヲ得
第七条　貸付ハ病気、土地購入、畜産購入ニ限リ貸付スルモノトス
第八条　貸付保証人ハ貸付主任及ビ顧問ノ承諾スルモノニ限ル
第九条　漁業者ニハ奨励トシテ第七条同様貸付スルコトヲ得
第十条　天災地変ニ際シテ特ニ貸付スルコトヲ得

学事奨励規定

第一条　当字中等学校以上ノ学生へ学資トシテ左ノ通補助スルモノトス

一、中等学生ニ毎月金五円
二、遊学生ハ毎月金拾円
三、中等学校へ入学ノ時ハ書物代トシテ金武拾円
四、修学旅行ノ時旅費トシテ金拾五円
五、遊学生へ準備金トシテ金四拾円(29)

上記の貸付規定、学事奨励規定は、現在の新しい「店則」でも基本的に継承されている。しかし、新しい「店則」では、貸付、学事奨励の両規定は区分されることなく、〈貸付〉一つの項にまとめられている。また、その内容も、病気と進学に限られている。

貸付

一、病気療養費学費として左の規定によって貸し付けることができる
1、病気療養費は期限二ヶ年とし利子は〇・五％とする
2、高等学校及び大学入学者に対しては二万円以内とし本土大学の入学者には五万円迄は貸付ける事が出来る。但し在学証明書類を添えなければならない
3、返済期限は卒業二ヶ年とする
4、高等学校及び沖縄内の大学生の普通学資立替は月一万円とし弐ヶ月分二万円を限度として一

時立替えをする

5、本土大学生の普通学資は一人月二万円として年額五万円を限度として一時立替えをする

6、右一時立替えの返済期限は毎期勘定迄とする右返済出来ない場合は返済する迄重ねて立替える事はできない

7、右一時立替の最後の返済は卒業後一ケ月以内とする

8、本規定第二項の貸付金に対する利子は〇・五％とする

9、学資立替を受けた学生で放校又は退学の処分を受けた時は即時返済しなければならない

10、貸付は几て連帯借主制とし金二万円までは一人、四万円までは二人、四万円以上は三人とする。但し連帯人は理事会の認める人でなければならない

11、利子の納人は毎勘定前日迄とする(30)

上記のように、新しい貸付規定は、古いそれに比べて、貸付範囲がしぼられ、また貸付条件も厳しく

表6　共同店よりの寄付金一覧

50年度　（S49.12.21～S50.12.20）

月	日	名目	金額(円)
49年 12	23	部落の年末慰員会	20,000
	26	幼稚園クリスマスプレゼント	3,000
50年 1	5	那覇郷友会生年祝	10,000
	15	青年会駅伝大会	5,000
2	1	部落花見会	3,000
3	17	老人会（海浜作業の酒代）	2,500
	24	奥中学新人バレーボール大会	10,000
4	7	小学校入学生プレゼント	720
	15	老人会旅行	10,000
5	5	村議（宮城氏）九州研修	20,000
	7	宮山夫酒代	1,000
	25	青年会球技大会	7,000
	26	成人会婦人会旅行	20,000
6	12	区長八重山研修	10,000
	15	父の日会	10,000
	22	養豚小屋（上之屋）落成祝	5,000
7	5	辺土名公民館落成祝	3,000
	9	比嘉組第2期工事落成祝	1,260
	10	奥中学校球技大会	50,000
8	9	前糸満祖母88才祝	10,000
9	29	運動会賞品寄付	11,200
10	5	宮山夫酒代	1,070
	5	部落復興祝	174,165
11	16	老人会運動会	3,000
	28	辺土名高校駅伝本土派遣	10,000
12	12	部落役職慰労会	30,000

51年度　（S50.12.21～S52.2.28）

月	日	名目	金額(円)
12	23	幼稚園クリスマスプレゼント	3,000
	25	青年会　〃	5,000
51年 1	2	青年会駅伝大会	3,000
	4	那覇郷友会生年祝	10,000
	31	部落花見会	5,000
4	8	小学校入学生プレゼント	1,320
5	9	婦人会伊江島旅行	20,000
6	24	奥中学校球技大会	20,000
7	11	村議（宮城氏）九州研修	10,000
8	16	ウイミ酒代	2,140
9	16	敬老会	20,000
10	3	運動会賞品その他	15,125
	5	部落復興祝	75,000
12	22	幼稚園クリスマスプレゼント	3,000
52年 1	8	那覇郷友会生年祝	10,000
	15	奥青年会館	300,000

52年度　（S52.3.1～S53.2.28）

月	日	名目	金額(円)
4	1	小学校入学生プレゼント	2,400
5	10	母の日	10,000
6	19	父の日	15,000
	24	中学校球技大会	30,000
7	17	村議（宮城氏）先島研修	10,000
8	6	国場組工事関係（酒5本）	3,750
	12	前宮城（酒2本）	1,500
9	24	幼稚園運動会	1,950
	〃	小中学校〃	5,000
	〃	運動会賞品（P.T.A）	9,750
10	5	部落復興祝	88,510
	9	村体育協会	2,000
	28	区民運動会賞品代	36,000
	30	区長先島研修	10,000
	〃	P.T.A援助金（修学旅行）	20,000
11	3	村老人運動会	2,000
	9	天願組（酒2本）	1,500
	13	婦人会運動会	3,000
12	11	国場組解散式	10,000
	〃	部落敬老会	10,000
	18	部落役職慰労会	20,000
	21	幼稚園クリスマスプレゼント	1,880
53年 1	4	那覇郷友会年生祝	10,000
	20	P.T.A援助金（教育長来区）	10,780
2	15	老人会	5,000

（単位・円）

図I　村落諸機能連関の概略図
（奥共同体のイメージ）

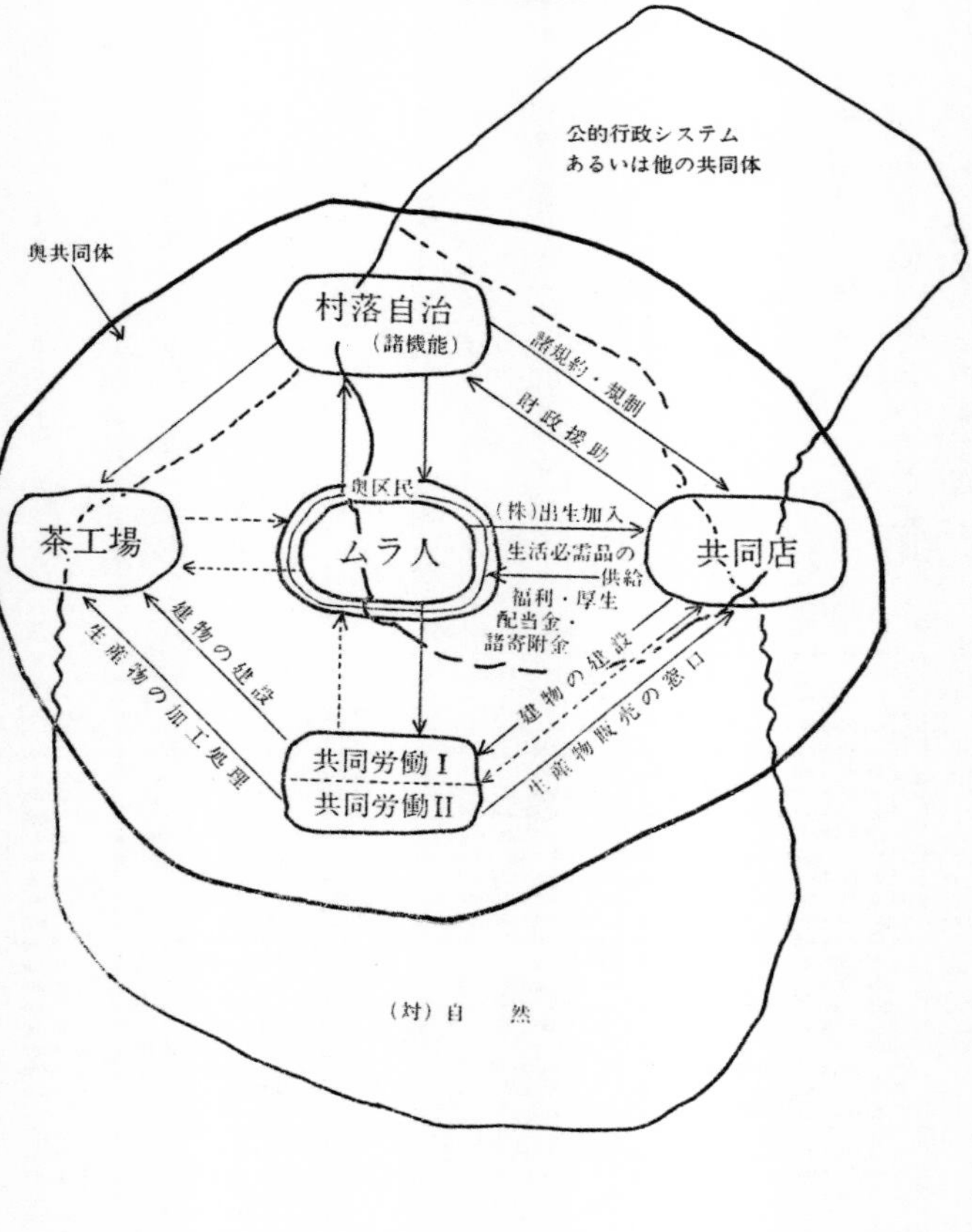

なっている。これは、当該村落においても、普通銀行、郵便局等での預金、借り入れが多くなされるようになったこと、とりわけ老齢年金、軍人恩給等はすべて郵便局を通じてなされ、そこに預金が集中するようになったことにも一因があろう。そして何よりも、奥村落の生産構造、生活構造の変化が、(31)貸付範囲の縮少、貸付条件の強化の大きな誘因になっていると推察される。

そのほかに、共同店は、ムラの年中行事、慰安旅行、小中校の運動会等にも寄付金援助を行なっている。その具体的なものは、表6のとおりである。金額は決して大きい額ではないが、諸行事ごとの共同店からの寄付金は、ムラの人々の日常生活を潤沢なものにするための一助となっている。共同店と、ムラの生産活動、ムラ人の生活との連関を整理すると、ほぼ図Ⅱのようになると想像される。

まとめ　—共同体内経済組織研究の今日的課題として—

既述のように、奥共同店は、さまざまな時代的変遷のなかでも、いわば共同体「総有」としての骨格をさほど変えることなく、今日まで維持されてきた。共同体内経済組織としての奥共同店は、たんに経済組織としてのみではなく、村落の財政、自治、ムラ人の日常的福利・厚生にも大きく関与し続けてきたといえるだろう。

市場経済の拡大、発展は、共同体および共同体内経済組織を崩壊させ、それらを単一的国内市場へ編入、再編していく、というのが、従来の一般命題であった。また、上部構造の変容は下部構造の変容に照応する、ということが、いわゆる「発展段階論」の大前提とされている。共同体に関して言えば、共同体的土地所有の崩壊を即座に共同体の崩壊の指標として把える単線的「下部構造」反映論は、その典型的事例といえる。社会学に関してもまた、ゲマインシャフトからゲゼルシャフトへの移行が社会変容の当然の推移として把えられてきた。

しかし、今日、市場経済は共同体内経済を必ずしも丸ごと包摂しうるものではないことが明らかにされつつある。下部構造の上部構造への単線的「反映論」の誤謬性は、既に多くの人の説くところである。また、共同体内におけるゲマインシャフトリッヒな関係とゲゼルシャフトリッヒな関係の同時並存の事例にも光をあてる必要が生じている。

当該共同店が、上述のような新たな理論的アプローチのための証左事例として定立されうるに足りるか否か、にわかに判断を下すことは難しい。しかし、共同体の経済組織を単純な経済組織としてではなく、共固体のさまざまな人間的生活機能との連関性において把える手法の獲得は、上述の新たな理論的接近法をさらに明確化させていくうえに、不可欠なものであろぅ。

本稿は、それへのアプローチをめざす一試論にほかならない。

注

(1) 設立当時の状況については、宮城栄昌編『国頭村史』(国頭村役所、一九六七年)に詳述されている。

(2) 当時の「町屋」の状況については、比嘉春潮『比嘉春潮全集』第一巻(沖縄タイムス社、一九七一年)、西里喜行「旧慣温存下の県経済の動向」(琉球政府『沖縄県史』第三巻、一九七二年、所収)を参照。行商と農村、農民との接触については、柳田国男「行商と農村」(『定本柳田国男集』第一六巻、筑摩爵房、一九六九年、所収)を参照。

(3) 平恒次「琉球村落の研究―国頭村奥区調査報告」(琉球大学文理学部紀要『人文科学』第二号、一九五七年)

(4) 宮城栄昌編『国頭村史』、国頭村役所、一九六七年、三五九、四九二頁。

(5) 何故に、糸満氏が自分の資産の増強に血眼にならず、自分の財力を村落に投入したのであろうか。これは、糸満氏個人が共同体破壊への危惧を感得したことにも大きな一因があろう。それは、後述するように結果として、共同体の防衛ともなりえた。糸満氏の個人的見識は高く評価されてよい。しかしわれわれは、糸満氏の見識と共同体の防衛を必ずしも単線的に把えるものではない。共同体の一員糸満氏と共同体総体という角度でこの問題を切開するなら、自分の資金を共同体に譲渡し、共同体を防衛することによってはじめて、糸満氏は名実ともに共同体の成員となりえたではなかろうかとも考えられるのである。

(6) 平恒次「前掲論文」一二頁。

(7) 宮城親基(他四名)編「奥字の事蹟」(青印プリント版)、一九一八年、二三頁。

(8) 村落内土着者の個人資本が、村落民を率いる、あるいは凌駕していくには、その資本家個人が従前に村落内に充分に根をおろし、心的、物的に村落民から信望を得、あるいは抱き込んでおかなければならないだろう。

(9) 平恒次「前掲論文」、一二頁、

(10) 平恒次「前掲論文」、与那国暹「沖縄村落の社会的特質」(九員会連合編『沖縄』弘文堂、一九七六年、五七四頁)、前掲『村史』(四九二～四九五頁)においても同様の指摘がなされており、筆者もそれらの著作に多く学ぶ者である。ただ、問題は、いずれも共同体間あるいは共同体外との関係でのみ共同店の成立を把えている嫌いがある。また、上記三著作は、当時の「奥」村落域の経済状況を叙述もしている。しかし、筆者は、今後、共同店の成立を問題にする場合、共同体内資本の成立と共同体外資本の流入との双方をもう少し詳細に検討すべきではないかと考えている。具体的には、註(5)、(8)でも少し述べたように、地域内資産家として成長しうる可能性を持っていた糸満氏が、何故に自分の資産を共同体に譲渡したのか、という問題である。ここには、「共同体の防衛」という一言では片づけられない多くの問題が孕まれているように思われる。

(11) 前掲「事蹟」、二三～二四頁

(12) 前掲「事蹟」、二八頁。

(13) K・ポランニーは、西アフリカ・ギニア海岸のダホメにおける共同体内貨幣(子安貝)が共同体外(主に西欧貨幣の金に必ずしも凌駕されなかったことに着目しつつ、従来の学説に大転換を迫っている。従来の発展段階論や市場経済論に全面依拠することはきわめて危険であり、むしろ非市場経済の意義に着目すべきである。奥の事例でいえば、切符は金を前提する貨幣に当然駆逐されるという視座ではなく、むしろ一年余も切符制が続いたということにこそ着目すべきではないだろうか。

(14) 前掲「事躍」三〇頁。

(15) 浦崎直次『奥の歩み』、(手書き、非売冊子)一九五一年、三七頁。

(16) 浦崎『前掲冊子』四一頁。
(17) 浦崎『前掲冊子』四一頁。
(18) 浦崎『前掲冊子』四二頁。
(19) これは、奥の村落構造の存り方に大きく関わることであろう。比較的均等な土地所有と山間僻地という基本的生産条件、そして村落役職者の非ヒエラルキー的構成要因等も大きく作因していると考えてよいだろう。なお、奥の経済構造、自治構造（とくに役職者層の階層分析）については、別の機会に詳述する予定であるので、ここでは割愛することにしたい。
(20) 一九七六年（昭和五一）九月一日以降は、八月末日と二月末日の年二回決算に改められている。
(21) 田村浩「琉球共産村落之研究」、岡書院、昭和二年、一六三〜一六四頁。
(22) これを全くの「無出資」と理解するのは妥当ではない。なぜなら、古い「店則」の寄附金規定第六条には「出生ノ時ニハ御祝儀トシテ出産ノ翌日金五拾銭以上寄附スルモノ」と明記されており、共同体内の子として生れた者は、出生と同時に共同店に寄附金を納めているからである。これは、実質的には共同店への出資金（出生加入）とみてよい。従って、共同体外の子として生れた者あるいは共同体外の者が、共同店の成員になる際、加入金を納付するのは当然のことともいえる。
(23) これらの「差異」は、確かに「差別」として把えることもできる。『国頭村史』では「村落のもつ歴史的性格たる封鎖性排他性から出たもので、利害のそろばん勘定から出たものではなかった」（九四四頁）と総括している。『村史』においては、この「差異」あるいは「差別」を共同体の負的な側面として位置づけられている嫌いがあるが、果たしてどうであろうか。この一見すると「封鎖的・排他的」にみえる共同体の「差異」、「差別」の中に、実は、村落独自で醸成してきた重要な生活慣行がかくされているのではなかろうか。それらが、今日的にみてすべて正当化されうるものだと主張するのではもちろんない。しかし今日、従来の村落の「封鎖性」「排他性」等のタームに代表的に表現されているような共同体の「負的」な事象に対して、従来のように村落の外側からではなくて、村落の内側から、焦点をあてて接近していくことが、必要とされているのではなかろうか。

(24) この「一人一株」の慣行と地割制の「人頭割」の慣行とに着目し、与那国暹は「奥部落の地割慣行が人頭割に配当されていたことと比較するとき、両慣行の類似性に注目せざるをえないのである」(「沖縄農村の社会的特質」、九学会連合編『沖縄』五七四頁)と述べている。

(25) 田村『前掲書』一六五頁。

(26) 当該村落も、どちらかといえば、そのような村落支配構造に類似する共同体ではなかったか、と類推する。

(27) 前掲、一九七三年改制、新「店則」。

(28) 田村『前掲書』、一五六頁。

(29) 田村『前掲書』、一六三〜一六七頁。

(30) 前掲「新店則」。

(31) この変化についてコメントすることは、本稿の目的ではないので、注(20)、(27)とともに別の機会に詳述したい。

共同店

堂前亮平

一　共同店と共同体

1　共同店と共同店研究

沖縄本島の農山村地域や沖縄の離島の一部には、「共同店」または「共同売店」と呼ばれる商店が存立している。共同店は基本的には字（あざ：市町村を細分する区画で、農山村地域では、おおむね一つの村落から構成される。同じ意味で部落とも呼ばれる）を単位として、字の全住民の出資によって運営されている商店である。

村落のなかには共同店だけが唯一の商店であるところも少なくなく、そのようなところでは、共同店が村落の「まち」的役

国頭村奥共同店（2020 年 1 月撮影）

割を果たしている。

村落にある共同店を本書で扱う理由は、第一は沖縄の都市における公設市場と同様に伝統的商業空間の特質を探ること、第二は村落共同体の象徴としての共同店を取り上げることによって、沖縄の都市の基層にある沖縄のシマ社会（村落共同体社会）を探ることにある。

沖縄の村落共同体の象徴としての共同店に関する研究としては、一九二七年（昭和二）に著した田村浩の『琉球共産村落之研究』が最初のものである。[1] この著書のなかで、国頭村奥の共同店について、次のように述べている。

「奥の部落制度中最モ共産的施設ヲ有セルモノハ産業組合ノ実質ヲ打スル共同店ヲ中心とセル共有財産ナリ。共同店ハ部落ノ共同施設ニシテ共有財産トシテ経営セラル。奥ハ交通不便ノ山間僻地ノ部落ナルガ故ニ日用雑貨品其ノ他生活資料は共冏購買ニヨルヲ必要トシ、那覇市場小売相場ヨリ五分安ニテ共同店ヲ機関トシ部落民ニ販売ス。部落民ノ主ナル生産ハ林産ニシテ共同店ニ対シ各一日一荷ノ薪木ヲ搬入シ、之ガ対価トシテ日用必要ナル雑貨ヲ購入ス、又部落ノ共有財産ニ属スル共同船アリ、部落民ノ伐採薪木ヲ一手ニテ共同店引受ケ之ヲ共同船ニテ那覇市場ニ販売シ帰路ハ雑貨ヲ搭載ス。」

この短い記述のなかに、当時の奥共同店の様子が明らかにされている。

その後、共同店に関する研究はわずかに平恒次（一九五七）[2]、持田紀治（一九七二）[3]ほか玉野井芳郎・金城一雄（一九七八）[4]の論考が散見されるにすぎなかった。また、村史や字史のなかで取り上げられるようになったが、それでもわずかなものにすぎない。[5]そのなかで、宮城栄昌は国頭村の全共同店について調査を試みている。

さらに共同店の沿革を記したものとして、『辺土名《へんとな》共同店史』[6]や『浜沿革史』[7]があるにすぎない。池野茂（一九九四）は、山原船水運の研究のなかで、共同店の設立に山原船水運が大きくかかわったことを論じている。[8]

これらの研究や調査記録は、いずれも限られた地域や一字の共同店についてのものであり、沖縄全体の把握には至っていない。このような研究の空白を埋めるべく著者らは、沖縄国際大学南島文化研究所の研究の一つとして、沖縄の共同店研究に取り組んだ。その成果は、安仁屋政昭・玉城隆雄・堂前亮平の学際的共同研究として、村落共同体とのかかわりのなかで沖縄全体の共同店について、その全体像を把握することができた。[9][10][11][12]

2　沖縄における共同店の系譜と分布

共同店が沖縄で最初に設立されたのは、一九〇六年（明治三九）に沖縄本島北部地区の国頭村字奥である。奥の村落には当時マチヤ（町屋）と呼ばれる小さな雑貨商を営む者が二人おり、一人は代々奥に定住している糸満盛邦であり、他は外来者であった。小さな貧しい村落で二つのマチヤの競合は、村落共同体の破壊をも意味していた。結局、糸満盛邦が自分のマチヤを字に譲渡して、共同店を設立することによって外来者を追放し、村落共同体の秩序を防衛したといわれる。

その後、共同店の設立は強固な村落共同体を背景に、村落の隔絶性の強い沖縄本島の北部や中・南部の農村地帯、さらに伊平屋《いへや》島、伊是名《いぜな》島、西表《いりおもて》島、波照間《はてるま》島などの離島の村落にまで広がっていった。なお、伊計《いけい》、宮城《みやぎ》、平安座《へんざ》、浜比嘉《はまひが》の各島は、国頭地方の共同店設立の情報が山原《やんばる》船によって、早くからもたらされていることもあって、共同店の設立は比較的早い（図2）。

しかし、その存立過程は決して平穏なものではなかった。戦前には、村一円の産業組合へ統合され、事実上共同店は解散のうきめにあい、その後の再建にもかかわらず、沖縄戦ですっかり灰燼に帰したり、機能を失ってしまった。戦後は配給所時代の後に共同店が設立され、現在まで維持されている共同店もあれば、すでに消滅してしまった共同店も多数みられる。一方、戦後になって初めて設立された共同店もある。それぞれの共同店の性格は、またそれぞれの村落の性格でもある。

3　共同店の経営形態とその地域的差異

共同店設立にあたっての資本金は、字共有金や株の出資によって調達され、字の地域住民全員が株主であるが、例外的に字の一部住民の出資による任意の共同店もある。

共同店の経営形態には、大別して字の直接経営によるものと個人請負によるものとがある。字の直接経営による共同店は、字から選んだ数名の理事によって運営され、店には字から選ばれた従業

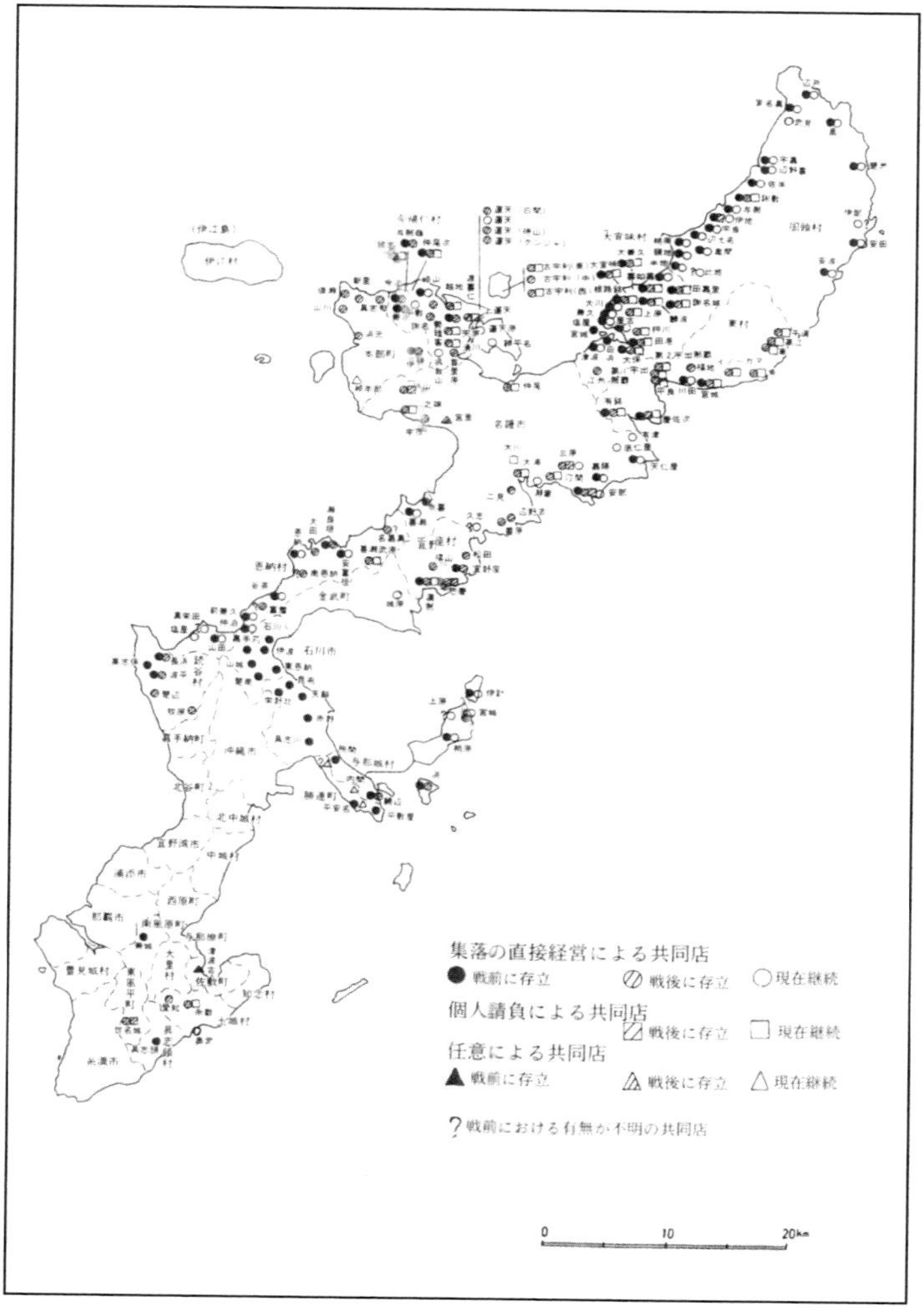

図１　沖縄における共同店の分布（1）

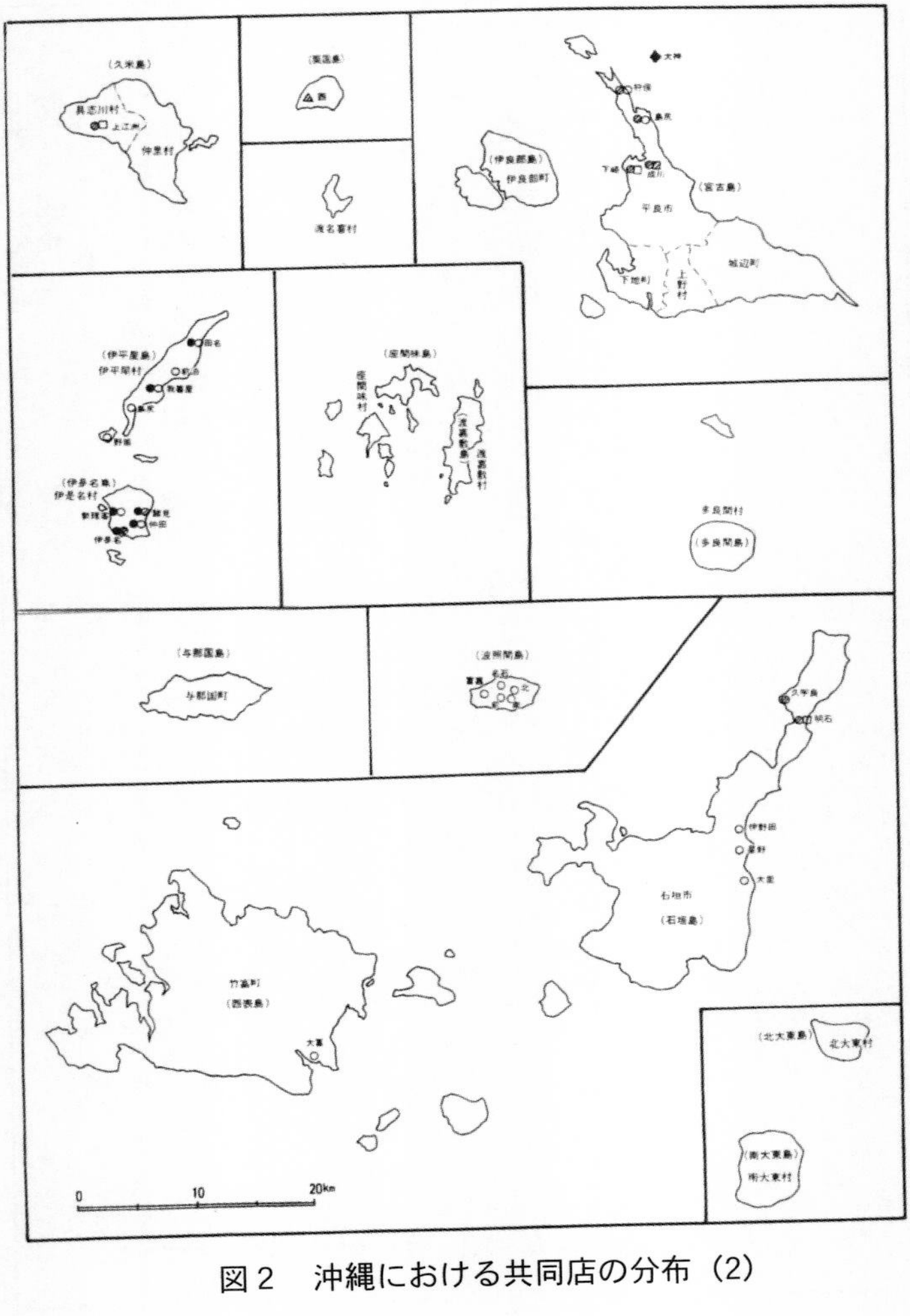

図２　沖縄における共同店の分布（2）

員がおかれるもので、字と共同店が不離一体の関係にある。これに対して、個人請負による共同店は、字内の個人に種々の条件をつけて経営を委託する方法である。共同店の経営形態の移行をみると、発足の際は字の直接経営であるが、途中から請負に移行し、さらにはまったくの個人の商店になる場合も多い。

直接経営による共同店が、戦前から現在に至るまで維持されている地域は、国頭村と恩納《おんな》村である。逆に大宜味《おおぎみ》村や東村では、個人請負による共同店に変っている字が多い。本部《もとぶ》半島では、海洋博前後にその影響を受けて共同店が消滅したか、あるいは個人請負に変った字が多い。沖縄本島中部地区の石川市から与勝半島にかけては、戦前に直接経営による共同店があったが、戦後は消滅してしまった地域である。勝連では任意による共同店が維持されているほか、波照間島では小字ごとに直接経営の共同店が存立している。また、石垣島と西表島の共同店は戦後の開拓村落に設立された直接経営の共同店である。

4　共同店の機能と村落共同体

共同店のおもな機能に、経済的機能・福祉的機能・情報的機能などがあげられる。経済的機能は最も重要な機能で、共同店は購買活動に加えて、かつては農林産物の生産・加工・販売も盛んに行われていたが、現在では奥共同店および津波共同店製茶販売などを除いてこれらの経済活動はみられず、圧倒的に購買活動に依存している。共同店によっては、利益配当や字の諸団体に対する物品・金銭の援助も行っている。福祉的機能としては電話の取り次ぎ、共同バスの運行（安田・安波）、さらに育英資金や香典料・病気見舞いなどの支給などである。情報的機能としては、共同店が日常的な情報交換の場になっているほか、マイクによる公報活動も行っている。このように共同店はさまざまな機能をもって、村落と深く結びついている。

共同店のなかにはすでに消滅したり、字の直接経営から個人の請負に移行した共同店も多い。その要因として、①内的要因－共同店運営の理事会組織、共同店従業員の人事、共同店の財政力、②外的要因－都市化に伴う個人店の進出、交通体系の変化、住民の生活様式と意識の変化などがあげられる。

共同店設立にあたって、多くの共同店は既存の個人の商店をさまざまな過程を経て吸収統合することによってできたが、依然として個人の商店が存在する場合、共同店と個人の商店との間に、①併存、②補完、③対立の関係がみられる。

人口減少および人口の高齢化が激しい沖縄本島北部地区の国頭村や離島の共同店は、生活防衛と村落の核としての精神的な拠り所として、共同店の機能はむしろ強化されているといえる。

二　沖縄本島北部地区の安田村落と共同店(13)

1　安田の村落立地の特性

字安田には安田・伊部《いぶ》の二つの村落があり、両村落とも沖縄本島北部地区の東海岸沿いの狭い沖積低地に立地し、伊部村落の北には楚州《そす》の村落、安田村落の南には安波の村落が位置している。沖縄本島北部地区の東海岸は段丘崖が海に迫っているため、西海岸に比べ交通の便は著しく悪く、集落の立地上の条件には恵まれていない。安田村落から村の中心である辺土名までは、東海岸沿いに奥、辺戸《へど》を経由して二七㎞の距離があり、その間の道路および南の東村・旧久志《くし》村（現名護市の一部）に通じる道路の大部分は目下整備中の状態で、交通は不便である。

おそらく、安波、安田、楚州などは遠隔地域と呼ぶにふさわしい村落である。

字安田は現在（一九七八年一〇月三一日）、世帯数九七、人口三二八人で、国頭村では中規模の大きさである。このうち、字安田に含まれる伊部の村落はわずかに世帯七、人口二六人の極小村落である。本土復帰前の一九七一年一〇月と比較してみると、世帯数は九〇で七世帯増、人口三七九人で五一人減である。人口でみるかぎり、この七年間に一六％の減少である。それでも国頭村のなかでは、人口減少率は小さい方である。

安田の集落はまとまっている、いわゆる塊村型を呈しており、住民の生業は農業が主であるが、漁業組合に二二名加入していることや、最近の大型道路工事や安田漁港の仕事に従事している人がいることもみのがせない。安田には公共施設としては、診療所、小学校、中学校、公民館、共同店（規約上の正式名称は安田共同組合となっているが、通常は共同店と呼ばれている）、他に旅館（一九七八年設立）・民宿（一九七八年設立）が一つずつ、食堂（一九七六年設立と一九七八年設立）が二軒ある（図3）。

2　安田共同店の歴史

(1)　共同店設立以前

安田共同店は奥共同店より一〇年遅れ、一九一六年（大正五）に設立された。共同店設立以前の様子については、宮城定盛の『国頭村安田の風土誌』(14) に詳述してあるの

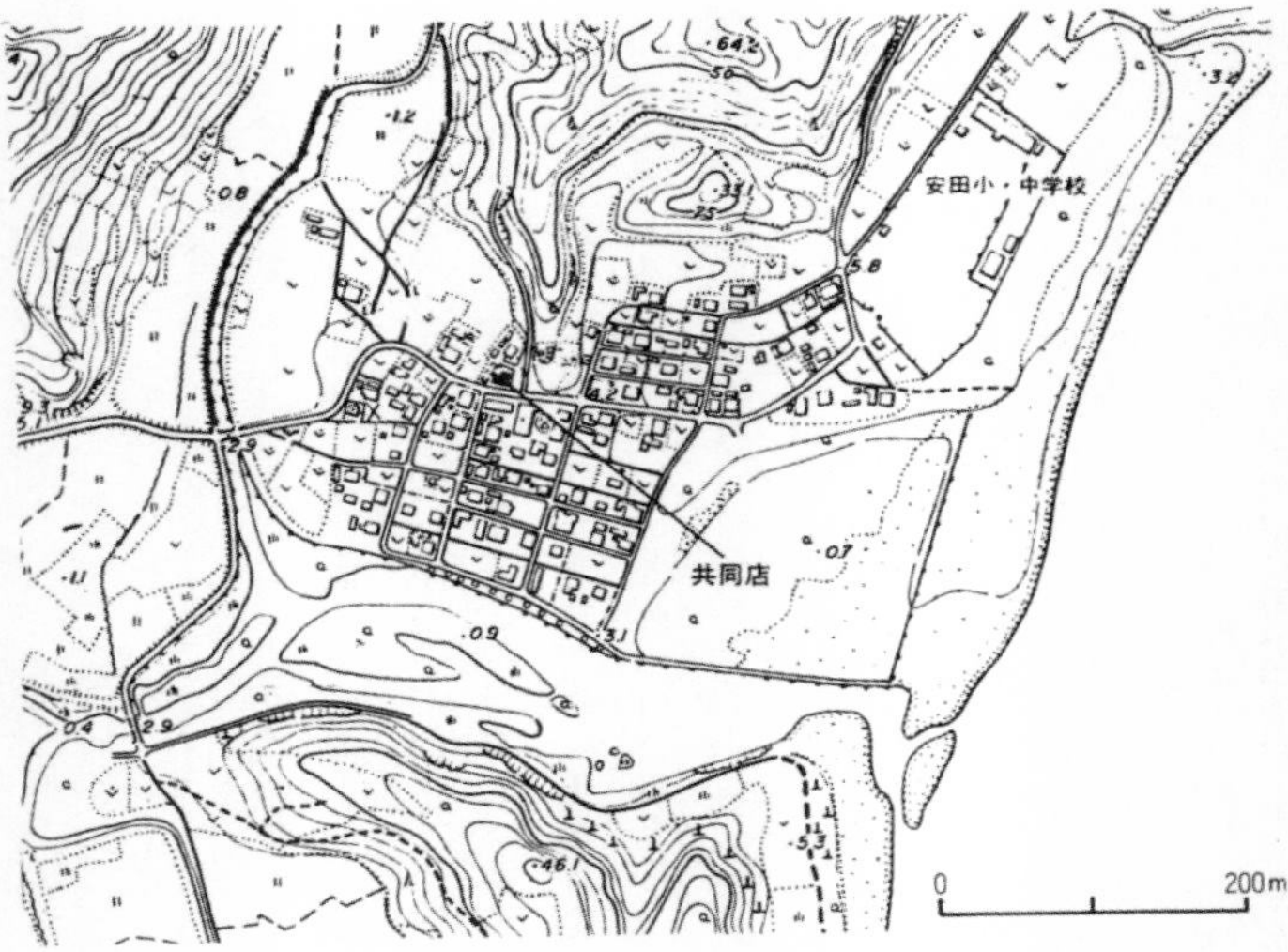

図3　安田の集落と共同店

で、引用してみよう。

「・・・明治の二〇年頃から利にさとい与那原の四、五人の人が移住。あきないの門戸を切り開いた。当時の生産物といえば林産物（用材、山原竹、薪）等が主で海人草、貝殻等がそれに続いていた。明治三〇年頃には字民からも小店を出す者が出て、その数一二、三軒になり表面にぎわいを呈したものだ。林産物は当初与那原《よなばる》に出されていたが、字民からも山原船をもつものが出たりして、糸満、那覇中南部各地に販路は開拓されていった。字民はこの小店の組合員みたいなもので、離合集散常なしと云った所。模合地獄ともからんで、大方の人々は赤貧洗うが如しという有様であった。明治四〇年頃に は四、五人の有力者が出資して私設の共同店が生まれ、数年後にはまた七、八人の有力者が集まって組合店という名の店が生まれた。字一円の共同店とは何のかかわりもないが、共同店のさそい水になった面があったとは云えると思う……」。

(2)　共同店設立時代

小さな村落のなかに数多くの小店、私設の共同店、組合店が同時代に存在していることは、必然的に血縁・地縁を媒介とする限られた顧客の奪い合いを引き起こすにいたった。その結果、住民同志が利害を異にし感情的不和がつのり､ひいては村落の共同を阻害するようになった。字を優う人々にとって共同店の必要性を痛感するのは、当然の帰結といえる。明治の末期から大正の初期にかけてのこの時期には、奥に共同店がすでに創設されていたことも刺激となったのであろう。

まず、酒の一手販売から出発し、一九一六年安田共同店の創設にいたった。創設にあたっては、奥共同店を調査し参考にしたという。

資本金は人口株により、初代主任には古堅宗道があたった。このように、字民全員が一致団結し、主体的に自分たちの生活問題を解決しようという立場から共同店から設立されたので、与那原方面からきた外来者は必然的に淘汰されていった。

(3) 共同店の分裂時代

一九二四年頃、国頭村を二分した、いわゆる「白・黒闘争」が勃発して、安田もその政争のなかに巻き込まれていった。本来、共同店という共通の目的のために、個々の利害を乗り越えて結集していった安田の住民が、再びこの事件を契機として互いに感情的に対立し、中傷誹謗しあうようになった。そして、遂に共同店の分裂にいたった。さらに一方が再分裂をきたして、一九二九年に三つの店になった。

(4) 共同店の統一

共同店が分裂していることは、安田にとっては大変不幸なことであり、なんとか統合しようという気運が起こり、一九三三年四月共同店は統一された。統一後は共同店は順調な歩みを続けていたようである。しかし満州事変から支那事変、そして第二次世界大戦の末期の沖縄戦で、共同店は灰燼に帰してしまった。

ここで、戦前の共同店の様子について若干ふれておこう。まず、事業内容として購買活動と並んで活発な販売活動も行っていた。大部分の商品は与那原から入ってきた。しかし、タバコは辺土名へ仕入にいったようである。その他、精米・運送・切手・はがきの販売なども行っていた。販売はおもに建築資財・林産物を首里・那覇へ出していた。共同店は主任（任期二年）と店員二人（一番番頭、二番番頭）で、男がその任にあたっており、朝は未明から晩は一〇時～一一時頃まで店を開き、休日はなく、かなり厳しい労働条件であったと思われる。掛け売りは、規約上、上限を決めて一応認めていたが、現実には必ずしも守られなくて、掛け売りが累積して経営を圧迫する重要な一因となっていた。

(5) 戦後の配給所時代と共同店の再出発

終戦後、人々の生活物資は配給によって与えられていたが、一九四七年共同店再建の字の常会がもたれ、再建の決議がなされた。これは、国頭村ではいちばん早く再発足したものである。宮城定盛はその著書のなかで

「……共同店再建の決議はなされたものの管理購買の方途も見いだせないままの発足だったので、名称は暫定的に一応安田事業部と呼ぶことにした。ひとかけらの品物もない事業部はまったくの暗中模索、個人宅を点々としながら泡盛一升が売品だったりした有様。先立つものは金

だが、あつめようにも金がない。当時の群島政府から堤防工事や堆肥原料等の助成金がきたので、可動者の同意を求めて事業部の資金に回したりした。子豚を購入して個人に委託、母豚に仕立てあげたり、その他色々の資金繰りがなされた。戦前共同店の経験をもつものの草分けの一種、まったくいばらの道であった。あれこれするうちに沖縄の復興は本格的になり、用材類がとぶように中南部に売れていった。日用品も出回るようになり、事業部は予期以上の成果をあげてのびていった……」。

事業部として再出発した安田の共同店は、その後、安田協同組合と改称した。これは安田の諸事業、福祉、すなわち安田の心を寄せ集めようという法的制約を受けない自然の共同体を意識しての呼び名であったようである。

物資運搬のため一九五二年に安田丸を購入し、建築資財・林産物・竹などを運搬した。寄港先は安田~与那原~馬天~糸満~那覇である。しかし、安田丸も一九五六年に売却した。これにとって変ったのが、トラックであり、一九五七年にトラックが運行を開始し、一九六〇年には辺土名まで客車の運行が開始された。電気事業は軍の払い下げ発電機によって、安田の村落は一九五六年から、伊部の村落は一九六五年からそれぞれ開始され、一九六八年に電気事業が村営になるまで続けられた。

なお、一九六二年に伊部に共同店の支店が開店した。わずかに現在七世帯二六人の極小村落であるが、安田までも悪路の山道であり、伊部の人たちにとって共同店は不可欠のものである。

3　安田共同店の組織と機能

(1)　安田共同店の組織

戦前の共同店が戦争により灰燼に帰した後、戦後安田事業部として出発した安田協同組合は、群島政府からの助成金を事業部の資金に回したり、その他の資金繰りによって出発したことは前述したとおりで、金券による出資はまったくなかった。組合加入は安田に現住所を有するもので、一人一口、加入金は五〇〇円である。組合員は正組合員と準組合員に分けられ、正組合員は二〇歳以上にして安田に現住所を有するものとし、準組合員は正組合員以外としている。このように、現在、安田の住民全部が組合員であるほか、他所に転出している字民が準組合員の資格で依然として、一定の権利・義務を認められ、一定の利益の配当を受けていることは他の字と異にしている。

次に、安田共同店の経営は字安田の直接経営であり、経営主体は理事会であり、理事会には組合長と安田区長が含まれる。組合長一名は正組合員による総会において、短期無記名投票によって選出され、一方組合長と安田区長を除く若干名の理事は連記無記名の投票によって選出される。現在理事は五人である。組命長の任期は二年、職員（店員）は四人で、そのうち一人は伊部支所勤務である。組合長（売店主任）および職員（店員）待遇および勤務条件は比較的恵まれており、ボーナス・退職金のほか社会保険も完備している。営業時問も夏・冬とも朝七時三〇分から晩七時三〇分で、月曜日が休日となっている。他字の共同店と比較して閉店時間が早くなっている。これは経営の合理化ができるということは、安田の村落の隔絶性および競合する個人店がないことから説明されよう。それと同時に安田住民の一致協力があることを物語っている。伊部支店はわずか七世帯二六人の極少村落にあり、朝一時間夕方一時間営業（月曜日は休店）するだけであるが、安田から悪路をかなり隔たっていることから、月二万円の経営赤字を出しながらも営業しているところに共同店としての存在意義がうかがえよう。

(2)　安田共同店の機能

①地域住民に対する機能：共同店の重要な機能の第一は、その出発からして経済的機能である。すなわち、組合員の事業または生活に必要な物資の供給、あるいは販売活動である。安田共同店においても当然同じことで、安田住民も「みせ」あるいは「売店」と呼んでいる所以がここにある。安田共同店において、現在の購買品目は食料品として、米、野菜、果実、菓子、パン、豆腐、冷凍食品、茶、肌着や作業着程度の衣類、履物、酒として泡盛、ビール、洋酒、調味料、清涼飲料水、農耕用品として肥料、鋤のような農具、種もの、飼料、石油、ガス、金物、荒物、ガラス器、陶磁器、電気製品として蛍光灯、電球、懐中電灯、その他の釣具、化粧品、医薬品、文具、煙草、仏具、線香、建築資財として木材、トタン、ベニヤ、ブロックといったように多種多様である。また、お祝いがある時など、餅の注文を受けることもある。売店にない品物については、客の要望に応じて取り寄せることがある。とくに、最近はテレビのコマーシャルをみて共同店に品物を注文するケースもある。プロパンガスの委託販売や地元で生産するミカンや野菜、あるいは四～五年前まで地元

の人がやっていた豆腐などは共同店で買い上げたり、委託販売も行っている。二〇年前から始めた貸家四軒の経営も安田共同店だけがもつユニークなものである。また、郵便局のない安田では切手・はがきの売り捌きや電報の扱いなどを共同店に委託されて行っている。安田村落では個人店はなく、競合ということはありえないが、最近の道路整備、自家用車の普及により時間距離を短縮した結果、辺土名をはじめ都市地区へ日常出かける機会が多くなるにつれ、商品価格や生活情報をもち帰るようになる。そのことは、安田共同店が隔絶性を盾にした独占的価格を維持することは最早できなくなってきていることを示している。幸いにして、現在の組合長は経営合理化につとめ薄利多売による廉価な商品を供給している。

次に、福祉的機能についてみてみよう。

前述した経済的機能に付随する経済外的機能は、広義には福祉的機能になる。ここでは、本来の福祉的機能について概観する。まず電話の機能である。現在、安田で電話台数は五台（安田共同店、伊部支所、学校、個人二台）しかなく、安田共同店における電話の役割は重要である。とくに村落外から村落の住民にかかる電話は多く、そのつどマイクによって呼び出しをしている。工事関係もあって、多いときには一日数十回もあるという。次に共同バスの運行がある。共同バスの運行は、安田のほかは安波で行っている。自家用車が増えてきているものの、自家用車をもたないだけでなく、路線バス運行のない安田・安波の人々にとって、共同バスは唯一の足である。安田では、安田（八時出発、ただし月曜日は七時半）から辺土名（帰りは四時）まで一日一往復している。村からの補助があり、共同店としては独立採算にしている。また、時には安田の諸団体や個人でも、結婚式で名護あたりへ出かけるときにバスを貸し切ることがあり、安田住民にとって重要な足となっている。また、育英事業として奨学金（高校生五〇〇〇円、大学生一〇〇〇〇円）の給付、さらに、病気見舞い（一週間～一〇日は二〇〇〇円、一ヶ月三〇〇〇～四〇〇〇円）、香典（二〇〇〇円）、出生祝金（一五〇〇円）の支出も本来の福祉的機能である。その他、安田共同店は緊急時における金銭の一時的立て替えとか、週末に落札した模合金の一時的保管をすることがある。これは、銀行・郵便局・農協支所もない安田は、まさかの時の拠り所と信頼が共同店にあることを表す証左であろう。

最後に、安田共同店の情報的機能についてみよう。

安田共同店では多種類の商品を取り扱っている。これらの商品の多くは、村落外の卸売り業者によって搬入されたものであり、多種多最の商品は都市のスーパーや商店でならぶ商品と変らず、住民はそれらの商品に接することによって、商品に関する情報をたえずキャッチしている。非常に隔絶され、競合する個人店もない安田共同店が、都市的情報を直に提供する唯一の場所であろう。安田住民のなかには、テレビのコマーシャルをみて、それらの商品を共同店に求めにくる例も多い。また、共同店は買物をするために、自ずと住民の集まる場所でもあり、そこは日常のさまざまな会話がかわされる情報交換の場でもある。そのこともあって、他所に転出している住民のなかには、安田のさまざまな情報確認のために、共同店に電話をかけてくる例も少なくない。

②字内の諸団体に対する機能：安田共同店は、また字内の諸団体に対しても機能する。これは、

ＰＴＡ、敬老会、学童のスポーツ遠征の費用などの補助がおもなものである。

③**字外住民に対する機能**：近隣の字往民との関係で注目してよいことは、共同バス運行の相互援助であろう。安田共同店は共同バスをもっているが、共同バスは定期の運行のほかに、字の諸団体や個人が結婚式などで名護へ行く場合にも借りることができる。その時には、定期バスの運行を、隣の安波に頼むこともあり、同じようなケースは安波についてもみられる。

また、他所に転出した旧字民に対する機能として、一般的には権利義務は消滅する。しかし、安田共同店は他所に転出した旧字民が準組合員の資格で、依然として一定の権利義務を認められ、一定の利益の配当を受けていることは、他の字と異にするところである。

次に共同店の電話の機能がある。電話がかなり普及されたといっても、現在安田に五台しかなく非常に限られており、共同店の電話は大きな意味をもつ。すなわち、沖縄本島中南部地区をはじめ県外へ転出している子どもや孫、あるいはその他の親族や友人から過疎地の年老いた親にかかってくる電話や、安田の知り合いの人にかかってくる電話の取り次ぎは、安田の外の住民に対する重要な機能の一つであろう。

さらに、安田以外の人である通行人、旅行者、工事作業者などに対する機能を考える。前述しているように、安田の村落は幹線道路からはずれているため、通行人、旅行者は少ない。ただ、近年における大型公共工事による工事事関係行の入り込みは多い。安田には約一五〇人の外部からの工事労働者が入っており、これらに対する商品の販売、電話の取り次ぎなどの機能が大きい。

4　安田共同店の課題と展望

安田共同店の抱えている課題として、第一にあげられることは、村落の隔絶性からくる共同店経営の問題、第二に現在行われている大型公共工事にかかわる諸問題、第三に今後の安田の展望であろう。

まず、第一について考えてみる。前述したように、安田の村落は安波・楚州と同様に陸の孤島ともいうべき非常に隔絶された村落であり、安波・楚州のように幹線道路に面していないだけ、さらに隔絶度が高いといえる。このように隔絶度が高いことから起因して、安田の共同体意識は非常に強い。安田共同店の経営にとっての有利性は、この強い共同体意識を背景にして、他の集落とりわけ国頭村の中心地辺土名や北部地区の商業の中心地である名護の市街地とは距離的に非常に離れていることもあいまって、必然的に共同店に依存せざるをえないことである。もちろん、現在の安田共同店に住民の意志を結集させたのは、内然的な隔絶性からのみ論ぜられるものではなく、長い間の数々の困難な歴史を経ていることは申すまでもない。さらに、安田の場合は、競合する個人雑貨店がないこと、国頭村のなかでは中規模程度の人口をもっていることも、経営上の有利性につながっていることは否定できない。反面、安田のみならず、他の村落についても同じことがいえるが、人口の減少と人口の高齢化の問題がある。次に、現在は工事関係に携わる人たちの利用も多く、経営は順調にのびているが、問題は工事終了後の経営の落ち込みであろう。また、競合商店もなく辺土名・名護までは遠いという経営上の有利性は、逆に経営の独占化をはかっていることであり、字の行政指導経営の主体がしっかりしないと、住民は高い商品を買わされる懸念もある。共同バスの運行は辺土名あたりの情報をつねにもち込む役目も果たしているからである。

第二に、大型公共工事にかかわる諸問題である。現在、安田をとりまいて行われている大型公共工事は、与那・安田横断道路の道路改良工事・畜産団地の建設工事・安田漁港の建設などであり、現在、安田には約一五〇名の工事関係者が村落外から転入してきて、村落の旅館・民宿、さらにはキャンプに投宿していることである。また、村落民のなかにも、工事に従事している人も少なくない。このことは、村落に食堂や民宿ができたり、また共同店にとっては売り上げを伸ばすなど、村落・共同店に大きな影響を与えるが、住民にとっては、期間が限られているものの、長期にわたる雇用の機会を得て現金収入を得るようになったことである。現金収入を得ることから、都市的生活の願望をわずかながら充たす反面、伝統的な質素倹約・ユイから金銭的解決による思考に陥りやすい。共同店にとっても、住民にとっても、工事の終了後の対処にかかっているといえる。なぜならば、共同店にとって売り上げの減少は免れないであろうし、住民にとっては一度引き上げた生活環境はもとへ戻すのに容易でないからである。

第三に、前述したこととかかわるが、安田の今後の展望である。村落あっての共同店である。現在、安田住民の生業は漁業や工事関係に従事している人もいるが、サトウキビ栽培を主体とした零細な農業が主である。今後、農林業・漁業に活路を見出して、住民とりわけ若者の定着をはかっていくことが、安田に課せられている課題であろう。

注・参考文献

(1) 田村浩（一九二七）：『琉球共産村落之研究』月岡書院、五〇二頁

(2) 平恒次（一九五七）：琉球村落の研究、琉球大学文理学部紀要、第二号、一―五三。

(3) 持田紀治（一九七二）：沖縄における村落共同体―本島北部における共同店を中心に―。農業協同組合、二、八四―九一。

(4) 玉野井芳郎・金城一雄（一九七八）：共同体の経済組織に関する一考察―沖縄県国頭村字奥区の「共同店」を事例として―。沖縄国際大学商経論集、七―一、一―二四。

(5) 共同店を取り上げた代表的な村史（誌）や字史（訪）には、次のようなものがある。国頭村役所（一九六七）：『国頭村史』国頭村役所、七一七頁。玉城定嶄（一九六七）：『久志村誌』久志村、二九一頁。宮城定盛（一九七二）：『国頭村安田の風土誌』、四九。

(6) 宮城親輝（一九五八）：『辺土名共同店史』、四〇頁。（未公刊）。

(7) 国頭村字浜（一九二一）：『浜沿革誌』（未公刊）。

(8) 池野茂（一九九四）：『琉球山原船水運の展開』ロマン書房、三一二頁。

(9) 安仁屋政昭・玉城隆雄・堂前亮平（一九七九）：共同店と村落共同体(1)一沖縄本島北部の事例。南島文化、創刊号、四七―一八六。

(10) 堂前亮平・安仁屋政昭（一九八三）：波照間島・石垣島・西表島の共同店と村落構造。沖縄国際大学南島文化研究所地域研究シリーズ、三、六七―七五。

(11) 安仁屋政昭・玉城隆雄・堂前亮平（一九八三）：共同店と村落共同体(2)。南島文化、五、一六五―二二九。

(12) 堂前亮平（一九八四）：伊平屋・伊是名における共同売店と村落共同体。沖縄国際人学南島文化研究所地域研究シリーズ、五、二五―三〇。

(13) 本論は、前掲(9)の論文のなかから、著者の担当した事例研究「安田共同店」の部分を、一部修正して掲載した。

(14) 宮城定盛（一九七二）：『国頭村安田の風土誌』、四九頁。

共同売店から見えてくる沖縄村落の現在

宮城能彦

一　沖縄村落研究の概略と本稿の問題関心

1　研究史

村落・農村社会学における沖縄村落の本格的な研究は一九七〇年から行われた「九学会連合沖縄調査」といえよう。これらの調査研究方法は基本的にいわゆる「構造分析」を主としており、具体的には政治的・行政的状況のもとでの「村落共同体の物質的基礎と小農民による農業生産構造の特質」を把握したうえで、「村落の社会構造を（イ）階層構造、（ロ）集団構造、（ハ）権力（政治）構造の三局面の総体として把握し」「かつその歴史的展開を追求していく」という研究手法であった（松原、一九七六、五五三頁）。要するに、戦後日本の農村社会学研究方法をそのまま沖縄農村に採用したわけである。

それは、とりあえずの研究手法としては妥当なものであったが、沖縄村落のあまりにも低い生産力と地主制の未発達(1)、ほとんどが零細な自作農で貧富の差があまり見られないという現状と歴史に、共同体の物質的基盤としての「土地」という枠組みを適用できずに、沖縄村落の「構造」を提示するには至らなかったし、戦後の甘蔗作を中心としたモノカルチャー的生産に東南アジアの旧植民地との類似性を指摘するにとどまった（戸谷、一九七六、五六六―五六七頁）。

さらに、祖先祭祀集団である門中を「墓の共同を中心にした、祖先の祭祀関係に限られており、生産活動ないし日常生活に関する共同はほとんどみられない」（与那国a、一九七六、六〇二頁）としながらも、全体的には「家」を単位とする「村落共同体」というモデルから抜け出すことができず、基本的には、沖縄の門中を日本の「家」との対比で捉えようとするものであったといえよう。

このような研究方法は、共同売店の分析にも影響を与えていると思われる。「共同店はかくして資本主義的営利主義の錯乱から村落共同体を防衛する共同組織として設立に至った」ものとし、「地割制下の村落共同体に密着した共同組織として、その伝統と理念を受け継いでいる」（与那国b、一九七六、五七四頁）と位置付けるのである。

九学会連合沖縄調査は、「家」と「村落共同体」というモデルでは沖縄村落を理解するのは困難であることを実証することとなった。しかし、「沖縄村落をも射程に入れた日本農村社会分析の方法論を再構成する必要」（松原、一九七六、五五七頁）を指摘した意義は大きく、そこには、日本の村落研究が方法論的により豊かなものになる可能性が存在していた。

しかし、その後それらを契機に、社会学による沖縄村落研究が盛んになったわけではなかった。

それは、沖縄村落理解のための有効な方法を村落社会学が構築することができなかったということである。

沖縄の施政権が日本に復帰し一九七〇年代後半になると、国頭村奥部落が昭和五〇年度の「朝日農業賞」を受賞したこともあって、沖縄村落におけるユイマール（共同作業）や共同売店が注目されるようになった（例えば、川本、一九七六）。それらは、極単純化してしまえば、「家」や「地主—小作関係」をほとんど見ることがない沖縄の村落共同体の相互扶助的側面に注目し、そこに原始共産制のユートピアを見いだすといったことが根底にあった。

一方で玉野井芳郎は、「地域に生きる生活者たちがその自然・歴史・風土を背景に、地域社会または地域の共同体に対して一体感をもち、経済の自立をふまえて、みずからの政治的・行政的自律性と文化的独自性を追求する」地域主義をとなえ、「内発的な地域主義への共感がほかの地域よりも一段と強い」（玉野井、一九八三、七四四頁）沖縄に注目し、金城一雄との共著「共同体の経済組織に関する一考察—沖縄県国頭村奥区の「共同店」を事例として—」（玉野井・金城、一九七八）を発表する。しかし、その考察は、玉野井はユートピアを沖縄社会に見出そうとしているのではないかという一般的理解での「地域主義」とは異なり、ユイマールや共同売店経営の根底にある農民のかなり厳格な互酬制を綿密に実証するものであった。玉野井・金城の調査研究を引き継ぐ形で、主に沖縄国際大学の南島文化研究所のチームによって沖縄村落の実証研究が進められていった。

この時期の研究は、村落や村落共同体の様々な機能をより正確に実証し、そのデータを蓄積していくという点に力が注がれたが、基本的には九学会連合調査における「構造分析」の方法を継承している。しかし、松原が「痛感」した「沖縄村落をも射程に入れた日本農村社会分析の方法論を再構成」する試みではなかった。いずれにせよ、これらの調査研究によって沖縄村落社会の実証的研究がかなり進展したことは確かである。

一九九〇年代に入って、例えば波平勇夫による『近代初期南島の地主層：近代への移行期研究』（波平、一九九九）や、山本・高橋・蓮見らによる『沖縄の都市と農村』（山本・高橋・蓮見、一九九五）という九学会連合の問題意識を継承する研究成果があるものの、その研究の担い手のほとんどは九学会連合の調査メンバーやその同世代の研究者である。一方で、特に環境社会学の若手研究者が沖縄の事例を取り上げることが少なくないが、それらは系譜を異にするものであり、沖縄の特殊性をいかに理解するかという文脈ではなく、むしろ日本（村落）社会のひとつの事例として提示している感が強い。

二〇〇〇年代に入って、ようやく北原・安和による『沖縄の家・門中・村落』が出版され、ムラの単位としてのヤーが政治・法制的機能を担わされた無家格的で実質的平等性をもつが、門中の単位としてのヤーは純粋に儀礼的機能だけをもち、長男継承の直系家族的構成をとり不平等であるという、沖縄の「家（ヤー）の二重構造」を明らかにして、九学会以来の課題である、家―ムラ論的視点からの沖縄村落研究に区切りをつけたと思われる（北原・安和、二〇〇一）。

2　本稿の問題関心

本研究も、当初は一九七〇年代後半に安仁屋らによって行われた共同売店総合調査（安仁屋政昭・玉城隆雄・堂前亮平、一九七九、一九八三）以降の共同売店の変容を、構造分析的脈略の中で村落社会の中に位置付けようとするものであった。

一九八〇年以降、道路交通網の整備、名護市・石垣市における大型スーパーの展開等、共同売店を取り巻く状況は厳しさを増す一方である。そのような中で、現在でも積極的に経営を続けている地域と、採算性に乏しい中で辛うじて経営を続けている共同売店に二極化している状況がわかってきた。積極的経営が存続できる条件としては、やはり第一に近郊都市（名護市や石垣市）への利便性の欠如（隔絶性）があげられる。近郊都市への買い物が不便な地域ほど経営的に安定しているのである。

調査を続けていくうちに、共同売店は（当然ではあるが）村落社会が置かれた社会的状況の反映としてあり、共同売店を見ることによって逆に村落そのものを映し出すことができ、同様に、人々のライフスタイルの変化も共同売店の変容を通して見ることができるのではないか、あるいは村落と個人や村落内の人間関係も共同売店という鏡に映し出すこともできるのではないか、と考えるようになっていった。

そして、特に問題にしたいことは、立地条件的には経営がかなり困難で利益を上げることができない共同売店が未だに存続している部落があるのはなぜだろうか、ということである。

しかし、それらは従来の村落構造を解明するという方法で果たしてどこまで明らかにできるのであろうか。むしろ、例えば、共同売店の担い手や部落の人々が発する、不満、建前と本音、あきらめ、とまどいと期待といったものに注目することによって、沖縄の村落の現在―先に挙げたライフスタイルの変化や人間関係、村落と個人の関係等がより鮮明に理解できるのではないか。本稿における問題関心はそこにある。

二　共同売店とその歴史的背景の概要

1　共同売店史の概要

共同売店は地域によっては「共同店」「共同組合」「協同組合」などと呼ばれ、主に小売店における購買事業を中心とした、いわゆる生活協同組合的組織である。基本的には、部落(2)（字）を単位として住民の共同出資によって運営される。住民のほぼ全世帯が株を購入して株主＝組合員となる場合が多く、また共同売店の一部の役員を部落の役員が兼任するなど部落とは密接な関連をもっている。

共同売店の経営には部落による直営と、個人請負の二つの形態がある。直営の場合、組合員の総会（全戸加入が多いので実質的には部落常会と同じ）において主任＝店主、理事、監査等を決定し、部落行政の購買部として活動する。現在でも国頭村の奥、与那、楚洲、宜名真、辺野喜、半地、奥間、浜、安波、大宜味村の喜如嘉、謝名城、屋古、石垣市の伊野田、名護市の瀬嵩等がこの方式である。東村の有銘、慶佐次、高江、大宜味村の田港、名護市東部（旧久志村）の安部、大浦、嘉陽等では、部落が個人に経営を請け負わせる制度をとっている共同売店が多い。ただし、この場合もあくまでも部落の組織であるため、規約や理事会等による制約は多い。

一九〇六年（明治三九）国頭間切奥村（現在の国頭村奥部落）に設立された共同売店は、その後沖縄本島の北部を中心として広がっていった。共同売店の設立は明治三〇年代の産業組合運動に触発されたものであった。産業組合は、「産業組合法」（明治三三年）に基づいて、中小生産者が資金の運用や生産物の販売、原料や資材の購入、施設の利用などを共同に行う社団法人組合である。従って、機能的には共同売店と重なる部分が多く、行政の圧力で産業組合に強制的に統合される所もあった。しかし、その後の法改正によって部落の産業組合が市町村単位の大組織に移行したのに対し、共同売店は部落（字）単位で、部落の共同性を直接に反映した生活に密接な組織であったために、結果的に多くの部落では共同売店の方が不可欠なものとなっていった。

戦時中共同売店は一時廃止されたが、戦後は「戦前からの共同店が配給所という形で再生したという意識が」（安仁屋政昭他、一九八三、一八三頁）特に北部の部落では強かった。その後、旧羽地村（現名護市北部地域）等のように農業協同組合が部落ごとに設立された所では、農協の購買部が部落の売店を経営していたが、町村単位に農協が合併したところでは、戦前の共同売店を復活させていった。

石垣市の大里、星野、伊野田、竹富町西表島の大富は戦後に琉球政府の政策によって開拓された部落である。入植者には大宜味村出身者が多く、彼らは母村での共同売店をそのまま入植地においても設立していった。これらの共同売店は現在でも経営を続けている。

2　一九七〇年代後半の沖縄村落と共同売店

一九七〇年代後半、沖縄国際大学南島文化研究所のメンバーによる共同売店の総合的かつ詳細な調査が行われた（安仁屋他、一九七九、一九八三）。ここでは、これらを基に当時の沖縄の村落共同体と共同売店の特質を押さえておきたい。

当時、沖縄本島北部の国頭村、東村、大宜味村および旧久志村（現名護市東部地域）における五六部落（字）のうち、共同売店が存在しないのは五部落（大宜味村宮城、白浜、旧久志村豊原、辺野古、二見）のみであった（安仁屋他、一九七九、八〇頁）。その他、今帰仁村に一一、恩納村に九、宜野座村に一店の共同売店が存在していた（安仁屋他、一九八三、一八四―一九五頁）。また、一九八三年に発行された『沖縄大百科』では、「現存する共同売店：国頭八六、中頭七、島尻一〇、宮古三、八重山一〇、合計一一六」（沖縄大百科上巻、一九八三、八九四頁）と記されている。ここでは、一九八〇年前後には沖縄本島北部のみならず中部、離島にも共同売店が残存していたことを確認しておきたい。

安仁屋らは、多くの共同売店が店の収益から部落行政費へ何らかの補助金を支出していることから、①村落共同という積極的な機能を果たしているのは、公民館[(3)]よりもむしろ共同売店の方である、とした上で、②経済的機能のみならず「部落の象徴」（安仁屋他、一九七九、一四六頁）としても機能しており、③村落結合の核として「統合機能」（安仁屋他、一九七九、一四七頁）を果たしていると指摘している。

沖縄本島北部の場合、一九八〇年頃にはすでに村落の過疎化・高齢化はかなり進んでいたのではあるが、共同体としての村落およびそれを基礎に経営される共同売店は依然として確実に機能していたことが理解できる。

3　一九八〇年以降の沖縄本島北部村落の変容

それでは、一九八〇年以降、沖縄の村落、特に沖縄本島北部はどのように変容したのであろうか。第一に、人口の減少と超高齢化、家族世帯の極小化をあげることができる。戦後沖縄本島北部地域の人口は一九七〇年頃まで減少を続け、その後は名護市と恩納村を除いてほぼ横ばい状態である。しかし、六五歳以上の高齢化率は一貫して上昇している。さらには、一世帯当たりの人員は確実に減少しており（表―1）、高齢者単身世帯数も増加している（表―2）。

沖縄本島北部地域の一九八〇年以降の人口の横ばい状態は、何らかの状況の変化によって人口の減少に歯止めがかかったのではなく、他出できる人口層はほぼ出つくした状況だといえよう。沖縄

表－1　総人口と高齢化率及び一世帯当たり人員

	1980年			1985年			1990年			1995年			2000年		
	総人口	A	一世帯当人員	総人口	A	一世帯当人員	総人口	A	一世帯当人員	総人口	A	一世帯当人員	総人口	A	一世帯当人員
北部全域	110,276	12.1	3.5	113,572	13.4	3.4	114,648	19.6	3.2	117,952	16.7	3.0	120,624	18.3	2.8
国頭村	6,873	14.4	2.8	6,510	18.2	3.0	6,114	21.3	2.9	6,015	23.8	2.8	5,825	25.8	2.7
大宜味村	3,626	23.0	2.9	3,567	24.4	2.6	3,513	27.0	2.7	3,437	27.6	2.7	3,281	30.6	2.5
東村	2,067	13.3	3.6	2,134	14.9	3.3	1,891	18.2	3.1	1,963	20.8	2.8	1,867	24.0	2.7
名護市	45,991	9.7	3.6	49,038	10.6	3.3	51,154	15.9	3.3	53,955	13.4	3.0	56,606	14.4	2.8

※ A=65歳以上人口の割合（%）、各年の国勢調査報告より作成

表－2　高齢単身者世帯数の推移

	1985年		2000年	
	世帯数	割合（%）	世帯数	割合（%）
北部地域	2,683	7.9	3,746	9.1
国頭村	237	11.6	302	14.3
大宜味村	231	17.3	248	20.1
東村	58	9.3	71	10.7
名護市	839	5.9	1,377	6.9

※各年の国勢調査報告より作成

国際大学南島文化研究所のチームが調査を行った一九七〇年代後半は、人口が減少し続けているものの、高齢化率が現在ほど高くなく、村落共同体的機能を維持できていたぎりぎりの頃であったことが推測できる。

　次に、「生産の場」としての村落は衰退しつつあるということである。沖縄本島北部地域における販売農家数の全世帯数に占める割合は一一%で、最も高い東村にでも三四%にすぎない。（表―3）端的に言えば村落がもはや生産を主とする場ではなくなっているということである。むしろ高齢者世帯を中心とした消費生活の場とし

表－３　世帯数、農家数、販売農家数の推移

	1980年			1990年					2000年				
	世帯数	農家数	世帯数に占める農家数の割合	世帯数	農家数	世帯数に占める農家数の割合	販売農家数	世帯数に占める農家数の割合	世帯数	農家数	世帯数に占める農家数の割合	販売農家数	世帯数に占める販売農家数の割合
北部	32,528	10,461	32%	36,845	9,100	25%	7,200	20%	41,413	7,609	18%	4,514	11%
国頭村	2,455	834	34%	2,065	712	34%	573	28%	2,104	468	22%	315	15%
大宜味村	1,249	488	39%	1,296	377	29%	271	21%	1,233	229	19%	146	12%
東村	568	357	63%	612	317	52%	297	49%	662	243	37%	227	34%
名護市	12,824	2,566	20%	15,663	2,175	14%	1,725	11%	19,983	1,603	8%	1,183	6%

※各年の農業センサスおよび国勢調査より作成

てとらえ直す必要もあるだろう。

さらに、一九七二年以降沖縄では社会資本の整備が急速に進められてきた。特に沖縄本島北部の道路の整備・拡張は規模が大きかった。戦前においては国頭村北東部や東村等は陸路が不便でむしろ船による移動が主であったことを考えると、名護市の繁華街までどの地域からも車で1時間以内という現在は夢のようでもある。自家用車さえあれば日帰りで那覇市まで買い物に行くことも、あるいは那覇市から日帰りで最北端の辺土岬や奥部落までドライブにでかけることもごく日常的になった。

かつて裏石垣と呼ばれ、沖縄県最高峰の於茂登岳等によって石垣の市街地との隔絶感が強かった石垣島北部地域も、一九八六年三月に開通した於茂登トンネルによって、市街地まで一時間以内で行けるようになった。

それらは当然、消費行動にも大きな影響を与えている。交通が不便であった時代は日用品のほとんどを共同売店から購入していたのが、今では仕事帰りや週末に名護市の大型スーパーで食品・日用品を購入するといったスタイルが一般的になった。それによって、共

同売店で購入する物は、調味料やお菓子、清涼飲料、タバコ、ビール等が中心となっていった。

さらに、公共工事が日常化したことである。周知のように道路整備等の公共工事に地方の財政が依存せざるを得ず、沖縄本島北部においても絶えずどこかで何らかの公共工事が行われている。公共工事は共同売店の売り上げにプラスに作用するが、それに依存する体質もつくってしまう。今後公共工事が減少することによって多くの共同売店の経営が困難になってくることも予想できる。

4　共同売店の規約改正にみる状況への対応

当然のことながら、社会的・経済的環境の変化に伴って共同売店はそれに対応しなければならない。営業の工夫のみならず、規約を改正して、組織改編を行ったり部落直営を個人請負にしたり、あるいはその逆を行ったりするのがそれである。

ただ、共同売店の経営を部落直営で行うか個人請負で行うかについての、メリット・デメリットは単純ではない。例えば、人口規模や、近郊都市への隔絶性が直営か請負かの直接の条件とはなっておらず（安仁屋他、一九七九、一一六—一二三頁）、また、「村落共同と連帯感」が「機能する限り、共同店の経営形態は、直接であろうが、個人請負であろうが、村落にとっての存在意義には大きい相違はない」（安仁屋他、一九七九、一二三頁）というように、村落における共同意識が高ければ必ず直営であるということでもない。経営が苦しいからこそ直営にすべきという判断も、その逆の判断もありうるわけで、部落や共同売店の歴史を基礎としながらも、その時々の状況による様々な条件を考慮した上で、共同売店の経営形態を変えているといえよう。

そのひとつの例として、大宜味村喜如嘉部落における共同売店の規約の改正を提示しておきたい（資料—一、資料—二、資料—三）。なお、喜如嘉部落は、一九六五年の人口が七一八人、世帯数二三五戸、一九八五年は四四七人、一八〇戸、六五歳以上の高齢化率四一・〇％、二〇〇〇年は四四一人、一九三戸、六五歳以上の高齢化率三一・三％（国勢調査）である。

大宜味村喜如嘉共同店は、戦前は直営であった。戦後一九六六年に大宜味村内農協合併にともない、同年7月に「喜如嘉協同組合規約」が部落で承認され、同七月二四日の設立総会で組合長が選出され共同売店が復活した。一九六六年から部落の代議員会の決議による直営であったが、「人材や人件費の問題などが生じ経営困難となって、昭和四十七年八月には請負者を募集し」（喜如嘉誌編集委員会、一九九六、九〇頁）その後は「組合長」や「専務」を選出する必要のない請負制で経営している。

喜如嘉共同店規約は戦後三度改正されている。一九六六年七月一日に施行された最初の規約は、一九八三年に改正されたが、両者に大きな違いは見られない。ただ、一九六六年規約二条に「部落および村農業協同組合の健全なる発展に寄与することを目的とする」や第二五条に「常に村農協と連絡を密にし情報の提供につとめその経営の強調をはかる」とあるように、大宜味村農協との関係をかなり重視した内容であったものが、一九八三年規約では「農協」という文字は全く見られなくなった。

資料－1　喜如嘉共同店組合規約（1966年）

喜如嘉協同組合規約

第1章　総　則
第1条　本組合は喜如嘉共同組合という。
第2条　本組合は組合員の経済状態を改善しその社会的地位を高めるとともに部落および村農業協同組合の健全なる発展に寄与することを目的とする。
第3条　本組合は前条の目的達成のため次の事業を行なう但し村農業協同組合の行なう事業と競合してはならない。
　1．組合員の事業又は生活に必要な物資の供給　2．組合員の事業又は生活に必要な共同利用施設の設置
　3．組合員の生産する物資の運搬加工貯蔵又は販売　4．農村の生活及文化の改善に関する施設
　5．前各号に附帯する事業
第4条　本組合の事務所は大宜味村字喜如嘉522番地に置く。
第2章　組合員及出資
第5条　本組合の組合員は字喜如嘉に住所を有する個人および団体とする。
第6条　組合員はその家族1人につき一口の出資をしなければならない。団体組合員は出資拾口以上を有しなければならない。
第7条　出資一口の金額は金壱ドルとし　回分割払込とする。但し全額一時に払込むことを妨げない。
第8条　組合員は本組合の承諾を得てその出資口数の増加又は減少することができる。
第9条　組合員は本組合の承諾を得てその持分を他の組合員又はその家族に譲渡することができる。
第10条　組合員の相続人でその組合員の死亡により持分の払戻請求権の全部を取得した者が直ちにこの組合に加入の申込をし組合がこれを承諾したときはその相続人は被相続人の持分を取得したものとみなす。
第11条　組合員は次の事由によって脱退することができる。
　1．字外への転出　2．死亡又は解散　3．除名
第12条　組合員は次の各号の一に該当するときは総会の議決を経てこれを除名することができる。
　1．1ヶ年間この組合の施設を全く利用しないとき　2．出資払込その他この組合に対する義務の履行を怠ったとき　3．この組合の事業を妨げる行為をしたとき
第13条　組合員が脱退した場合には次の標準により其の持分を払戻す。
　1．この組合に欠損がないとき又は欠損の額がこの組合の払込出資金と積立金の合計額に達しない場合はその者にかゝる出資の金額
　2．この組合に欠損がある場合において欠損の額が払込出資金及積立金の合計額を越える場合は越えた金額について各組合員の払込出資金額に応じて算定した額をその者の払込済出資金額から減額した額
第3章　機　関
第14条　本組合に次の機関を置く。　総会 代議会 役員会
第15条　総会は毎年2回1月7日に定期総会を招集する又必要あるときは臨時総会を招集するものとする。
第16条　総会に付議すべき事項は次のとおりとする。
　1．規約の改廃　2．事業報告並に決算の承認　3．役員の選任　4．組合員の除名　5．その他必要な事項
第17条　本組合に代議員会を置く。
　2．代議員会は部落代議員をもって充てる。　3．代議員会は総会に代る決議機関で特に重要と認められるもの以外は総会に代って決議することができる。但しこの場合にはその顛末を総会に報告しなければならない。
第18条　役員会は総会及代議員会の決議に従って本組合の運営に当るものとする。
第19条　役員として組合長1人理事5人監事3人を置く。
　2．組合長は総会に於て選挙する　3．他の役員は各班より1名各班毎選任し理事監事は各班より選任された役員で互選するものとする
第20条　本組合の行う事業と競争関係にある事業を営む者は本組合の役員になれない。
　2．同一世帯に属する者が当該事業を営む場合も前項の規定を適用する
第21条　役員の任期は2ヶ年とする。
第22条　組合長は本組合を代表し役員会の決定に従って業務を処理する。
組合長事故あるときは理事の互選により代議員会の承認をえて職務を代行する。
第23条　監事は毎事業年度各半期毎に本組合の業務を監査しその結果を代議員会又は総会に報告するものとする。
第4章　業務の執行及会計
第24条　本組合の事業年度は毎年上期を1月から6月まで下半期ほ7月から12月までとする。
第25条　本組合の業務執行に当っては常に村農協と連絡を密にし情報の提供につとめその経営の協調を図るものとする。
第26条　本組合の剰余金は欠損を塡補しなお残余があるときは次の順によりこれを処分するものとする。
　1．積立金剰余金の20分の1　2．出資手当金若干　3．利用配当金若干
第27条　本組合に欠損がある場合は積立金を取り崩してその塡補に充るものとする。
第28条　本組合の業務執行についての必要な事項で本規約で定めるもののほかは役員会でこれを定めることができる。

附　則
この規約は1966年7月1日から施行する。

※安仁屋政昭、1980、共同店資料、与論・国頭調査報告書、180-183、沖縄国際大学南島文化研究所より

資料－2　喜如嘉共同店組合規約（1983年）

喜如嘉共同店組合規約

昭和58年10月30日

第1章　総　則
第1条　本組合は喜如嘉共同店組合という。
第2条　本組合は組合員の経済状態を改善し、その社会的地位を高めるとともに部落の健全な発展に寄与することを目的とする。
第3条　本組合は前条の目的達成のため次の事業を行う。
1.組合員の事業または生活に必要な物資の供給。2．組合員の事業または生活に必要な共同利用施設の設置。3．組合員の生産する物資の販売。4．農村の生活及び文化の改善に関する施設の設置。5．前号に附帯する事業。
第4条　本組合の事務所は大宜見村字喜如嘉522番地に置く。
第2章　組合員及び出資
第5条　本組合の組合員は字喜如嘉に住所を有する個人とする。
第6条　本組合への出資は世帯につき一口以上の出資をしなければならない。
第7条　出資金一口の金額は金1,000円とする。
第8条　組合員は次の事由によって脱退することができる。
1．字外への転出。2．死亡。3．除名。
第9条　組合員は次の各号の一に該当するときは総会の議決を経てこれを除名することができる。
1．出資払込みその他この組合に対する義務の履行を怠ったとき。2．組合の事業を妨げる行為をしたとき。
第10条　組合員が脱退を申し出た場合は出資金全額を返済する。
第3章　機　関
第11条　本組合に次の機関を置く。
1．総　会。2．代議員会。3．役員会。
第12条　総会は毎年一回四月に定期総会を招集する。又必要がある場合は臨時総会を招集することができる。
第13条　総会へ附議すべき事項は次の通りとする。
1．規約の改廃。2．事業報告並びに決算の承認。3．役員の承認。4．組合員の除名。5．その他必要な事項。
第14条 本組合に代議員会を置く。
1．代議員は部落代議員をもって充てる。2．代議員会は総会に代る決議機関で特に重要と認められるもの以外は総会に代わって決議することができる。
第15条 役員会は総会及び代議員会の決議に従って本組合の運営に当る。
第16条 役員として理事長一名、副理事長一名、会計一名、理事七名、監事二名を置く。
1．理事長、副理事長、及び会計は役員の中から互選し総会の承認をえる。2．監事は総会で選出する。3．役員は部落区長、会計、及び各団体より選出する。但し区長、会計は理事長、副理事長、及び会計にはなれない。4．各団体の役員数は次の通りとする。老人会……男子一名、女子一名。婦人会……二名。成人会……二名。青年会……二名。
第17条 本組合の行う事業と競争関係にある事業を営む者は役員になることはできない。
2．同一世帯に属する者が当該事業を営む場合も前項の規定を適用する。
第18条 役員の任期は二ヵ年とする。
第19条 理事長は本組合を代表し役員会の決定に従って業務を処理する。理事長事故ある場合は、副理事長がその職務を代行する。
第20条 監事は毎年事業年度各半期毎に本組合の業務を監査し、その結果を代議員会又は総会に報告しなければならない。
第3章　業務の執行及び会計
第21条 本組合の事業年度は毎年上半期を4月より9月まで、下半期を10月より翌年3月までとする。
第22条 本組合の剰余金は欠損を補填し、なを残金が有る場合は下記のようにこれを処分する。
1．積立金。2．出資配当金。3．利用配当金。
第23条　本組合に欠損金が有る場合は積立金を取り崩してその補填に充てる。
第24条　本組合の業務執行について必要な事項で本規約で定めるものの他は役員会でこれを定めることができる。
附　則
1．本規約は昭和58年10月30日（日）より施行する。
2．1966年7月1日より施行の規約は廃止する。

資料－3　喜如嘉共同店規約（1998 年 4 月 1 日改正）

喜如嘉共同店規約

第1条　喜如嘉区は共同店事業を行う。
第2条　共同店は区民の生活に必要な物資の供給を行うとともに、部落の健全な発展に寄与することを目的とする。
第3条　共同店の管理運営は区で行い、事務所は公民館に置く。
第4条　管理運営は役員会があたる。
第5条　役員会は各班から選任される8名と区長・会計の10名とする。
第6条　役員会の会長は区の区長がなり、書記・会計は区の会計がなる。
第7条　役員会は管理運営の状況を必要に応じて代議員会に報告すること。
第8条　役員の任期は2年とする。
第9条　会計は共同店独自の収支決算とする。
第10条　共同店の事業年度は毎年4月から翌年3月までとする。
第11条　剰余金は補助金及び積立金にあてる。
第12条　欠損がある場合には積立金を取りくずしてその補填にあてる。
第13条　重要な事項についての決定は代議員会で行い、必要とする場合は部落総会を開いて区民の総意を得るものとする。

附　則
この規約は平成10年4月1日から施工（ママ）する。
請負契約に関する規定
第1条　共同店の経営は個人に請負委託することができる。
第2条　請負受託者は区に住所を有する者でなければならない。
第3条　請負委託期間は2年とする。
第4条　請負委託は入札によるものとする。
第5条　請負受託者は保証人5名を必要とする。
第6条　請負受託者は経営権を得ると共に責任をもって経営を行い、請負金は分割して毎月区の会計へ納めるものとする。
第7条　この規定のほかに請負契約書を作成し、契約を締結する。

一九八三年規約は二年後の一九八五年四月一日に大幅に改正された。改訂された部分は以下の通りである。

1．組合員を「住所を有する者」から「住所を有する世帯または個人」に変更。

2．「代議員会」を廃止。

3．共同売店理事会は部落の「役員会の決議に従う」の「役員会」を（部落）総会[(4)]に変更（役員会の実質的廃止。）。

4．旧一六条三「役員は部落区長、会計、及び各団体より選出する。但し区長、会計は理事長、副理事長、及び会計にはなれない」を削除し、実質的に共同売店の役員を区長や会計、班長などが兼任することになる。

5．「本組合の共同店は個人に請負委託することができるが、請負受託者は本組合員でなければならない」を新規に追加。

6．旧二一条「本組合に欠損金が有る場合は積立金を取り崩してその補填に充てる」を削除。

その頃の喜如嘉は人口の減少と高齢化が急速に進んでいた。代議員会を廃止し部落役員と共同売店役員が兼任できるようにしたのは、担い手不足への対応である。その後、一九九五年二月二七日に共同売店の管理運営権を部落（区）へ委譲するようにと部落（区）から共同店組合に要請があり、同年四月二三日の組合総会で承認された。部落（区）の財政における区民負担が重く、共同売店の利益からできるだけ多くを区の予算へ回したいというのがその理由であった。その後、一九九八年四月一日に規約は大幅に改訂され、かなり簡潔なものになっている。

共同売店の経営はその時々の判断で直営になったり請負になったりしているが、共同店管理運営のための組織は、「総会、代議員会、役員会」から代議（員）会の廃止へ、そして共同店組合員の総会の廃止（部落総会で決議）へと変化している。役員も部落役員とは別に共同店の総会で決定されていたのが、区長が共同売店の役員会会長、部落（区）の会計が共同店の書記と会計を兼任するようになった。そして、重要な案件は部落総会で話し合われるようになった。これらは、過疎化と高齢化によって部落運営と共同売店の運営を別に行うだけの人材が不足したこと、そして部落の財政難、すなわち部落の自治機能の低下という危機に対して、部落が共同売店と一体となってそれに対応しているということである。そこに、現在における、喜如嘉部落の共同性を見ることもできるであろう。

大宜味村喜如嘉部落の事例はしかし、このような対応等によって経営が比較的順調に行われている共同売店であり、「一言に直接経営とか個人請負といっても、それぞれに多様な特性と複合的な過程があること」（安仁屋他、一九七九、一二三頁）という指摘の一九八〇年代以降の一つの事例である。

しかし、本稿で特に問題としたいのは、立地条件や共同売店の規模、品揃え、顧客数からして、一見して採算がとれていないだろうと予測できる共同売店である。共同売店研究と最近二〇年程の共同売店やそれを取り巻く状況の変化をふまえた上で、次はそこに注目したい。

三　共同売店を取り巻く困難と可能性

冒頭で述べたように、共同売店は、現在でも積極的に経営を行っているところと採算性に乏しいのにもかかわらず経営を続けているところに分化しているように思われる。例えば、国頭村の奥共同店（人口一九九人、六五歳以上の割合が四二・七％・（二〇〇〇年国勢調査））や安波共同店（人口二〇三人、六五歳以上の割合が二七・六％・（二〇〇〇年国勢調査））では、レジ打ち込みの際に世帯番号を入力すると自動的に累積購入金額が記録され、それに基づいた配当が現在でも続けられている。それらの積極的経営を続けている共同売店では、部落による監査制度が機能しており、棚卸し・会計監査などが厳格に行われている。また、共同売店の地域や公民館に対する貢献度もかなり高く、売り上げからの各世帯への配当のみならず、運動会やウマチー[5]などの部落行事への寄付や小学校の運動会への寄付などを行っていることが多い。一九七〇年代後半に沖縄国際大学南島文化研究所が行った調査結果と同じような状況が続いているといえよう。地域によっては、金銭を扱う分むしろ公民館より密接な関係にあるというのも同様である。

奥共同店をはじめ、これらの地域は研究者やマスコミから注目されやすい。しかし、この二〇年間に閉店した共同売店は二〇〇三年九月時点に筆者が確認しただけでも沖縄本島北部四〇店、中南部四店、宮古島一店、石垣島一店である。我々が共同売店の調査を始めた二〇〇一年以降にも沖縄本島北部で一店が閉鎖、二店が個人による経営へ移行している。ただし、共同売店の定義によって数字は異なる。例えば、個人経営への移行を、請負による共同売店経営と見るか共同売店の閉店と見るかは微妙なところである。赤字が続いていたので株の払い戻しがない場合が多いこと、店舗は部落の所有なので家賃を部落に対して払うこと、店の名前をそのまま「〇〇共同売店」とする場合が少なくないことが、共同売店の「閉店」とみなすか否かの判断が難しい原因である。ここでは、店舗自体がすでに存在しないケースと店の経営者または区長が「共同売店ではない」と明言した場合を共同売店の閉店とみなした。部落の直営ではあるが、監査役などの人材も不足しており、共同売店の監査が実際には行われていない場合もある。

1　部落のジレンマ

経営が困難であるにもかかわらず存続している共同売店の場合、ほとんどの地域において、店主や主任、売り子、区長、そして地域住民が口をそろえたように、「お年寄りが生活していくためにはどうしても必要だからやめられない」「やめてほしくない」と答える。

若い世帯であれば、週末に名護市や石垣市の市街地まで買い出しに行って安くていい品を大量に買い置きすることができる。しかし、自家用車をもたない高齢者世帯にはそれができないから、「歩いていける所にお店がないと困る」のである。

週末に子や孫が食料品や日用品を大型スーパーで大量に購入してきてくれる高齢者世帯も多い。それでも、豆腐などの買い置きができないものや、トイレットペーパー、醤油などの調味料等は切らしたその日で買いに行けないと困ってしまう。要するに都市生活者がコンビニエンスストアに求めているような身近な小売店が特に高齢者には必要なのである。毎月旧暦の一日、一五日には欠かせない仏壇への「うちゃとぅ」（お茶のお供え）のための線香は絶対に切らしてはいけないので「共同売店がなくなると本当に困る」と力説するお年寄りも少なくなかった。実際に我々が調査したほとんどの共同売店に線香（沖縄独特の平香と呼ばれるもの）、マッチ、ライターが常備されていた。また、毎日欠かさず新鮮な豆腐を食する人も多く（冷や奴で食べることが多い）、そういった人々にとって共同売店は生活していくためにはどうしても欠かせないものになっている。

そのことは部落における共通理解になっており、だからこそ、部落（区）としても、請負者に対して家賃の免除や減額などの処置をとったり、直営店においては店の売り上げに関わらず主任や売り子に対して賃金制をとっているところもある。

「共同」売店である以上、請負者や主任は誰でもよいというわけではない。特に金銭にかかわるために、部落の中でも特に信用がある者ということになる。となると、人口規模の小さい部落ほどその人材は至極限られてしまう。実際に調査でお会いした主任や店主の多くは実直な印象であった。先にあげた国頭村のA共同売店の主任のみならず多くの共同売店で「部落の人のお金を預かっている以上、一円の間違いもあってはならない」という言葉を聞いた。

2　共同売店経営者のジレンマ

ところが、共同売店を請け負ったり売店主任で給与を支給されるよりも、むしろ街に働きに出た方がずっと収入としては多いという現実がある。これも、道路交通網が整備され中核都市までの通勤が容易になったことによる。

生活と密着している分だけ住民からの要望は絶えない。調査した共同売店のうち最も多かったのが営業時間が午前七時から午後七〜九時までであった。年中無休、あるいは休店日は旧盆と正月の後一日のみというケースもある。それを小さな売店では一人で、比較的大きな共同売店でも店主と売り子二人（計三人）でやっている場合が多い。売り子をパートタイムで雇用できる場合はともかく、店主ひとりでやっている売店は客がまばらとはいえ、ほとんど一日中、そして年中売店にいることになる。また、小さな売店ほど、開店前や閉店後に自宅に来られて「〇〇がほしいから開けてくれ」ということが少なくないという。所用で店を閉めた時の苦情も多い。

このように、共同売店を引き受けるということはその個人や家族がかなりの負担を強いられるのである。従って、請負の場合は請負者が、直営の場合は主任のなり手がいないという問題が生じてくる。主任の選出は、多くの場合規約上選挙で選ばれることになっている所がほとんどで、請負の場合は入札ということになっている。しかし、実際には国頭村のA共同売店のように次の主任が見つからないので三期六年も主任を続けた後も（形式上は主任を終えたのにもかかわらず）実際には続行しているというケースもある。また、大宜味村B共同売店（請負）の場合、実際には家賃は免除されているが、それでも純益がほとんどないために、早く店をやめたいのだけれど、「あんたがやめると年寄りが困る」と言われてしまい、続けざるを得ないという。旧久志村のC共同売店は経営的にも大きな問題はなかったものの店主が病気で倒れたために暫く閉店していたが、結局後継者が見つからず、店舗を隣部落の人に貸して「共同売店」としての経営はやめてしまった。

さらに、共同売店は、「共同」であるがゆえに規約等に基づいて経営を行わなければならないのは当然である。経営が芳しくない場合は規約の存在が無視されることもあるが、それでも、なんらかの制約を受けることは確かであろう。

請負の場合は請負契約書で経営方法についても細かく定められていることが多い。例えば、東村慶佐次（人口一五〇人、六五歳以上の割合が一九・三％・（二〇〇〇年国勢調査））の共同売店請負

契約書では、

一〇、店の開閉時間、四月から一〇月は、午前七時より午後九時半まで、一一月から三月は、午前七時半より午後八時まで。

一一、休日は、月二回とする。ただし、二日前にはは り紙して通知すること。

（東村史、一九八四、二五七頁）

と明記されており、ほとんどの共同売店が同様である。また、同じく東村平良協同組合本店請負契約書では、

四、開店閉店期間は自四月一日至一一月三〇日開店七時閉店午後九時、自一二月一日至三月三一日開店七時閉店午後八時。

五、商品の値段（小売価格）は理事会の勧告によるものとする。

一一、その他この定めにない事項については双方合議して決める。

（東村史、一九八四、二五九―二六〇頁）

と決められている。

その他多くの請負共同売店では同じような規約ないし契約があり、開店閉店の時間から商品の値段の決定方法までが定められ、それ以外のことも共同売店の理事会あるいは部落の三役等に相談しなければならない。それらは共同売店の収益が高く入札希望者が多いという前提で作成されており、小売店独占による価格の上昇をおさえ、あくまで利用者のための機関として位置づけられている。

しかし、上記東村の共同売店のように、経営が好調である時はその規約はうまく機能するものの、採算割れが恒常化しつつある中、もし共同売店の主任ないし請負者が経営に関する独自のアイディアと意欲を持っている場合、規約そのものや、規約に記されている理事会等の承認などが足かせになる場合もある。

石垣市D地区には共同売店が二店あったが、二〇〇一年の五月に一店が閉鎖し、現在では一店のみになってしまった。閉店した店舗は一戸建てコンクリート製の平屋で約二〇坪、開店時の商品が陳列されたままの状態で閉鎖中である。現在同じ地域で食堂を営んでいる最後の店主（請負者）は、「売り上げを伸ばそうと色々アイディアを出したが、いちいち理事会の承認を得なくてはいけないので、後はやる気をなくしてやめた。」と語る。その後引き受ける者もなく、多くの在庫を残したままで閉店してしまった。

国頭村のG共同売店は郊外型のコンビニエンスストアほどの広さと清潔感がある一見経営的にも問題がなさそうな店舗である。人口は調査を行った二〇〇一年で三七九人、世帯数二〇〇（住民台帳人口）、高齢者は二〇〇〇年国勢調査で六五歳以上が六五人、一七・〇％である。二〇〇〇年の売店主任選出選挙の結果、A氏が引き続き選出されたが、固辞したために実家が魚屋をしているBさんが実家の手伝いをしながらできそうだということで引き受けた。

共同売店は部落の直営でほとんどの人が株主、理事会は区長を含む八人、部落役員とほぼ同じメンバーである。監査は区長を含め四～五人、主任選挙は毎年行っている。主任手当があるのだが、様々な制約を受けるし現金を扱い監査も厳しいのでなり手はなかなかいない。電気代だけで月約一〇万円。一日五万円以上の売り上げで採算が取れるのだが、二〇〇〇年一二月は一日平均約3万円、二〇〇一年一月約四万円、二月約六万円、二〇〇〇年度は約二〇〇万円の赤字。さらに共同売店のみで使える商品券を配当として半年でトータル一〇万円分発行しなければならならず、赤字の上にこの商品券はかなり負担であり、理事会へ廃止を求めているが聞き入れてもらえない。

午前中は売り子を雇い、午後は主任と高校生の娘で共同売店をみているが、娘には「部落のお金だから1円でも足りなかったらたいへんよ」と、いつも言い聞かせている。しかし、理事は人件費を減らせとか、組合員からの様々な苦情を伝えに来る。売り上げを伸ばす努力を試みてみるが、細かなことを理事が指示するので思うように動けない。それがとても窮屈だという。

このように、かつて部落の人々の便宜性を第一に考えられた共同売店の「共同」性が、店主の自主性を阻むという意味で、むしろ足かせになっている場合も見られる。

3　共同売店利用者のジレンマ

さて、採算が厳しいと思われる共同売店で聞き取りを始め、だいぶうち解けてくると「あんたがやめたら困る」と言いながらも「部落の人はなかなか買ってくれない」という愚痴になってくることがある。品揃えが少ないとはいえ、共同売店にある物ですら大型スーパーで買ってくると言うのだ。

しかし、購買者の側からすれば大型スーパーに比べ二割から三割増しの値段で、しかも欲しいときに欲しい物がない共同売店は、調味料を切らした時やジュース、コーラ、ビール、泡盛やそのつまみを「ちょっと買いに行く」時は便利だが、それ以外は利用し辛い。食料や日用品のほとんどを共同売店から購入している高齢者以外は、実際には共同売店をコンビニエンスストアのように利用しているに過ぎないからである。当然、近くにコンビニエンスストアができれば、そこを利用する頻度が増えることになる。

従って、高くて品揃えが悪い→売り上げが落ちる→ますます品揃えが悪くなる、といった悪循環に陥りやがては閉店ということになる。このままでは、共同売店がなくなってしまう、という危機意識は利用者の方もあり、近郊都市の大型スーパーに買い物に行くとき等は後ろめたさを伴うようである。要するに、利用者の方も、少しでも安くて良い食材や日用品を購入しなければならない生活の事情と、部落の特にお年寄りのために共同売店はなくしてはならないという思いの間で揺らいでいるのである。

4　共同売店の可能性

さて、共同売店は中核都市から遠い一部の地域を除いて、その役割を終えて消えていく運命にあるのだろうか。

経営が苦しい共同売店経営者の話を聞いていると、「買ってくれない」という愚痴の後にはほぼ必ず「皆のため、特にお年寄りの役に立っているというやりがいはある」と話す。それは、よそ者に余計なことまで話し過ぎたというバランス感覚や様々な配慮があるのだろうが、来客への対応その他から、決して建前ではないと推測される。

人口一三五人、六五歳以上人口一八・五％（二〇〇〇年国勢調査）の大宜味村E部落の共同売店は請負制で開店時間は午前七時半から午後八時まで。しかし、朝は若い人が煙草を買いに来るくらい、その後一〇時半頃まではほとんど客はなく、お昼頃にお年寄りが豆腐を買いに来るが、豆腐は隔日入荷である。その後午後二時まで来客はなし、四～六時頃に仕事帰りの人が夕食の材料の不足分やビールを買いに来る程度である。それ以外はお年寄りが「トイレットペーパーがなくなった」と駆け込んで来る程度だという。それでも店主は「一人暮らしのお年寄りへの奉仕みたいなもの」と笑う。お年寄りのためには各部落に一店は売店が必要だから、役に立っているという実感はあるという。

大宜味村F部落は人口二〇三人、六五歳以上人口の割合が三七・九％（二〇〇〇年国勢調査）、共同売店の理事長の手当は月五千円、売り子には月給で支払っているが、「最低賃金が守られているかわからない程度」だと理事長は語る。大正一五年生まれの二人のおばあさんたちは、毎日欠かさず豆腐を買いに来る。その他昼食の材料や仏壇のお供え用に泡盛をよく買うが、一回の買い物に要する時間は早くて三〇分、時には一時間以上も共同売店で「ユンタク」(おしゃべり)をしていくという。「共同売店がなくなったら買い物ができない」「ユンタクしに来るようなもの」と話す。

同じく大宜味村H部落は人口二七六人、六五歳以上人口の割合が三二・二%(二〇〇〇年国勢調査)。請負制で共同売店を経営している。以前は部落内各班の代表が理事をやっていたが手当を払えなくなり理事会は廃止、理事長だけが無報酬でやっている。調査を行っている間、共同売店の前のベンチにお年寄り数人が集まって「ユンタク」をしていた。そのうち近くの老人ホームからディサービスのお迎えの車が来た。気軽に集まれるのは公民館よりも共同売店の方だという。

多くの共同売店の前にはベンチやテーブルがあり、お年寄り達が「ユンタク」をしている。安仁屋他の沖縄国際大学南島文化研究所のチームの一九七九年の報告にもあるように、共同売店は経済的機能ばかりでなく、いわゆる広義の「福祉的」機能をも担っているといえよう。特に最近公民館がコンクリートで立派な建物になることによって気軽に立ち寄りにくくなっている一方で、(部落によって程度の差は大きいものの)共同売店は食品・飲料品や日用品の購入という日常生活には欠かせない場であるために、人々は気軽に集まり情報交換し交流を深める。

大宜味村のI部落は人口九五人、六五歳以上三一・六%の小さな集落である。そこの共同売店は請負制で家賃を部落に支払っている。希望者がいないので入札は行っていない。そこで店をまかされている女性（形式上は夫が共同売店請負者）は「儲からないけど、ここに座っているだけで毎日誰かが買い物ついでにユンタクしに来てくれる。私にとってはユンタクが生き甲斐みたいなものだから」と話してくれた。経営的には採算性に乏しい共同売店がなぜ存続しているのか、それを解く鍵の一つはそこにありそうである。

伊是名村J共同売店では、海でアーサ（青海苔）を取ってきたおばあさんが、共同売店の冷蔵庫に保管して売ってもらうこと（要するに委託販売）を、ごく気軽に「日常の付き合い」という感覚で行っていた。契約書があるわけではなく、「置いていくね」「この前の売れた分のお金渡そうね」といった会話が交わされる。おばあさんはそのお金を小遣いにしているという。もちろん、アーサを持ってきた時は若い売り子としばらく「ユンタク」をしていた。東村K共同売店でもアタイグァー（自宅傍の小さな自給用畑）でとれた野菜の委託販売をしている。このように、共同売店は購買だけでなく、わずかながらもお年寄りの収益の場としても活用されている。

すなわち、共同売店は、高齢者の生活における購買（消費）の場だけではなく、交流（人との繋がり）の場でもある。

共同売店に関係する様々な立場の人々のジレンマは、共同売店が単なる「部落にある小売店」ではなく、部落の「共同」売店であるということ、すなわち、部落のみんなでつくり運営しているという意識からきている。とするならば、そのジレンマは同時にその可能性と表裏一体だということができよう。「共同」＝部落みんなのものだからこそ、そこはユンタクの場＝交流、情報交換の場となり、売り手も買い手も、採算性とは別のところに生きがいを感じることができるのである。

一方、二〇〇一年国頭、大宜味、東村の共同売店や商工会関係者らが会合を開き、商品の低価格化を実現するために、三村や名護市の一部を含めた共同売店が合同で仕入れ等を行うことの検討を始めた。二〇〇四年三月には、商品の単価を抑える共同仕入れ事業推進に向けた委員会の設立がその会で承認され、三村の共同売店が大手流通会社と契約して、商品を保管所で一時管理し、新しく設立する運送機関が各共同売店に商品を卸すという案が検討された（沖縄タイムス、二〇〇一年七月三〇日朝刊および二〇〇四年三月三〇日朝刊）。これらの動きは、これまですべてを部落内部で解決しようとしてきた共同売店が、部落の枠組みを越えて状況に対応しようとする試みだといえよう。また、他の共同売店と提携してまでも何とか共同売店を残していこうとする人々の意識の現れだとも言える。共同売店が部落の枠組みを越えることができるのか、その場合、共同売店はどのように変化していくのか、注目に値する動きであろう。

四　結語

共同売店は部落の人々が自らの手で作り上げ自らの努力によって維持させてきたものである。だからこそ人々は経営が成り立たなくなれば即閉店するといった行動をとることなく、都市化と共同体維持の欲求との間で揺れ動くのである。

そして、共同売店は沖縄村落における、モノ（商品）を介した売店経営者と利用者、あるいは利用者同士のコミュニケーションの場であり、結節点である。そこで織りなされる人間関係や人々のなにげない言葉の中に、村落がおかれた現在が象徴されている。経営的に困難な共同売店がなぜ存続しているのかという問いをたて、そういった共同売店を巡る人々の行動や言葉そのものに注目することによって、道路網の整備等によって生活スタイルが都市化していく中でも相互扶助的機能を中心とした村落の共同性を残していきたいという部落の人々の思いや揺らぎをある程度描くことができたのではないだろうか。

部落の人々の揺らぎに注目する方法は、確かに村落の現在の全体像を把握するには難があるだろう。しかし、市町村合併が急速に進む中において、地域住民への生活支援をどのように行っていくかという地域政策、すなわち、村落で生活する人々が安心して暮らしていくためにはどうすればよいのかを考える際に、部落の人々のその「揺らぎ」に注目することは重要だと考える。そのことによって、例えばいわゆる「箱物」といわれるような、行政から与えられるものではなく、自らが主体的に作り上げていくものとしての地域政策を展開していくことができるのではないだろうか。

「年寄りが、自分の村で人生を全うできることが、農村が存続する第一条件である」（徳野、二〇〇一、五四頁）と考えると、共同売店の存続は村落の存続そのものの問題であるといえよう。共同売店は、高齢者の経済的・精神的生活サポートを行う機関として、事実上、そういう機能を果たしている。過疎化高齢化が進んでいる村落において、一人暮らし高齢者の健康管理・コミュニケーション、生き甲斐対策、相談事業の展開など、より具体的な住民への社会福祉サービスは、公民館とは違った意味で、共同売店を核にすることによって新たな展開が可能となるだろう。

注

(1) 沖縄に地主制が全く存在しなかったのではない。波平(一九九九)参照。

(2) 沖縄では一つの村落、集落を部落、字、シマなどと言うが、本論では最も多く使用されている部落という表現を主に用いた。

(3) 戦後琉球政府の政策で、「公民館」数を増やすために、戦前の村屋(ムラヤー)など部落の自治組織、区長や会計等が常務する建物を「公民館」と称した。そのために現在でも多くの人が「公民館」は部落(字)事務所のことだと理解しており、市町村の中央公民館を除いて、公民館が社会教育施設であるとは認識していない。ただし、実際には、部落の公民館でも社会教育事業は行われている。安仁屋他一九七九、一九八三、においても公民館=部落事務所として記述されている。そういった公民館を「自治公民館」「部落(村落)公民館」と表現する場合もあるが、本論でも特に断りがない限り公民館は部落事務所のことである。

(4) 喜如嘉の場合、区にとって重要なことは代議委員会で決定される。その構成は各班(一班~八班)から二~三人、老人会、成人会、婦人会、青年会、共同組合から各一名、村会議員、各班長である。また、区長の諮問機関として総務委員会(老人会長、成人会長、婦人会長、青年会長、村会議員、予算編成委員(三人から構成)

があり、総会は特に重要な案件がない限り定例で行われることはない。その他、予算編成委員三人、監査委員三人を代議員の中から選任している。

(5)「ウマチー」=お祭り。稲や麦に関わる行事で、二・三・五・六月に行われる。

参考・引用文献

安仁屋政昭、一九八〇、共同店資料、地域研究シリーズNo1. 与論・国頭調査報告書、沖縄国際大学南島文化研究所、一六五—二〇五

安仁屋政昭・玉城隆雄・堂前亮平、一九七九、共同店と村落共同体—沖縄本島北部農村地域の事例（一）—、南島文化創刊号、沖縄国際大学南島文化研究所、四七—一八六

安仁屋政昭・玉城隆雄・堂前亮平、一九八三、共同店と村落共同体、南島文化五、沖縄国際大学南島文化研究所、一六五—二二九

宜野座村誌編集員会、一九九一、宜野座村誌

東村史編集委員会、一九八四、東村史第三巻資料編二

川本彰、一九七六、〝むら〟づくりの伝統の上に茶の主産地を確立—沖縄県国頭郡奥区、新しい農村一九七六、朝日新聞社、四五—七五

喜如嘉誌編集委員会、一九九六、喜如嘉誌、喜如嘉誌刊行会

北原淳・安和守茂、二〇〇一、沖縄の家・門中・村落、第一書房

北爪真佐夫、二〇〇〇、沖縄における村落（字）と共同店、新妻・内田編、都市・農村関係の地域社会論、六八—八八
国頭村役場、一九六七、国頭村史
松原治郎、一九七六、沖縄農村の社会学的研究、沖縄—自然・文化・社会、九学会連合沖縄調査委員会、弘文堂、五五三—五五七
名護市史編さん委員会、二〇〇二、名護市史・本編七　社会と文化
波平勇夫、一九九九、近代初期南島の地主層：近代への移行期研究、第一書房
沖縄大百科事典刊行事務局、一九八三、沖縄大百科上巻、沖縄タイムス社
玉野井芳郎、一九八三、地域主義、沖縄大百科中巻、沖縄タイムス社、七四四
玉野井芳郎・金城一雄、一九七八、共同体の経済組織に関する一考察—沖縄県国頭村奥区の「共同店」を事例として—、商経論集第七巻第一号、沖縄国際大学商経学部、一—二四
徳野貞雄、二〇〇一、農村社会の持続と定年農業、農業と経済六七巻一二号、昭和堂、四八—六一
戸谷修、一九七六、沖縄農村の生産構造、沖縄—自然・文化・社会、九学会連合沖縄調査委員会、弘文堂、五五八—五六七
山本英治、高橋明善、蓮見音彦編、一九九五、沖縄の都市と農村、東京大学出版会
与那国暹、一九七六ａ、東風平村与那城の場合三　与那城の村落構造—門中と組—、沖縄—自然・文化・社会、九学会連合沖縄調査委員会、弘文堂、五八九—六〇四、

与那国暹、一九七六b、沖縄村落の社会的特質、沖縄―自然・文化・社会、九学会連合沖縄調査委員会、弘文堂、五六八―五七四

〔付記〕

本稿は村落社会研究学会第五一回での報告に加筆修正したものであり、沖縄大学地域研究所地域社会班として五人で行った「共同売店の総合調査」の一部である。共同売店の調査に関しては多く関係者にお世話になった。感謝の意を表したい。

沖縄本島北部の共同売店の立地と経営形態の変化

―国頭村・大宜味村・東村を事例として―

小川　護

一　はじめに

沖縄本島農村集落には「共同店」、「共同売店」と呼ばれる商店が立地している。これらの店舗はおよそ一集落を単位として構成され、字における住民出資によって運営されているという特性をもつのである。これまで、共同店、共同売店に関する諸研究は、経済学の立場から平恒次、持田紀治、社会学の視点を中心に共同売店の歴史と現状について論究した玉野井芳郎・金城一雄の論考、地理学的分析として村落共同体との関連から共同店の立地と形成過程について考察した堂前亮平の一連の研究、同様に社会学の立場から村落共同体と共同店の意義について分析した宮城能彦らの研究があげられる。その他、宮城栄昌は国頭村における全共同店について悉皆《しっかい》調査を行い、池野茂はヤンバル船と共同店の立地関係についてまとめている。

これまでみてきたような主な共同店における諸研究の中でも沖縄全体における共同店については、

村落共同体と関連づけて総合調査として前掲の堂前ほか安仁屋政昭、玉城隆雄らの共同研究があげられる。この研究によって沖縄における共同店の地域特性が明らかになった。

だがこれらの研究は一九七八年前後の調査であり、二〇〇七年を迎えた現在、すでに二九年の年月がたち、当時と比較して沖縄本島だけをとってみても、社会資本の整備がすすみ、那覇と本島各地との自動車交通の利便性は大いに発展した。さらに社会、経済的条件についてみると、本島北部地域における農村地域の高齢化と若年層を中心とする本島中南部地域への人口流失、これに伴う過疎化、さらには大型ショッピングセンターやコンビニエンスストアーの立地など、一九七八年当時と比較して共同売店を取り巻く環境も変容した。そこで本研究は前掲の堂前、安仁屋政昭、玉城隆雄らの共同研究の先行研究を基礎として、本土復帰六年を迎えた一九七八年当時と比較して二〇〇七年時における共同店の立地とそれらの経営形態の変化について考察することを目的とした。

対象地域は、前掲の論文で取り扱われた本島北部の国頭村、大宜味村、東村、旧久志村（現名護市）の地域のうち、今日も共同売店が多数残る国頭村、大宜味村、東村を調査対象地域とした。なお調査方法は、共同売店の現地における聞き取り調査を中心に文献資料なども併用して考察を進めた。

二　本島北部における共同売店分布の変化

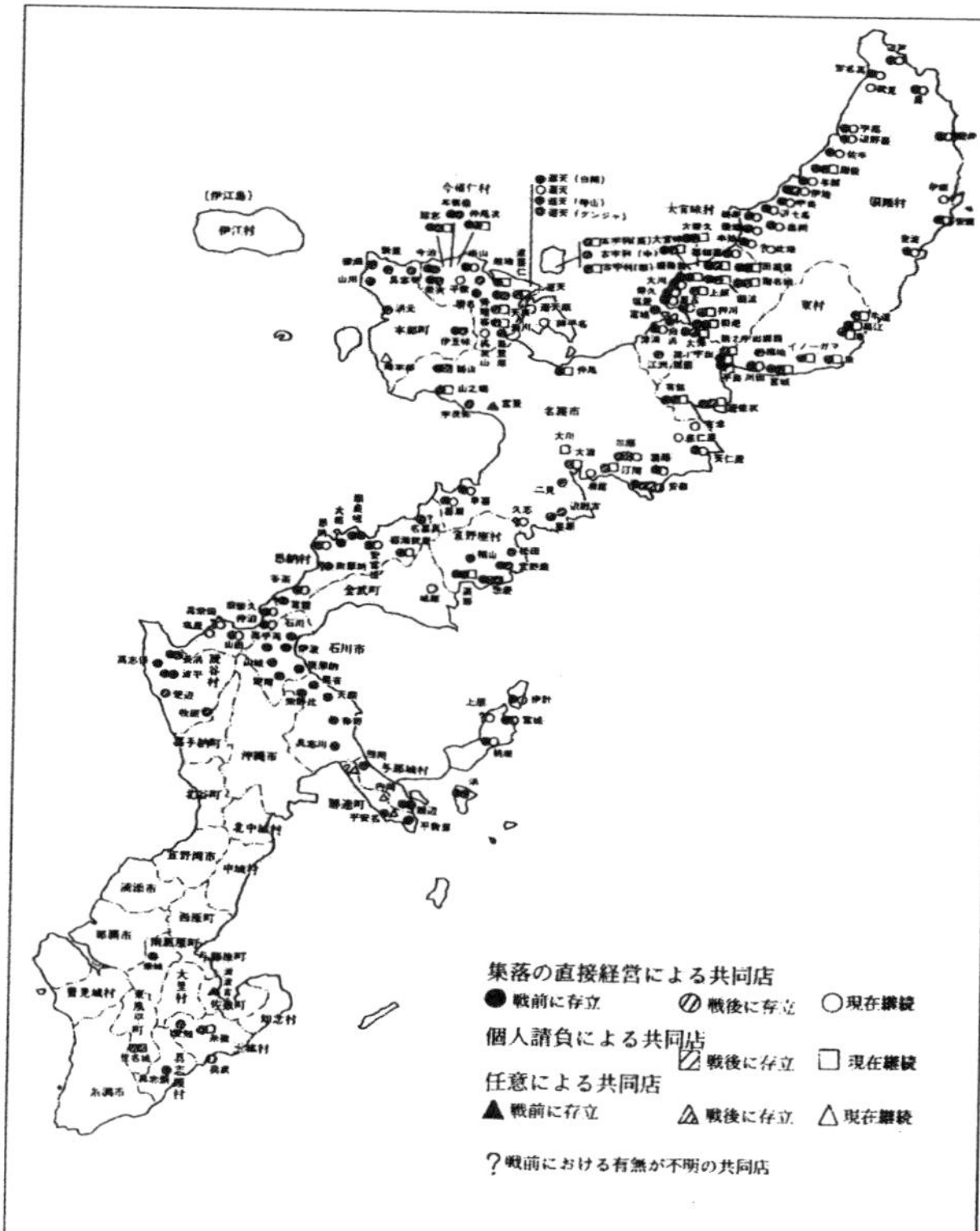

図1　沖縄県における共同売店の分布（1983年）
（資料：堂前亮平（1997）『沖縄の都市空間』136pによる）.

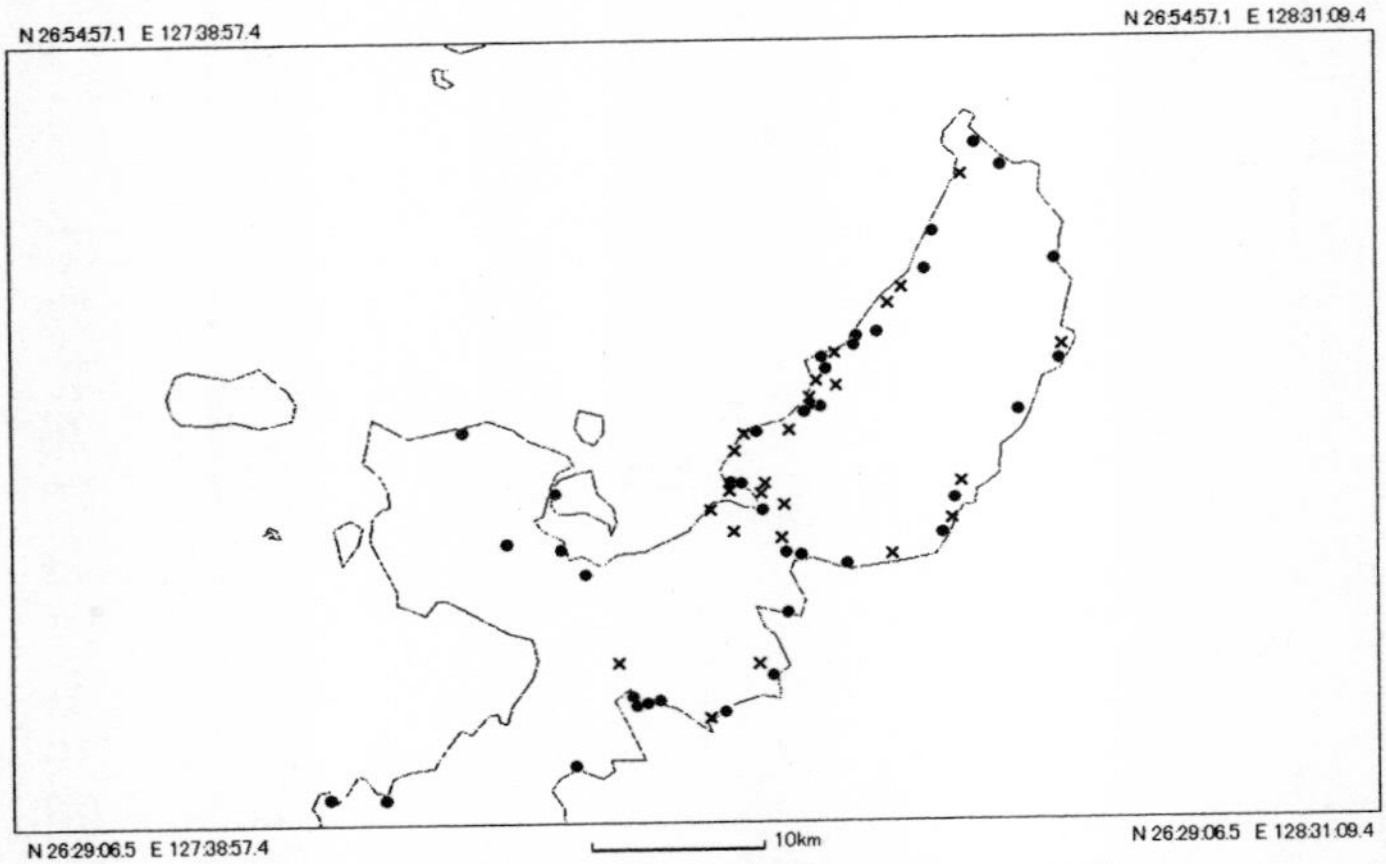

図 2　本島北部地域における共同売店の分布図（2007 年）
●は現在も経営が続いている共同売店，×は現在調査を行ったが経営していない共同売店
（資料：ＮＴＴタウンページ）．

表 1　2007 年現在の共同売店の店舗数

経営形態	西海岸側	東海岸側
字 経 営	10店舗	7店舗
個人経営	12店舗	9店舗
計	22店舗	16店舗

（資料：現地調査による）．

表 2　本島北部市町村別共同売店の店舗数（2007 年）

市町村名	字・個人経営	個人経営	合　計
国 頭 村	7店舗	5店舗	12店舗
大宜味村	3店舗	4店舗	7店舗
東　　村	3店舗	3店舗	6店舗
名 護 市	なし	10店舗	10店舗
今帰仁村	1店舗	なし	1店舗
恩 納 村	2店舗	なし	2店舗

（資料：現地調査による）．

まず最初に、一九七八年（図1）と今回調査した二〇〇七年における店舗数の変化についてみてみる。二〇〇七年現在の共同売店の分布は西海岸二二店舗に対し東側一六店舗となっており、西海岸に存在している店舗の方が多い（表1、図2）。

その中で経営形態の区別をみると西海岸側では、個人経営一二店舗、字・区経営一〇店舗となっている。

東海岸側の個人経営は九店舗、字経営は七店舗となっており、若干、個人経営（個人委託経営も含める）が多いようである。

さらに、表2に示したように市町村別に共同売店の分布についてみると、国頭村において共同売店は一二店舗存在し、字経営の店舗は七店舗、個人経営の店舗は五店舗となる。国頭村は個人店舗よりも字・部落経営の店舗の方が多く存在している。大宜味村は、合計七店舗存在し、字・部落経営の店舗は三店舗、個人経営の店舗は四店舗となる。大宜味村の経営形態は字、個人経営とも店舗数的には違いは無い。東村では、合計六店舗存在し、字・部落経営の店舗は三店舗、個人経営の店舗は三店舗となる。東村も店舗数的には違いは無い。名護市は、合計一〇店舗存在し、その中でも字経営の店舗は存在せず、一〇店舗すべて個人経営の店舗である。今帰仁村は合計一店舗存在し、字経営の店舗が一店舗、個人経営の店舗は存在しない。恩納村は合計二店舗存在し、二店舗すべてが字経営店舗である。

一九七八年〜二〇〇七年までの二九年間に減少した共同売店数の変化を本島西海岸、東海岸別にみると、本島西海岸では、字経営が八店舗、個人経営が九店舗、合計で一七店舗減少した。東海岸側では、字経営が三店舗、個人経営四店舗、合計七店舗の減少が認められた。すなわち、一九七八年次と比較して二〇〇七年において廃業した店舗数は二四店舗となる（表3）。さらに北部の市町村別にみると、国頭村では、字経営の共同売店が七店舗、個人経営の店舗が一店舗減少している。大宜

表3　1978～2007年に減少した共同売店
（本島北部，西海岸・東海岸）

経営形態	西海岸側	東海岸側
字経営	8店舗	3店舗
個人経営	9店舗	4店舗
計	17店舗	7店舗

（資料：現地調査による）.

表4　1978～2007年に減少した共同売店
（本島北部，市・村別）

市町村名	字・部落経営	個人経営
国頭村	7店舗	1店舗
大宜味村	2店舗	7店舗
東　村	なし	4店舗
名護市	1店舗	2店舗

（資料：現地調査による）.

表5　国頭村，大宜味村，東村における共同売店の特性（2007年）[2]

共同売店	市町村	経営	従業員	相続（年）	配当	経済機能	売上/月	福祉
奥共同売店	国頭	字	4	1	なし	味噌、茶、委宅販売	583万円	なし
楚州共同店	国頭	字・区	2	2	なし	地域特産物委託販売	30～40万円	なし
安田共同店	国頭	字	3	2	なし	地域特産物委託販売	?	行事物品提供
安波共同店	国頭	区	1	2	年60%	農産物、猪豚肉販売	300万円	行事飲物提供
辺土共同店	国頭	個人	2	なし	なし	地域特産物委託販売	200万円	なし
宇嘉共同スーパー	国頭	字	2	なし	なし	地域生産果物販売	120万円	物品提供
辺野喜共同店	国頭	個人	2	なし	なし	とくになし	250万円	なし
与那共同売店	国頭	字	2	2	貯蓄	とくになし	120万円	香典集め
伊地共同店	国頭	字	2	2	なし	茶、島米を販売	150万円	行事、寄付
宇良共同店	国頭	個人	2	なし	2.5万	喫茶店経営	100万円	なし
奥間共同店	国頭	字	1	2	なし	地域特産物委託販売	316万円	なし
桃原共同店	国頭	個人	2	なし	なし	シークワーサ委託販売	?	行事飲物提供
田嘉里共同売店	大宜味	個人委託	2	なし	1万円	地域特産物委託販売	50万円	寄付金
謝名城共同売店	大宜味	売店組合	2	なし	積立	椎茸の佃煮	?	豊年祭飲物
喜如嘉共同店	大宜味	字	5	2	入札者	農産物委託販売	?	行事飲物提供
大兼久共同売店	大宜味	字	2	なし	なし	農産物委託販売	100万円	行事、寄付
大川共同店	大宜味	字	2	5	なし	農産物委託販売	?	行事、寄付
屋古売店	大宜味	字	2	なし	なし	農産物委託販売	30万円	行事、寄付
大保共同売店	大宜味	個人	2	なし	なし	農産物委託販売	70万円	字に月1万円
宮城共同組合魚泊支店	大宜味	個人委託	2	なし	なし	とくになし	120万円	字に月5000円
宮城共同組合本店	大宜味	個人	4	なし	なし	自家生産パイン、魚類	60万円	行事飲物提供
高江共同組合	東	字	2	2	なし	地元パイン委託販売	?	葬儀・ジューシー
平良共同売店（支店）	東	字	1	なし	なし	農産物委託販売	60～90万円	行事、寄付
宇出那覇共同売店	東	字	2	なし	1万円	農産物委託販売	30万円	行事物品提供
慶佐次共同売店	東	字・組合	5	なし	商品券	地域特産物委託販売	400万円	なし

（資料：現地調査による）.

味村は、字経営の共同売店が二店舗、個人経営の店舗が七店舗減少している。東村は、字経営の店舗の数は変化が無く、個人経営店舗が四店舗減少している。名護市は、字経営が一店舗、個人経営店舗が二店舗減少している。

次に今回の調査における共同売店の経営形態についてみてみる。今回の調査では国頭村、大宜味村、東村、三村の共同売店をケーススタディとして聞き取り調査を行い二五店舗から回答を得ることが出来た（表5）。なお、今回の調査では国頭村では、宜名真共同店、佐手スーパー、浜共同店、鏡地共同店の四店舗、東村において、有銘共同組合、川田区売店の二店舗の合計六店舗が長期閉店であったり、店舗の都合により聞き取り調査は実施できなかった。

三　本島北部における共同売店

この章では、一九七八年と二〇〇七年における本島北部の共同売店の経営、福祉的機能および交通体系や個人店（コンビニエンスストアー）の進出による共同売店への影響に関して、国頭村、大宜味村、東村の二五の店舗について報告する。なお、調査項目は共同売店の経営形態（字経営・個人委託）、現在の「共同売店」の経営状況、従業員数・利益の配当、理事会、購買機能、金銭・物品の援助、香典、マイクを使う広報活動、奨学金の有無、バス、地元住民の生活・意識の変化、交通体系の変化がもたらしている影響、売店をやった背景、相続問題、大型スーパー進出の影響などである。また、共同売店成立において歴史的文献のある店舗については、店舗創立当初の歴史的過についても概観した。なお、一九七八年当時どの集落の共同売店でもみられた電話の取り次ぎ業務は今日、携帯電話の発達によって行われなくなったので、この章ではあえて触れていない。

1　奥共同売店

奥共同売店は一九〇六年(明治三九)に糸満盛邦氏によって創設された。一九〇九年(明治四二年)に、銀行からの六〇〇〇円の借入金を返済し、融通資本一五〇〇円、宅地、建物三〇〇円、山原船三隻一二〇〇円、純資本数千円の店に発展した。そして一九一三年(大正二)には沖縄では広く産業組合運動が行われ、奥共同売店は「営業税免除」という県側の説明に魅力を感じて一九一三年(大正三)に無限責任販売購買信用組合に転換した。

だがその転換は金銭換用の切符を発行したこと、組織変更に際して精算剰余金を村民に分配したこと、部落に動揺を来したことなどによってその利益の増大は望むところであったがまもなく運営がうまくいかず倒産した。

この事態を打開を目的として上原直勝氏が中心となり、販売面では消費物資に、購買面では買い取った林産物や農産物の外部への搬出売却に経営の立て直しを行った。

また信用面では信用授受の業務、余裕金の投資、預金及び貸し付けに従事した。このほかに製茶、精米、酒造電灯業を行い再び共同店を復活させた。なかでも茶の栽培と製造は県内一の生産量を有していた。

その経営における特性を一九七八年と二〇〇七年を比較してみると、経営者は一九七八年時は字経営で、二一人よりなる区議会が経営を管理し、直接には主任、番頭三名、顧問三名、区長で運営しており、その形態は二〇〇七年次も変わっていない。従業員数は一九七八年には主任一名と店員四名であったが二〇〇七年には店員が三名となっている。売上げについてみると最盛期の一九七九年には一億一千万円の売上を有していたが、二〇〇七には年間七〇〇〇万円で月平均五三八万円となり、最盛期と比較して三六％の減収になっている。

ちなみに利益の配当については、一九七八年には決算年三回、株配当（個人配当だが年齢、在、不在を区分）を字費へ繰り入れ年間一〇〇万円有していたが、二〇〇七年には利益があがらず利益配当はみられない。経済機能としては、一九七八年には購買、茶の集出荷（形式上茶業組合として分離）、福祉機能として育英と病気の時の貸し付け、香典、電話取り次ぎ、共同バス運営などを実施していた。二〇〇七年現在、経済機能として区のグループで生産した味噌、茶、個人が持ち込んだものの委託販売が中心となり、福扯的機能としては香典と共同バス運営のみで、経済、福祉的機能とも縮小の傾向にある。

マイクを使用した広報活動は区長、会計の方で実施しており、一九七八年時と変わらない。資本金については、一九七八年には人口株、字基本金、部落在籍者、奥集落出身者で他の地域に居住する者も同じ負担を担っていた。二〇〇七年においてその規程はあいまいになってきている。当共同売店の相続は字の選挙による一年交代となっている。最近の傾向として、若い世代の人が自動車で名護方面のコンビニ、大型スーパーに出て行くため、客層も自動車を所有しない地域住民の高齢化の傾向があげられる。奥共同売店は二〇〇六年に設立一〇〇周年を迎え、奥共同売店の存在意義の再認識が進むと同時に、奥集落は沖縄県のふるさと百選[(1)]にも二〇〇三年に認定され、外部からの集客も見込めるようになった。

2 楚洲《そす》共同店

設立は一九一四年(大正三)である。経営形態は字・区経営で変化はない。理事会は区の役員が兼務している。一九七八年時では、決算年二回で利益配当を行っていたが、現在では配当を行っていない。そのため諸行事への物品や金銭の援助は少なくなっている。売り上げは月約三〇~四〇万円程度である。経営が赤字の場合には、区が補助を行っている。福扯機能として共同バスは現在でも継続中である。マイク広報は字・区の行事のお知らせ、停電、断水の連絡に活用されている。共同売店の相続は二年に一回字で選挙を実施して決める。利用者の変化をみると、自動車所有者の増加によって、住民の多くが名護市の大型スーパーへ主な買い物を済ませるため、一九七八年当時と比較して大量に買い物をしなくなった。そのため利用者の大半が五〇~八〇歳前後の自動車を所有しない地元住民である。また最近の傾向として、中南部の住民や観光客が休日にヤンバル方面に訪れるついでに楚洲共同店を利用するため、とくに地域特座物の販売に力を入れている。

3　安田協同店

設立は一九一六年（大正五）である。経営者は一九七八年当時は字経営で組合長（代表）、理事長と理事若干名も理事を務めていた。基本的には二〇〇七年現在も同じである。従業員は一九七八年当時は組合長、店員四名、バス部一名であったが、現在は主任一名、パート二名となっている。利益配当は一九七八年時には、決算年二回、一律配当で原則として字に還元されたが、現在は行われていない。そのため字の諸団体に対する物品・金銭の援助も一九七八年にみられた字・区への諸行事への出資も今日では大幅に縮小され、協賛として商品、金銭による若干の援助となっている。

購買機能としては地元で生産された野菜類、魚介類の販売を行っている。福祉機能としては、バス部門は廃止され、香典、育英資金の援助も廃止された。マイクを使った広報活動は公民館が実施しているため、当共同売店では今日実施していない。他の共同売店同様にモータリゼーションの影響は大きく当共同売店の利用客は子供や高齢者が中心である。なお、相続は字で実施される二年ごとの入札で決める。

4　安波共同店

設立は一九二一年（大正一〇）である。経営は一九七八年にみられた区の直営で組合長（主任）、理事二名、監事（区長）戸主会で二年に一回の選挙で選出する経営形態で変わっていない。従業員は一九七八年には主任、店員二名であったが今日では主任一名である。資本金は当地に本籍を有する住民の人口株、字共有金でスタートした。現在の資本金は不明である。経済機能としては、とくに現在地元住民の生産した農産物の委託販売、猪豚の肉販売に主力をおいている。利益配当は一九七八年には決算年二回で株配当であったが、現在はバーコード売り上げ管理で、利益配当は純利益の六〇%となっている。ちなみに売り上げは月三〇〇万円弱である。福祉的機能としては、字の諸団体に対する援助は一九七八年には字行政費補助月七万円あったが、現在は地域の忘年会、学校行事に飲み物を提供する程度である。育英資金、香典等の支給は行われていない。また共同バスは現在も運行している。最近の傾向として交通の便が良くなり、地元の高齢者のほかに特にサーファーなど外部からの集客が目立つようになった。そのため、当集落における売店の依存度は高いと思われる。

5　辺戸共同店

経常形態は一九七八年は字経営であったが現在は個人経営へ変化していった。従業員は一九八三年当時は主任と店員二名であったが、現在は夫婦で経営している。利益配当は一九七八年次は決算年一回、字の行政費や農協への借財返還に当てられていたが、現在は配当は行われていない。経済機能として購買のほかに地元住民の農業生産物の委託販売を行っている。資本金は一九七八年時では人口株であった。現在の資本金は二三〇万円である。振り上げは年間数白万円である。福祉機能としては、香典料を一回に一〇〇〇円支給するだけである。八三年当時実施していた字行政費への補助金（月五万円）も現在では行われていない。最近の傾向としてコンビニの進出により、顧客が大きく減少している。そのため、経営が難しくなり、店を存続したいが経営を請け負う人がいないのが現状である。

6　宇嘉共同スーパー

設立は一九四九年で戦後の共同売店である。経営形態は一九七八年が字経営、字の役員会により運営されていたが、現在も基本的には変わっていない。従業員は一九七八年が主任一名だったが、現在は字の雇用による従業員二名となっている。利益配当は一九七八年には決算日一回で字に還元されていたが、現在では行われていない。経済機能として地域で生産された物の販売に力を入れている。資本金は一九七八年時では人口株であったが、現在資本金は三〇〇〇万円である。また年間売り上げが一二〇〇万円である。福祉的機能として、一九七八年には字の諸行事に対して金銭の寄付を行っていたが、現在は字の諸団体行事に対して商品提供と香典料（一〇〇〇円）の支給のみである。今日電話の取次ぎ業務は行われていない。マイクを使った広報活動は休業日の連絡に使われている程度である。大型スーパーの影響により利用客が減少している。そのため、経営が難しくなり、経営者（主任）を引き受ける人がいないのが課題である。

7　辺野喜共同店

一九四八年設立された戦後の共同売店である。経営は一九七八年には字経営、字の役員会で運営していたが、現在は個人経営（夫婦）二名である。利益配当は一九七八年には決算は年一回、原則として利用配当で字に還元であったが、現在は利益配当は行われていない。資本金は一九七八年には世帯株であったが、現在の資本金は約五〇〇万円である。経済機能として購買部門で年間三〇〇〇万円程度の売り上げがあるが売り上げの減少は否めない。福祉機能として香典料支給（二〇〇〇円）のみである。字の諸団体に関する寄付金は一九七八年当時はみられたが、現在は実施していない。現在、売店経営者は地元のためにボランティアとしてやっている色彩が強いようである。

8　与那共同店

創立は一九五一年である。経営形態は一九七八年に字経営で理事長（区長）、理事（部落評議員と主任）によって経営が任されていたが、現在は字経営ではあるが、区長、議長が兼任している・従業員は一九七八年には主任のみで店員雇用は主任に一任されていたが、現在は店員二名の従業員からなっている。利益配当は一九七八年には決算時に購買高の五～八％の利用配当は字行政費と字基本施設へ還元された。現在、利益は字の貯蓄に回されている。資本金は一九七八年時は人口株、字共有金、現任者によってまかなわれていたが、現在の資本金額は不明である。今日、売り上げは月額一二〇万円程度である。共同売店の相続については二年に一回の字選挙で決まる。福祉機能としては、香典料を集金する業務を行っている程度で共同バス、育英資金の業務は現在行われていない。本島内に大型スーパーができたため、大量に買い物をする利用客が減少した。共同売店の労働力として従業員の家族の手伝いが得られるため当面は存続予定である。

9　伊地共同店

伊地共同売店一九五三年設立で当時は理事長（区長）、理事四名で運営し、主任が経営していたが、現在も字経営で変わらないが、二名の従業員は二年に一回の字選挙で決まり、委託運営されている。利用配当は一九七八年当時は、決算日が年一回、利用配当としてが株主に購買高の三％を配当し、字への補助は月額四・七万円を数えたが、現在、利益配当は行われていない。資本金は一九七八年当時は人口株、字共有金と人口割であったが、今日は三五〇万円となっている。字の諸団体に対する物品、金銭の寄付も減少傾向にある。経済機能としては、一九七八年には年間三六〇〇万円の売り上げがあったが、現在は一八〇〇万円に減少している。その原因としては名護の大型スーパーに購買力のある若い客層が奪われており、売店の主な客層は車を持たない高齢者のためである。販売品としては、地域で生産されている茶や島米の販売に特色がある。現在も行事や集会などのマイクを使う広報活動を共同売店が担っているため、地域との関わりは強い。高齢者の多い地区ゆえ、当共同売店がなくなると不便をきたすため、利益度外視で店舗を継続している。

10　宇良共同店

一九四九年の設立で、一九七八年当時は字経営であった。当時は理事五名、監事二名、諮問委員の指導、助言を受ける形で選出された主任が経営していた。二〇〇七年現在、字経営から個人経営に移管し、現在は夫婦二名で経営を行っている。利益配当は、一九七八年当時は決算年一回で株配当および字への月六・二万円の補助金が支給されていた。

現在は字へ家賃として月に二・五万円を納めている。資本金は一九七八年当時は人口株（一株一、〇〇〇円）だったが、個人経営になってからの資本金額は不明である。現在売店の中には喫茶店もあり、食事を取ることもできる。車の普及により、車を持つ人は名護市の大型スーパーへの買い物が増え、売店への依存度が低くなり顧客は減少している。一九七八年の年間売り上げは二四〇〇万円を数えたが、二〇〇七年の売り上げは一二〇〇万円まで落ち込んでいる。そのため外部からの観光客をターゲットとして売店の経営戦略も時代に合わせ変化してきている。なお福祉的機能としては、一九七八年当時は字の諸行事へ年間一・五万円の寄付が行われていたが、現在は福祉的機能は全く行われていない。

11　奥間共同店

一九四九年の設立で、経営は一九七八年当時において、理事長、理事七名（区長も理事）、監事二名、主任で運営する字経営であった。現在も経営形態は変わらず、理事会構成は八名で必要に応じて会議を開催する。従業員は現在主任一名で対応している。利益配当は一九七八年当時は決算年二回で利用配当は四〇～八〇万円あつたが現在は行われていない。経済機能としては、今日、購買のほかに地域農家の野菜を委託販売している。福祉機能としてはとくに何も行われていない。資本金は一九七八年時は世帯株、字共有金であったが、現在は二八〇〇万円となっている。現在の売り上げが年間約三八〇〇万円である。相続は理事会の選挙できめる。周辺にはコンビニが存在し、国道五八号を通過する客を取られる。また、名護市には大型スーパーがあり、若い購買力のある客も取られる。他店との競争を勝ち抜くのは困難になっているが、地域の人たちの売店の依存は、依然高い。

12　桃原共同店

設立は一九四九年である。経営形態は、一九七八年には、字経営で委員長、委員七（区長も委員）で運営されていた。二〇〇七年現在個人経営となっている。従業員は八三年当時は主任、店員数名で経営していたが、現在は従業員二名で経営を行っている。利益配当は一九七八年当時は決算年二回で利用配当（購買高の二％）を株主に配当し、字費として月三。五万円を支給していたが、現在は両者とも行われてはいない。経済機能としては一九七八年時には購買、組合員の農産物委託販売を行っていたが、現在はこれらの業務のほかに地域住民が生産したシークウワーサーの委託販売を行っている。福祉機能として一九七八年時には組合員の慶弔費支払いなどを行っていたが、現在は字の行事でサービスとして酒類を提供する程度に縮小している。周辺に存在するコンビニが立地したため顧客がそちらに流れてしまい経営を圧迫している。幹線道路から離れているため、地域の高齢者か多く利用する。高齢者の多い地域となっているために売店への依存度は高く廃止はできない。

13　田嘉里共同店

田嘉里共同店は、一九五二年に農業会農協の一部として設立され、一九六六年に字の共同組合による直営であったが、一九七九年に個人に請負経営となった。この運営に関わる役員会は一〇名（主任は常任委員）で行われており、現在も字からの個人への請負となっている。従業員は一九七八年当時は主任、店員の二名であったが、現在は請負の夫婦二名で経営している。利益の配当は一九七八年当時は決算が一年に二回行われも原則として出資と利用に配当が行われたが、現在は逆に店舗の貸賃を字に支払っている。経済機能では、一九七八年には農協の委託事業や委託販売などを行っており、周辺には鮮魚店、食品工場、酒造工場などが立地していた。現在ではそれらの店舗、工場は廃止され、共同売店も地元農家の野菜などの委託販売のみとなっている。金銭の援助では、一九八三年には字への補助金年間二五万円、行事の寄付金九万円であったが、現在は行事への寄付金のみになっている。現在の資本金は二〇〇万円で一日の売り上げは四～五万円である。相続については他の字にみられる選挙はなく、同集落のものが相続することが暗黙の了解となっている。情報機能として集落センターを使い広報活動も行っている。最近は名護の大型店舗を利用する人が増え、売店を利用する人は減少している。

14　謝名城共同店

設立は一九四八年で、それ以前には産業組合、農業会の共同組合としてスタートした。経営形態は、三〇年間で個人経営から字経営に変化した。利益は現在も積み立てとして字へ還元している。電話の普及により、電話の取次ぎ業務は現在行われていない。三〇年間で車の普及が進み、売店よりも名護市の大型スーパーを利用する人が増えてきている。幹線道路から外れ、外部からの集客も見込めない。

外部から来ない代わり、車を持たない地域の高齢者には必要な店舗である。高齢者の売店への依存度はかなり高いといえる。しかし現在は財政的に厳しく、個人経営に移行することができなく、やりたがる人もいないという問題を抱えている。

15　喜如嘉共同店

設立は一九五四年で経営形態は一九七六年からは、字直営から二年間に一回の入札があり、請負者とその家族に、当時の入札一四二万円、在庫品貸し付けなどを条件として委託しており、現在も同様の形態を踏襲している。ちなみに共同売店の運営組織は字の代議員と同じ代議員会（組合長、理事五名、監事三名、その他各班一名という構成になっている。現在の従業員数は五名である。利益配当は一九七八年には一年に二回利益配当（請負額の六〇％を充当）していた。現在は入札者に配当を行っている。経済機能としては、一九七八年時には、購買、林産物販売、精米、製茶、製材、製粉、発電など多岐に渡っていたが、現在は購買以外には時期によって地元で生産される農産物の委託販売を行う程度である。福扯的機能としては字の行事の時に清涼飲料水を提供するのみである。資本金は、一九七六年以前の直営の時には、人口株で団体も加入し、米軍施政下の時には一株が一ドルであったが、本土復帰後、一株一〇〇〇円になった。一九七六年の委託経営になってからは、入札金八四万円となっている。ちなみに現在の経営者は農業からの転職である。近隣集落の利用者もみられる。若い人達が名護方面大型店舗を利用するようになったため、年配の方の利用が多い。

16　大兼久共同店

設立は一九五一年に農業会の共同売店として開始され、一九六六年に字直営となり、一九七三年には直営から請負となり・現在は字経営に戻った。一九七八年当時は、一年に一回の入札（二〇万円）が実施され、運営は役員会（理事長、理事五名、監事二名）行ってきた。現在は入札も行われず、字で二名の従業員を雇って経営している。利益配当は」九七八年当時は決算は年一回で配当は字の借財返済や字行政費補助、店舗の借財補助に充当していたが、現在は利益配当は行われていない。経済機能としては、購買のほか、現在は野菜の時期に委託販売を行っている。福祉機能としては、旧盆、現在豊年祭、アブシバレー、運動会の時期に寄付を行っている。マイクの広報機能としては、正月時に餅や豆腐が届いた時に案内する程度である。資本金は一九七八年当時は世帯株、自由株、人口株で団体も加入していた（一株一〇〇円）。現在の資本金は一〇〇万円である。現在の売り上げが一ヶ月一〇〇万円前後だが、赤字が一ヶ月三〇～四〇万円で経営が厳しい状況にある。周辺のコンビニ店の影響が大きい。また、相続についても経営を行う人がいないのが現状である。車を持たない地域の高齢者の売店への依存度は高いゆえ、売店を存続していかなければならない。

17　大川（字塩川）共同店

経営形態は、一九七八年は字経営で今日も変わっていない。従業員は主任と雇用人の二名で現在も交代制勤務による二名で経営を行っている。利益配当は一九七八年には一年決算に二回の配当があり、その利益は塩屋組に還元されたが、現在は配当は行われていない。経済機能としては、購買のほか、知人の農産物の委託販売を行っている。福祉機能としては、字の祭事に毛類やお金を寄付している。相続は任期五年が基本となっている。客層は車やバイクなど、移動手段をもっていない小中学生や高齢者の方がほとんどである。周辺の個人店やコンビニエンスストアーの影響が結構できている。

18　屋古売店

設立は一九六八年に協同組合を設立して字経営の直営で開始した。一九七八年当時は字役員一〇によって経営委員会が構成され、実際の経営は字会計係が担当していた。現在は個人経営になっている。一九七八年当時は決算は年一回で利益配当を目標としていたが、当時の記録では赤字続きで利益配当は行われていないようである。現在は個人経営のため当然配当はない。経済機能としては一九七八年当時は購買中心だが、現在は村内の農作物の委託販売も行っている。福祉機能としては、一九七八年には字への行政費として月一万円を納付していたが、現在は諸行事の時に援助金を寄付する程度である。資本金は、一九六八年当時は世帯株（二九株）、各戸一万円と字の五〇万円でスタートしたが、現在は入札額の七~八万円が資本金に当たるものだと考えられている。売上げは月三〇万円程度で赤字経営であるため行われていない。経営形態は、三〇年前は字経営だったが現在では個人経営に変化している。経済機能では、村内で生産された農産物を販売している。売店を利用するのは小学生やお年寄りが多いのが現状である。

19　大保共同売店

当共同売店は、一九五〇年に共同組合を発足させてスタートした。一九六五年からは字からの委託経営となっている。字の運営組織は組合長（区長）、理事三名、監事一名から構成されている。従業員は一九七八年当時請負者二名で、その数は現在も変わらない。決算は一九七八年当時、二年に一回で、利益配当は店舗改築のための積立金に向けられていた。現在は赤字経営のため、利益配当は行われていない。経済機能としては購買のみで今日も同じ傾向にある。

福祉機能としては、字に月に五〇〇〇円を諸行事補助として納付している。資本金は一九七八年時は世帯株だったが、現在は七八万円となっている。売上げは年間七〇万~八〇万円の利益で赤字経営である。相続については、一九七八年当時は二年に一回の入札で、請負業者は一ヶ月一・九万円を支払わなければならなかった。現在は二年に一回の選挙で請負者が決定される。現在の請負者は七年目である。コンビニエンスストアーの影響では周辺集落の共同売店である三店舗が潰れた。また大型店舗へお客さんが流れ利用者が減少傾向にある。経営は厳しいが集落の高齢者の為に売店を存続させていかないといけない。

20 高江協同組合

高江共同組合は一九六二年に高江共同店から車店、新川店、牛道店に分離し、一九七三年から委託経営になった。現在は字の直接経営となっている。利益の配当では設立時から赤字経営のため利益の配当は行われていない。それゆえ、現在は字の直接経営に変わったのである。経済機能としては、日用雑貨のみの購買だが、現在は地元で生産された農産物の委託販売も行われている。福祉機能としては、香典料として当集落内の人達でジューシーを作っている。相続は二年ごとの入札で決める。幹線道路に面しているため外部からの利用客も多いが、コンビニエンスストアーの影響も多少ある。

21　宮城共同組合魚泊売店

魚泊には一九三三（昭和八年）共同売店が設立された。それ以前には個人が直接山原船とのバーター取引を行っていたのを改めて、共同店が一括して売買を行うようになったとの記録が残っている。すなわち、共同店が食料品、日用雑貨を山原船から仕入れ、人々からは木材を購入する。購入した木材は山原船に売り山原船から食料品、日用雑貨を仕入れるのである。こうして魚泊の人々は恒常的に共同売店から生活必需品を手にすることができるようになった。一九七八年当時当共同売店の経営形態は個人請負経営であった。当時の共同組合構成は理事会は組合長、副組合長、理事六名、監事三名から成立していた。決算は一年二回の利用配当であった。現在は完全な個人経営となり、家族経営による四名で運営している。利益配当は行われていない。経済機能は購買機能のほか、当共同売店の家族で栽培しているパインや集落の漁民が採取した魚介類の委託販売を行っている。福祉機能としては、一九七八年当時は字行政費の補助として請負金額の中から年額六・五万円を寄付した。現在はエイサーや青年会開催の時にビールや刺身類を提供する程度である。一九七八年当時の資本金は、字の持ち株二〇〇株、人口株三〇〇株の五〇〇株（一株三〇〇円）であり、現在の資本金は二〇〇万円である。当時の売上げは月二五〇万円を有していた。現在の売上額は一日四万円（月一二〇万円）程度である。

この二四年間の変化として、本土からの移住者が増加したことが上げられる。そのため移住者を含め地元にとっての依存度が高い。今後、売店を存続させていきたいが、後継者がいない課題が残る。

22　宮城共同組合本店

宮城共同店は農業の発展と維持のために、系統的な組合を改組してできた組合であり、一九七九年に発足した。経営形態は宮城共同糾合魚泊売店および経済、福祉機能は同じである。資本金についても一九七八年当時、魚泊と同様だが、現在の資本金は二〇〇万円で、売上げは一日二万円程度である。利益配当も魚泊同様に決算年二回の利益配当を実施していたが、現在は行われていない。近くに大型店舗はなく高齢者の利用が頻繁である。

23　平良共同売店・24　宇出那覇売店

戦後しばらくは那覇からの商人の手によって日常物資運ばれてきたが、値段がまちまちで字の人々に混乱をいていた。そうしたことから共同店の設立を望む声がくなり、一九四八年に共同組合が設立された。設立当初組員数は一三五人で、資本金三六万円、一口二〇〇円、最高二〇株を限定とする自由株で発足した。一九七二年には字直営から委託経営に代わった。また平良共同店は宇出那覇に支店を置き、こちらの住民にも便宜を図っていた。

経営形態は、一九七八年当時は委託経営だったが、現在では字経営となっている。当時組合は役員会として、組合長・理事会六名で構成され、入札が二年に一回実施され、請負業者は月六・五万円を納付する。従業員は請負業者の家族であった。現在では従業員数は組合長一人で、月一万円を組合に支払い店を請け負っている。なお、一九七八年当時の利益配当は決算一年の利益配当は二回で株主に配当は行わず、そのほとんどは行政費補助の積み立てに当てられた。資本金は一九七八年当時は世帯株（当初希望者のみ三〇口まで、一株八三〇〇円）であったが、現在の資本金は約五〇〇万円である。経済機能としては現在、地元農家が栽培した野菜類の委託販売をおこなっている。一日の売上げは二～三万円程度である。福祉機能として、青年会（エイサー）に金銭の寄付をおこなっている。個人店の進出で若者の利用客が減少し高齢者の利用が増加している。売店は高齢者のコミュニケーションの場となっている。なお、24宇出那覇売店の経営形態は委託経営から現在では字経営に変わっており、字で雇用している二名の従業員によって運営されている。経済機能、福祉機能も平良共同売店と同じである。

25　慶佐次共同売店

売店の設立は分村時の一九二三（大正一二）年、字直営の売店として開始された。設立当時から終戦後しばらくの間、薪を現金収入の手段の一つにしていた。慶佐次では字が所有する山林があり、農閑期にはここで共同作業による山稼ぎが行なわれていた。伐採した薪は山原船で中南部へ搬出された。経営形態は、一九六九年に理事会（理事長一名、理事四名）による一～二年ごと入札で請負者を決める委託経営に移行していった。現在の組織は字・協同組合経営で、売店運営委員会で直接の経営を行っている。当利益配当は、一九七八年当時、決算期ごとに請負額の全額を配当（株四‥利用六の割合）していた。当時は年間七五万～一一〇万円相当の商品の貸し付けも行われていたようである。現在は利益があれば区民へ商品券として配当している。経済機能としては、購買部門のほか、地元で生産した農産物や近くの漁港で養殖された海ブドウの委託販売も行っている。資本金は一九七八年当時は世帯株（六ドル×六〇戸）、字の持ち株六〇株だったが、現在は約三、五〇〇万円となっている。現在の売上げは年間四、〇〇〇万円~五、〇〇〇万円で北部の共同売店ではトップクラスの売上げを有している。福祉機能としては、慶佐次区で育英資金業務は行なっている。この二五年間で周辺にマングローブ林の遊歩道などができ、内地からの観光客も多く訪れるようになった。車の普及が進み、車を持つ若い人たちは大型スーパーへ買い物に行く。車を持たない高齢者の売店の依存度は高く、売店を存続させていないといけないが、現在では売店の主任となる人材不足という問題を抱えている。

四　共同売店における機能の変化

これまでみてきたように、一九七八年時における共同売店の特色は、村落共同体における生活を向上させ、利便性に寄与することであろう。すなわち、第一に共同売店の経済機能の一つに林産物の生産販売がある。成立当初としては林産資源が農村地域における換金資源であった。そのほか重要な経済活動として精米、製茶、製粉、家畜の販売、生肉の販売などがあった。だが一九七八年当時みられたこれらの機能のうち精茶と精米以外の経済活動は現在ではみられない。

第二には購買活動で特徴的があげられる。共同売店の設立当初から取り扱かわれる商品の大部分は外部からの搬入品で占めていた。また、地産物は若干仕入・委託があるのみであるという特色を有する。それゆえ、奥共同売店の茶生産以外の他の共同売店における農産物の生産・加工・販売の衰退は、共同売店の地域とのつながりの希薄化が考えられる。

第三としては掛け売りという機能の存在があげられる。この機能はソテツ地獄や恐慌慢性的不況期、二度の大戦による農村経済の衰退という中で沖縄の農村経済は相当に疲弊し、住民の生活は厳しいものがあった。そこで、共同売店は商品を買うお金のない非常に貧困な家庭に対して掛売りを行って商品を販売していた。これにより支えられた住民がいたのは確かだろうが、一方ではこの掛売りで踏み倒されるケースもあり、大きな課題となった。

さらに最近の課題としては市街地を中心に年々増加傾向にある大型店舗に、地元の固定客（住民）が奪われていることにある。共同売店の経済的機能において大きな外圧になっている。地元住民の消費ニーズが多様化、高度化そのことは、共同売店における経営的な難しさをもたらす要因の一つとなっている。

第四に共同売店機能の独自な機能として地域の生活の向上のための福祉的機能があげられる。一例をあげると電話の取次ぎがそれにあたる。電話が一般に普及していない当時、各集落にある電話といえば共同売店のものが唯一であった。遠隔地にある集落の場合、出稼ぎにでた子供や、親戚、友人からの連絡を共同売店が媒介していたのは、非常に重要な役割を担っていた。そのほか共同店が手がけた福祉機能として、共同バスの運行がある。

これは遠隔地に住む交通手段のない住民の生活を助けるために始まった事業である。また、死亡した組合員に対する香典料、高校・大学への進学者に対する育英資金などの支給、村落行政に対する財政援助として直接的に区費の負担をしたり、字行政職員の給料、手当ての一部負担、諸部落行事や部落奨学金など村落共同体との関わりの中で共同売店の村立基盤は大きかったが、今やこれらの福祉機能はほとんど行われていない。

五　まとめ

道路整備により交通の便が解消され、自家用車を持つ家庭が増加してきた。その影響で従来村内での主要な交通手段であった「共同バス」も一店舗を除き失われてしまった。また、本島北部地域における人口流出も負の一因としてあげられる。客層についてみても共同売店は若い客層を大型スーパーやコンビニに奪われ、交通手段の少ない高齢者が主な客となった。今回の調査で「大体の生活用品は大型スーパーに言って買いだめして、買い忘れやタバコ・ちり紙などの日用品を共同売店で購入する人が多い」と答えがあった。それゆえ、大部分の共同売店は赤字経営を余儀なくされ、利益の配当は行われずこれまで共同売店の福祉機能であった経営難で香典料・進学者への育英資金の援助も大部分の店舗で廃止になった。言い換えるとそれだけ地域とのつながりが弱くなったといえるだろう。確かに共同売店が果たしてきた歴史的な役割と存在意義は高く評価できる。また、過疎地域だけにとくに高齢者にとっての地元住民のコミュニケーションの場としての必要性は、今後とも認められよう。しかし、共同売店の伝統や必要性を強調するだけでは、その存続は危ぶまれる。共同売店の未来は、その地域らしさを反映する外来者にも魅力を感じさせる店作り、ひいてはムラおこし、マチおこしと関係づけて考えていかなければならない様に思われる。現在直面している内外の阻害要因をいかに克服するかにかかっているといえるだろう。

インタビュー調査を快諾していただきました、国頭村、大宜味村、東村の共同売店関係者各位に厚くお礼を申し上げます。

また、現地調査にご協力いただいた沖縄国際大学経済学部演習Ⅰ（小川ゼミ）履修生各位にも深く感謝いたします。

注

(1) 「沖縄、ふるさと百選」とは、沖縄県農林水産部村づくり計画課が中心となり、農林水産業と関わりを持ち、地域が誇れる魅力ある農山漁村を形づくる地域団体を「沖縄、ふるさと百選」として認定し、県民に広く紹介することによって、農山漁村に対する理解を促進し、地域の活性化に寄与することを目的とする事業のことである。

(2) 共同店の相続は一～二年ごとの入札で決める場合もあるが、大部分はその手続きを行なわないケースが多い。

文献

平恒次（一九五七）：琉球村落の研究、琉球大学文理学部紀要、第二号、一—五三。

持田紀治（一九五七）：沖縄における村落共同体—本島北部における共同店を中心に—、農業協同組合、二、八四—九一。

玉野井芳郎・金城一雄（一九七八）：共同体の経済組織に関する一考察—沖縄県国頭村字奥区の「共同店」を事例として）沖縄国際大学商経論集、七—一、一—二四。

堂前亮平（一九九七）：『沖縄の都市空間』、古今書院、一三三—一四八。

宮城能彦（二〇〇三）：村落と共同店、『沖縄大学地域研究所所報』二九。

池野茂（一九九四）：『琉球山原船水運の展開』ロマン書房、三一二頁。

安仁屋政昭・玉城隆雄・堂前亮平（一九七九）：共同店と村落共同体（一）—沖縄本島北部の事例—、南島文化、創刊号、四七—一八六。

マキシアツシ（二〇〇六）『共同店ものがたり』、（株）伽楽可楽、発売／創英社・三省堂。

奥共同店一〇〇周年記念事業実行委員会（二〇〇八）：『奥共同店』。

共同性の創発
――土地整理事業以後の沖縄の村落共同体――

上地一郎

一　はじめに

一九〇三（明治三六）年の「沖縄県土地整理事業」の完成により、一八七九（明治一二）年の琉球処分直後より沖縄県政の基本方針とされた「旧慣存置政策」に基づく旧琉球王国期由来の旧慣土地制度・旧慣租税制度・旧慣地方制度は解体された。

土地整理事業完成以前の旧慣土地制度の根幹をなす「地割制度」とは、耕地の大部分を村落の管理下に置き、定期的に村落構成員（「地人」あるいは「持地人」という）に対し割替えと配分を行うというもので、これは先島諸島を除く県土のほぼ全域において支配的な土地制度であった。沖縄県土地整理事業は、沖縄県土地整理法に基づいて地割制の廃止によって旧慣土地制度を解体し、土地の私的所有権の認定と地租の徴収のための地価の決定を目的とするもので、旧慣諸制度を一掃する一大プロジェクトであった。

この土地整理事業後の沖縄社会への影響について、沖縄県庁吏員として土地整理事業に従事した仲吉朝助（一八六七～一九二六年）による以下の評価がある。

仲吉は、土地整理事業による地割制度の廃止の結果として、①沖縄県民が納税者として選挙権を得ることができ、②土地が資本化した結果として、大地主階級が増加すると同時に、土地を喪失した無産階級が増加するようになり、③農業者の割合が減少傾向を示し、④農産物の収穫割合は地割の廃止の前後でほとんど同一で、皮肉にも地割廃止論者の多大なる期待を裏切った、としている。(1)この仲吉の総括のうち、これまで争点となったのは、②である。これについて仲吉は、自身の調査資料ならびに明治三二年と大正一二年二月の沖縄統計資料を比較して「明治三十二年従来の地割配当地が各個人の私有に帰するに至り、農民は殆ど全く地主となりて、其所有地は商品として開放されたるを以て、農民の欲望は土地なる商品に集中され、同年より到る所土地の交換売買大に流行して、早く既に兼併の勢を馴致するに至れり」と主張した。(2)

この主張は、本土の地租改正事業に匹敵する沖縄の土地整理事業が、本土において地租改正後に成立した寄生地主制に発展するような社会変動を沖縄社会において引き起こしたのかという、すぐれて経済史的な問題提起として捉えられてきた。しかしながら、この問題提起に対する後年の経済史研究者の応答は、極めて否定的であり、(3)しかも仲吉の統計資料の不正確な比較による過大な評価も指摘されている。(4)

来間泰男は、土地整理事業後にしばしのあいだ現れた大土地所有者は、寄生地主ではなく、「ウェーキ」と呼ばれる資産家層であったとしている。ウェーキは、その所有する土地の一部を貸し付けてはいるが、自ら農業経営も行ない、「シカマ」（時間・期間を限って雇用される労働力）「イリチリ」（年季奉公の住み込みの労働力）を使ってそれなりの大規模経営を行っていた。シカマ・イリチリは、借金の利払い、小作料の代償として労働力を提供しており、来間はこれを「ウェーキ・シカマ関係」と呼び、「寄生地主制よりもいちだんと古い経営」としている。しかし、このウェーキ層も、第一次世界大戦恐慌期から一九三〇年ごろの昭和恐慌までの慢性的な不況期に沖縄において起こった、いわゆる「ソテツ地獄」期には減退し、「ウェーキ・シカマ関係」は崩壊したのであり、結局、ウェーキ層が寄生地主になることはなかった。(5)

すなわち、沖縄県土地整理事業は、沖縄社会に日本本土と同様の近代的な変容の「契機」をもたらしたものの、その帰結として、沖縄においては、その本来の農業生産力の低位性、すなわち前提条件の違いゆえに、私的土地所有権の制度的導入後も社会構造を更新するような土地所有権の商品化と売買流通、ならびに寄生地主制を引き起こしえなかった。歴史的・社会的・経済的な前提条件の差異が、沖縄の制度変化において本土とは異なるパターンを引き起こしたことは明らかである。

しかしながら琉球処分以降の沖縄の近代化の過程で、村落社会にはいくつかの重要な変化が見てとれる。たとえば、旧慣存置期の県庁指導の下での内法（村落慣習法）の成文化、本土の入会山と同様とされる杣山(6)の開墾や杣山処分といった問題は、杣山を慣習的に利用してきた共同体成員に不自由を強いるものではあったが、その一方で「伝統」に基づいてはいるが実は新しい村落の山林管理制度の構築を一層促すものでもあった。すなわち、沖縄において近代法制に代替して旧慣諸制度を用いるという旧慣存置政策は、旧慣という名のもとに共同体成員に慣習的な社会制度を認識させると同時に、村落の自主的な山林管理制度の構築を促したと考えられる。

また、土地整理事業による旧慣諸制度解体以降に、沖縄本島北部の村落に次々と設立された「共同店」という村落の経済組織は、村落の共同体的・経済的結合の弱さがその特徴とされる沖縄の共同体の新たな変化であり、これも自主的な山林管理制度の構築と密接な関連をもつものであった。

本稿では、琉球処分以降の近代化のプロセスが村落社会に対しいかなる影響を与えたのかという問題に対し、経路依存性（path dependence）という観点から、「旧慣」として形成された沖縄本島北部村落における自主的な山林管理制度、そして同地域おける「共同店」という共同体の経済組織の設立に着目し議論を進めていきたい。

二　沖縄の村落共同体

1　ルースな社会と沖縄の家

沖縄の農村社会を研究対象とする研究者の中には、J・エンブリーの日本社会をclosely structured society、タイ農村社会をloosely structured societyとする対概念を援用し、沖縄社会をloosely structured societyと位置づける論者もいる。その理由として、沖縄においては日本本土に見られる「イエ」「ムラ」が欠如していることが挙げられる。沖縄では、日本本土において近世期から発達した自立的経済単位としてのイエが未発達であり、沖縄のイエは宗教的・祭祀的な結合を基本とし、それゆえ、本土的なイエをもたない沖縄社会は、イエ連合という性格を持つ本土の社会構造とは異なるというのである。また本土の村落が、近世期に「自治村落」の経験を経た経済的結合体であり、そのことが政治的性格にも影響しているのに対し、沖縄の村落は、単なる祭祀的結合体であって、経済的意味合いが極めて低く、非政治的村落とされる。つまり、沖縄の農村社会は、上部構造としての村落自治機構の欠落した、単なる相互扶助システムとしての下部構造だけの集落であるという。(7)

沖縄の日本復帰直前から直後にかけて行われた九学会連合（日本人類学会はじめ九つの学会）による大規模かつ学際的な沖縄農村社会調査（一九七一～一九七三年）においても、沖縄農村の農業生産力水準の著しい低位性、一貫した停滞性に直面し、沖縄には「「村落共同体」を成り立たせるだけの物質的基盤がはたしてあったのかどうか」、そして本土の「村落共同体の単位たるべき「家」そのものが存在していなかったのではないか」としたうえで、日本の農村調査の研究手法で「沖縄の村落がつかめるのだろうか」としている。(8)

すなわち、沖縄の村落共同体は、経済的な村落的結合、共同体としての慣行の弱さがその特質であると考えられる。

家についても、土地整理事業以前に沖縄において一般的な土地制度であった地割制は、個人に土地の所有権を認めてはいなかった。ここでの土地とは、基本的には耕地をさすが、屋敷地もまた百姓地の一部であり地割によって配分されたところもあった。明治一七年の旧慣調査資料によれば、屋敷地も百姓地同様配分する（美里間切・今帰仁間切・名護間切・本部間切・恩納間切）、村内に屋敷地が不足した場合、百姓地を屋敷地とする（美里間切・今帰仁間切・名護間切・本部間切）、分家の際には村から分家者に相応の屋敷地を配分する（美里間切・今帰仁間切・名護間切・本部間切）、分家する時に地所・財産分与する慣例はない（名護間切・恩納間切）、とある。[(9)] すなわち、基本的には屋敷地も百姓地の一部であったため、屋敷地を私有財産として自由に処分することはできなかったのであり、また分家に際しても、村落から屋敷地の配分を受けるために生家の相続は観念されなかったと考えられる。もっとも農村部においても仕明地[(10)]を所有する富裕な農民層は、処分も相続も可能な財産を所有していたために一般の農民層とは別個に考える必要があるが、一般の農民層は、本来的には耕地を相続するという観念は薄かったといえよう。すなわち、家産の欠如した沖縄の「家」は、本土的な意味における「家」として観念する余地がなかったといえる。

近現代の沖縄の村落は基本的には一八世紀中ごろに成立した近世村落の延長上に位置する。このような特質をもつ沖縄の村落について、近世期の成立期に遡って素描してみよう。

2　近世村落の形成

古琉球期[(11)]の沖縄の村落については不明な部分も多いが、近現代の沖縄農村は、「古琉球から近世琉球への構造転換[12]」によって成立したと考えられている。近世琉球は、直接的には薩摩侵入事件（一六〇九年）を契機とする幕藩体制への包摂をもって始まる。幕藩体制包摂後も琉球王国そのもの、そして琉球と中国との冊封関係は存続するが、幕藩体制の強い影響を受け、王国内は体制の再編を迫られることとなった。それに対応したのが、尚象賢（羽地朝秀）の摂政期（一六六六～一六七三年）から蔡温の三司官期（一七二八～一七五二年）に至るまでの一連の改革であり、その骨子は、王府の行政能力の向上と社会的総生産の増大にあったという。[13]これには王府の財政上の問題が大きくかかわっており、端的に言えば、縮小した海外貿易[14]から国内農業生産へ経済的基礎の転換を指向せざるを得なかったのである。この時期は急激な人口増大期でもあり、[15]王府は、海岸部の開発、勧農政策をすすめ、集落の立地の移動（強制移住）・再編ならびに行政区画の新設（村割）を広範に展開し、[16]近世的身分制[17]も確立した。すなわち、「古琉球から近世琉球への構造転換」とは、琉球王国の政治・経済・社会領域における総体的な構造転換であり、貿易国から農業国への転換でもあったといえよう。

このように王府権力による村割、立地移動を経て再編された近世村落は、徴税・納税団体として王府に代わって農民に対する耕作強制・貢納強制を遂行することになる。近世期の村内法には、農民の貢租・上納物未納に対して村役人による家財差押え、妻子の売り飛ばしまで規定されるなど、貢租を完納させようとする村落の徴税団体的性格が現れており、[18]また地割に際して農民は貢納負担を少なくするためできる限り少ない土地の配分を受けようとする傾向があったという。[19]

「近世の地割制」は、王府の耕作強制・貢納強制に対して、村落が貢租負担の均分化をはかるためにとった対応策のひとつであったと考えられ、それゆえ農民間の階層分化を押しとどめた。[20] 琉球の近世琉村落は、本土の近世村落とは異なって一定の持高をもった本百姓からなるのではなく、地割制に参加する地人から構成され、地人全体で農地を管理していた。そのため、私的性質の弱い土地制度の下では家産も成立せず、家制度も形成されなかった。すなわち、近世琉球の農村は、そもそも地人の階層分化の起こらない構造をもっていた、とされる。[21]

商品作物の作付制限と農業生産の低位性もまた農民の階層分化を阻んでいた。商品作物（甘蔗やウコン等）は一般百姓地への作付禁止など厳しい統制下にあり、[22] 夫役によって生産されていたと考えられる。[23] さらに、一六〇五年に導入された甘藷（芋）が主要食糧作物として普及したことにより食糧問題が改善される一方、甘藷の栽培は、農業技術の後退を余儀なくしたともいわれる。[24] すなわち、琉球の「近世的」農村経済の発展は緩慢で、長く自給的な段階に停滞していたといえる。

しかしながら、琉球近世も末期には均質であった構成員にも階層分化が生じ、地方役人層による土地の集積と富農化がすすむ一方で、貢租負担に耐えられなくなった農民の「家内倒れ」「与倒れ」が頻発するようになり、[25] 地割制を均質な構成員で維持することはできなくなった。農村内部における社会階層の分化が、土地の割替制から割替地の固定化への傾向をもたらした。[26] 地割制の変容は、「農民的土地保有権」から「所有権」への移行を示すとされるが、[27] 山本弘文は、本来、農民層の階層分化を阻止するために行われていた地割が、近世末期には農民層の階層分化が進んだことにより、農民各層のより以上の分化を阻止するために定期的な割替えを不可欠としながら、貢租の円滑な徴収のために占有の事実上の不均等を容認した上で割替えを行わざるを得なかったとする。[28] しかしながら、地割制は、その自壊によって封建的小農を成立させる前に、明治政府による沖縄県土地整理事業によって解体された。

三　新たな山林管理制度

一八七九（明治一二）年三月二七日、琉球処分（廃藩置県）によって沖縄県が設置された。明治政府は、沖縄においては一連の改革（廃藩置県・秩禄処分・地租改正など）を回避し、当面のあいだ旧慣諸制度を存置するという方針のもと沖縄県政を出発させた。[29] 旧慣諸制度の存置により、旧琉球藩の統治機構のうち藩庁を除く、「旧慣土地制度」、「旧慣租税制度」、「旧慣地方制度」が、「沖縄県土地整理事業」（一八九九～一九〇三年）の完成まで引き続き効力を持つことになる。[30]

この県政初期の方針（「県治の一大主義」）は、同年三月二七日付県番外第壱号「旧琉球藩下一般人民ニ告諭ス」において、「勉メテ旧来ノ慣行ニ従フノ御主意ナルノミナラス却テ旧藩政中苛酷ノ所為又ハ租税諸上納物等ノ重斂ナルモノハ追テ御詮議ノ上相当寛厳ノ御沙汰可有」[31] と明示され、さらに同年六月二五日付沖縄県甲第三号布達「旧藩ノ諸法度ノ儀更ニ改正ノ布令ニ及バサル分ハ総テ従前ノ通相心得申ベク此旨布達候事」[32] により確認された。この沖縄県甲第三号布達が、旧藩以来の旧慣諸制度の法的効力を担保する根拠となる。[33]

以下では、まず、旧琉球藩期の山林管理機関を概観し、琉球処分以降における山林管理制度の整備と村落による自律的な管理への移行を見てみよう。

1　近世期の山林管理制度

琉球王府・琉球藩時代の杣山管理については、各種の法令、ならびに管理機関が設けられていた。[34]それらは主として上述の蔡温の改革期に整備されたものであった。

蔡温の林政でまず重要なことは、杣山の境界画定、利用と管理責任の主体を明確にしたことである。蔡温は、一七三五年から一七五一年にかけて王国内各間切[35]の田畑、山林の測量を行い（元文検地）、杣山の境界の画定と管理主体の明確化を図った。仲間勇栄によれば、杣山分割以前の杣山の共同体的林野利用慣行は、複数の間切・村による模合（共同）利用（「両間切模合山」「模合山」「村々模合山」とよばれた）であったものが、杣山分割後には、①一村所持、②数村所持、③間切所持の三類型に管理・利用の主体と区域が明確にされ、「村ごとの御用木の負担を均等化するため、王府は各村の頭高、林野の広狭に応じて村建、村移し」さえも行ったという。これは、王府が杣山の憔悴の原因を複数の間切・村の杣山共同利用にあると考え、御用木の安定供給のために、利用範囲の錯綜する間切模合山、村々模合山を一村所持形態に区分し、村落に対し杣山の管理主体としての責任を明確にするためであったとされる。[36]

王府の山林管理の法令については、尚象賢の摂政期にすでに御用木の伐採禁止が出されているが、制度的に整備されたのは、一七三〇～五〇年代にかけた蔡温の三司官期であった。蔡温は、杣山法式帳、杣山法式仕次、山奉行所規模帳をはじめとする七つの法令（「林政七書」という）により、王府御用木の指定、伐採禁止と保護・造林、山林管理の義務付けを行った。(37) これら山林管理法令の一部は、その後、村落慣習法として山林取締内法に発展していったと考えられる。(38)

王府の林野行政の最高機関として山奉行所が置かれ、本島国頭（北部）・中頭（中部）に複数の山奉行、久米島・先島諸島には在番を置いて指揮監督にあたらせ、各間切番所、村屋（村役場）にはさらに無数の山林担当役人が置かれていた。

王府から派遣された山筆者が、村の山当（村の山林担当役人）、各間切の総山当（村の山当を指揮監督する間切の山林担当役人）を引率し毎月五～六回山林を巡回して、山奉行の指揮による業務を実地に指導し、また出入船舶の船荷検査を行なって無許可の用材薪炭等の運搬取締りを行う船改筆者も置かれた。(39)

このような王府による山林保護の仕組みがとられたのは、蔡温の時代には既に中頭地方の山林はほぼ消失し、山林資源は国頭地方にのみ残されていたといわれる程に山林資源が危機的状況にあったからである。この危機的状況は、主として開墾のための伐採に起因すると考えられている。(40)

2　旧慣存置期における山林管理制度の構築

琉球王府時代に形成された山林管理制度は、琉球処分後の行政の混乱により機能を停止し、琉球処分直後から沖縄県下の山林は荒廃の一途をたどっていった。この節においては、置県後の状況と山林管理の概要をたどる。

(1) 琉球処分後の山林の状況

琉球処分後、沖縄では、抱護林や並木松のみならず、県下各地の山林において樹木の濫伐が生じ山林が急速に荒廃した。一八七九(明治一二)年一〇月七日沖縄県は、各役所・番所宛に県丙第三三号「管内村抱護並ニ並木松等近頃ニ至リ村民心得違ノ者共勝手ニ切取候聞モ不少甚タ不都合ノ次第ニ付其所轄役所番所ニ於テ屹度取締相立候様可致此旨相達候事」[41]と通達し、抱護林や並木松を無許可に刈り取るものを取り締まるよう指示している。

一八八二(明治一五)年に沖縄を視察した参事院議官補尾崎三良「沖縄県視察復命書」によれば、「種々ノ旧慣等アリテ其山林ヲ保護スルノ法頗ル周密ナリシ置県後旧法ヲ疎外シ樹木ヲ伐採スルモノアルモ之ヲ問ハス自然法例廃弛シ多年旧藩ニ於テ養生セシ山林将ニ荒廃ニ属セントス宜ク速ニ其旧慣ヲ講究シ以テ旧ニ復スルコトヲ計ルヘシ」とある。[42] すなわち、琉球処分後の山林荒廃は、山筆者ならびに船改筆者等の現場の山林管理機関が不在となったことに起因する。[43]

旧王府(藩庁)時代の山奉行所を中心とする山林管理制度は、置県後、県知事の管理に移り、山奉行や地方在番の職務は新置の地方役所長と島司に委ねられた。しかし、山筆者・船改筆者の自然消滅に伴い村レベルでの山林取締りが緩んだことにより、山林管理制度は致命的な弱体化を余儀なくされた。[44] また、農村部の人口圧の増大（寄留民の増加）のために木材、薪、炭などの需要が増加し、それに伴う価格上昇が無計画な濫伐に一層拍車をかけたと考えられる。[45] 山林管理制度の弱体化と農村部の人口圧による山林荒廃は、その後も深刻となり、県は、一八八一（明治一四）年三月三〇日付県番外第一三号[46]を発し、内法に基づく山林取締りの強化を呼び掛けた。

こうした事態は、王府時代に由来する山林管理制度が、実は村落レベルでほとんど根付いていなかったことを示している。上述のように、村落における杣山の管理制度は、近世期以降の王府政治権力による整備の産物である。杣山は、本来官木を調達する山林とされており、山奉行所の監督の下、間切・島・村が管理にあたっていたが、農民の「入会的」利用が慣行として認められていた。しかしながら、もともと山林の利用は、「造林地や禁伐林以外の山であればいつでもどこからでも自由に木を伐ることができた」[47]という地域もあり、また、樹木伐採後は、「問　官林ノ植付等ハ如何、答　山ハ沢山アレトモ、材木ニ成ル大木ナシ、伐採スレハ、跡ハ自然ニ生殖ス」[48]という粗放的利用状況もみられた。

ここで、「入会的」利用慣行としたことには理由がある。明治二六年に法典調査会からの依頼で農商務省が行なった全国各府県の入会慣行調査において、沖縄県知事は、農商務大臣からの照会に対し、官民有区分も行なわれていない沖縄において山林を官有地とした上で、慣例による利用があるとしながらも「内地ニ於ル入会権ノ体様ヲ具ヘタルモノニ無之」「該当スル事実無之候」と回答しているが、[49] たしかに、村による杣山の利用と管理は、近世期を経て近代以降も村落内部においては家を主体にして行われたというよりも個人を基準に人頭割りで利用され、家を基調とする本土の入会山利用とはかなり様相が異なっている。つまり、上述の粗放的利用状況や入会の構成主体をみると本土の入会と同等のものとは言えなかった可能性は高い。しかしながら、後に述べるように、土地整理事業後の杣山払下げを受けた村落には、本土の入会に類するような山林管理制度を構築した村落も現れる。

(2) 山林取締内法の成文化

一八八五年、「山方筆者」「船改筆者」を再配置し、[50]山林管理制度の強化が図られたが、県は、その前年の一八八四年七月五日付で、役所・番所に対し役所・番所に対し県乙第三七号を発し、[51]間切レベルの山林取締内法を届出るよう指示している。この届出に際しては、後年、役人による審査・認可という統制を加えるよう指示がなされ、[52]成文内法の規定は穏当に見えたものの、村レベルにおける内法違反者に対する取扱いは県を困惑させた。一八八八（明治二一）年二月一日には、山方筆者宛県訓令第三号において内法違反者に対する過激な身体的制裁を控えるよう通達し、[53]一八八九（明治二二）年三月一日付各役所長宛県訓令第一号により間切・村内法中の苛酷な規定の執行の際の注意と酌量を指示、[54]一八八九年六月一四日付各役所宛県達甲第一九号において科料及び過金等徴収の際には、「適宜酌量ヲ加ヘ軽減処分スル」[55]ように再三指示している。

県は内法の実際の運用が予想以上の身体刑や罰金をともなうことに苦慮しつつも、旧慣たる内法を積極的に利用することによって山林管理制度の再構築を企図した。内法によって、県の管理の下で村民自ら村の自治を行わせることが、県政運営にとって有利になると判断したと考えられる。

3　小括

一八八一（明治一四）年の旧慣山林管理制度復活を契機として、県庁の指導の下、各村落における旧慣内法が成文化され始めた。以降、山林取締内法を典型として、村落がこれまで内法をもたなかった領域の内法まで制定するようになると、村落は、新たなルールを含め、自主的な山林管理制度のような制度を構築するようになった。

後述する国頭間切奥村（現・国頭村字奥）の区条例中の「山林保護取締り規定」は「古くから部落の慣習となつていた事柄を区常会で明文化したもの」で、公有林の保護管理には山林の育成および再生が規定され、「山林保護係たる山当は、大正三年専任常置の制」として設置されたものであり、[56]「旧慣」に基づいて新たな制度化が行われたことを示している。

また、明治一〇年代以降より続けられた困窮士族の救済のための「士族授産」、あるいは「食糧問題の解決」「殖産興業」というスローガンの下で行われた杣山開墾や、土地整理事業にともなう、杣山の官民有区分とその払下げ（杣山処分）といった問題は、杣山を慣習的に利用してきた住民に不自由を強いるものではあったが、その一方で村落の新たな山林管理制度の構築を促すものでもあった。たとえば、国頭地方の金武間切においては、かつて杣山で自由に薪を取ることができたが、杣山が官有地として取り上げられた後、杣山の払下金を負担して取り戻さなければならなくなった。この払下金の負担以降、山林の保護と利用の体系化（山林の造植林・禁伐林の設定保護・盗伐取締りの強化）が図られた。(57)この地域では、本来、山林の粗放利用が行われていたが、不可避の圧力が自主的な山林管理制度の構築を促したのである。

四　共同店の設立

土地整理事業による旧慣諸制度解体以降に、沖縄本島北部国頭間切の村落に設立された「共同店」という村落の経済組織は、上述のように村落の共同体的・経済的結合の弱さを特徴とする沖縄の村落共同体の新たな変化であり、これも上にみた自主的な山林管理制度の構築と密接な関連をもつものである。以下、その概要を辿り、その意義について見てみよう。

1　共同店の設立とその要因

共同店が最初に設立されたのは、一九〇六（明治三九）年、国頭間切奥村であった。その後、大正期に入り共同店は本島北部各地にひろがり、一九二〇年代以降には国頭郡全域、中頭郡や島尻郡の農村地域、離島の島嶼村落にもおよび、それぞれの村落の立地条件や態様によって多様な展開をみせていった。(58)

共同店設立の背景的要因として玉城隆雄は内発的要因と外発的要因を挙げる。まず、内発的な要因は、主として地理的隔絶性である。当時、沖縄本島の北部と中南部を結ぶ陸上の交通網はほぼ皆無で、北部と中南部の往来は山原船[59]による海上交通が利用されていた。山原船が、北部の林産物（薪・炭・建築木材）や農産物を、西回りのルートで那覇に、東回りのルートで与那原などに運搬し、那覇で調達した生活物資をまた北部に運搬していた。[60]当時の北部村落には、個人で船を所有する経済力をもつ者は少なく、自らの生活の維持と向上を図るには、林産物や農産物の共同販売と生活物資の共同購入が最良の方法であった。これらが、共同店設立の内的な要因である。

外発的要因としては、いわゆる寄留商人の攻勢である。寄留商人は、琉球処分により禄を失った士族、那覇・与那原・泡瀬・平安座方面からの商人、さらに本土系の商人と様々であるが、共通する点は、農村部において町屋（雑貨商店）を営業し、商業に馴染みのない農民を相手に大きな利益をあげていた点である。農民は、この寄留商人の攻勢という外圧に対抗し生活を防衛する手段として共同店の設立に踏み切ったとされる。この地理的特殊性という内的要因と寄留商人による村落経済秩序の侵害という外的要因の相乗効果の帰結として設立されたのが共同店であった。[61]

2　国頭村字奥「共同店」の歴史

沖縄における共同店の原型であり、その後共同店が各地に広まっていくなかで直接的・間接的にモデルとされたのは、「奥共同店」である。共同店は、各地に伝播し、根付く過程で、その地固有の形態を獲得していく。
沖縄本島のほぼ最北端に位置する国頭村字奥に共同店が設立されたのは上述の通り一九〇六（明治三九）年であり、すでに「沖縄県土地整理事業」が完了し、土地の近代的所有権が確立した時期であった。
平恒次によれば、当時奥村には「町屋」が二軒あり、一軒は古くからその地に居住する首里士族の子孫、糸満盛邦氏の経営する町屋で、もう一軒は新参の太田氏の町屋であった。太田氏は他村で事業に失敗して奥に流れてきたが、与那原の親類の山原船を利用して雑貨商を営むようになり、しだいに勢力を伸ばした。糸満氏は一一世盛栄が乾隆年間（一七三六～九五年）に奥に移住して以来代々奥に定住し、雑貨商としても太田氏より古く山原船を所有し資本力もあった、という。このような状況のもと、外来者の太田氏は、瞬く間に糸満氏と張り合うほどの雑貨商となり、小村落である奥村において二つの町屋が競合することとなった。[62]
そのころの北部山村の主要な換金商品は、薪・炭・材木等の林産物であり、農民は林産物を採取して部落内の町屋に販売し、町屋から生活物資を購入し、再生産を維持していた。部落内の全ての商品の売買は、この町屋を通して行われ、町屋は商品流通の独占的地位を確保し、事実上の経済的支配者であったが、[63]太田氏が糸満氏と競合する資力を身につけたということからも窺えるように、当時の末端の村落共同体内の個人的財力は微弱なものであり、脆弱な基盤しか持たない共同体の経済構造は、外来商人の流入、その後の二つの町屋の競合によって揺らぐこととなる。

こうした状況のもと、先住者として土着し、村落の指導的役割を担っていた糸満氏は、明治三九年に自己の商業資本を奥区に譲渡し、奥共同店が設立された。奥共同店は、糸満氏による譲渡後、字（区）共有金三二〇円に沖縄銀行名護支店からの借入金六〇〇余円を加えた資本金約一〇〇〇円、事務員三人、監督五人で発足し、創立三年後には、借入金をすべて返済し、純資本金も数千円となるなど順調に展開していった。(64)

一九〇〇（明治三三）年に「産業組合法」が制定され、産業組合運動が全国に広まると、その余波は沖縄にも及んだ。沖縄県庁・国頭村当局の産業組合化による営業税免除という誘導により、奥共同店は「無限責任奥販売購買信用組合」という名称のもとに産業組合として改組された。しかしながら、奥販売購買信用組合は、一九一六（大正五）年、改組後一年半にして負債三〇〇〇円を抱え解散するにいることになる。この混乱に乗じて太田氏は勢力を伸長し、その他の外部商人の侵入も顕著となった。これら商人は、現金を所持し、販売商品も組合より多様であったため、村落民は奥販売購買信用組合よりもより多く接触の機会を持つこととなり、組合は支持を失っていく。(65)この産業組合の経営危機は、奥村落の経済秩序の危機でもあり、同時に共同体の共同性崩壊の危機でもあったとされる。

一九一六（大正五年）一一月に奥販売購買信用組合は廃止され、従来の共同店が復活した。翌一九一七（大正六）年三月の共同店復活後初の決算期には一一五円の純益をあげ、同年末には産業組合の負債三〇〇〇円も返済の見込みがついた。この間に流入した商人も奥を去り、太田氏も一財をなして村を離れていったという。

その後大正中期から昭和にかけて奥共同店は全盛期をむかえる。奥はその財力により、当時村医さえ置けなかった村が多数あった中で独自の診療所を設立、経営するほどになり、預金部を設けて各戸の税金も共同店を通じて支払うなど、組織的・機構的にもますます村落に根をおろすようになった。

ところが、こうした奥共同店の順調な歩みも、沖縄戦の混乱により共同店は自然消滅した。敗戦後、共同店復活を模索していた奥の村民は、一九四七（昭和二二）年四月、共同店を「奥区生産組合」として復活させ、製材所の設置と茶工場の再建を経て、機帆船を建造した。その後、精米工場、配電事業、酒造工場など組合関連事業が次々に再興される。このように生産関連事業に重きをおく生産組合から次第に購買・販売にも力点が移り、一九五〇（昭和二五）年末には、「共同店」へと改組された。一九五三（昭和二八）には生産事業も共同店の事業部門に統一された。[66]

3　共同店の組織構成

共同店の設立にあたって資金の調達は、多くの共同店で区（字）[67]の共有金と株出資といった住民による共同の出資でなされる。共有金は、区で積み立てた資金、あるいは区の共有財産を処分して得た資金、住民の共同作業によって得られた資金、区の責任で金融機関等から借入した資金などをさし、株出資は、住民から定められた出資金を募って得られた資金である。出資者は一般に「株主」

と呼ばれ、原則として区住民全員が株主となる。株出資にも二通りあり、まず世帯ごとに出資金を割り当てる「世帯株」、もうひとつは人口に割り当てる「人口株」である。[68]

共同店構成員を一般に「組合員」「株主」というが、その資格要件としては、区内に本籍を有する者が一般的であり、区外に居住していても、区在住者とほとんど区別しないケースや他出者を準組合員として現住の正組合員と区別するケースなど多様である。

共同店の経営主体は、一般に理事会（あるいは役員会）とよばれ、理事長はその部落の区長が兼任している場合が多い。理事は、区の理事が兼任するか、あるいは区内の各班ごとに選出される評議員が兼任する。共同店主任も構成員の選挙によって選出される。上述の奥共同店を典型として共同店の意志決定機関は「総会」であり、総会は「区の総会」（部落常会）をもってあてられる。また共同店には、決算（年一〜三回）を区議会に報告する義務がある。[69]

このように共同店は区の自治機関と密接な関連をもち、また自治機関による監督を受ける。共同店の多くは、明治期に成文化された村内法に由来する社会規範（区条例・規則）によって明確に村落自治機構のなかに位置付けられるか、明文規定のない場合でも人事あるいは区行政に対する財政を通して村落自治機構に埋め込まれている。[70]

4　小括

共同店という共同体の経済組織は、その展開過程が示す通り、まさに当該共同体ならびに構成員に密接に結びついている。このことは、奥をはじめ共同店を設立した多くの村で、共同店の「産業組合化」、あるいは「農協化」はことごとく失敗し、結局、共同体的基盤の上に成り立つ共同店という形態に戻っていることからも明らかである。

大正期の行政主導による共同店の産業組合化の失敗は、共同店が、集落の共同性に支えられたものであったのに対し、産業組合は、集落横断的であったがために区の政治的監督を離れ、構成員の政治的意思を反映しなくなったことにあった。(71) 戦後、集落ごとに農業協同組合が設立された地域では、それが共同店と同一視される限りその運営はスムースであったが、農協が集落横断的な行政上の村単位の単一組織に合併されると再び共同店を復活させたところも多かったという。(72) また、日本復帰前に民間レベル、行政レベルで行われた八重山開拓移民団の開拓村の多くは離農による過疎がすすんだが、いくつか成功した集落もある。成功した開拓村は、養蚕、牧畜といった複合経営など様々な試みを集落で取り組んできたが、その背景には共同店を中心にした村落結合の基盤があったとされる。(73)

このような共同店の特性は、共同店が村落共同体の社会規範によって村落の自治機構に埋め込まれているという点からも理解できよう。実際、共同店はその成立の契機が共同体的規制のうえに成り立っている。興味深いことは、共同店の存続が共同店構成員の管理の下にある場合にはうまくいくが、管理を離れると混乱してしまうという性質であり、こうした共同店の持続可能性は、コモンズの持続可能性に類似しているという点である。コモンズの資源の持続可能性が「ただ乗り」(free ride）をいかに防ぐかにあるように、[74] まさしく共同店の産業組合化の失敗の原因のひとつは、組合員による組合からの借金と掛売りが無制限に行われたことにあったが、[75] それを有効に抑え込む手立ては産業組合化した時点で失われていたのである。

ここで、糸満氏の果たした社会的役割について述べておこう。上述のように糸満氏のリーダーシップの下、共同店が設立された。糸満氏が私財を譲渡してまで共同店を設立した理由については、共同体成員の一人として糸満氏が村落秩序の危機に対し外来商人との対抗を決意したと描かれている。[76] また、奥の政治的指導者（political actor）としての糸満氏は、奥の社会規範を更新し、新たに創り出した「規範企業家」（norm entrepreneurs）であり、[77] 彼は共同店という新たな共同体の自治機構に規範的に埋め込まれた組織ばかりでなく、共同開墾地を保護する共同猪垣の構築・保全の制度構築にも貢献している。[78] すなわち、規範仕掛人の動機は、規範の変化（大衆行動の変化）による利益の享受、名声の享受とされるが、[79] 糸満氏の本来の出自からして、彼は、こうした新たな規範・制度の創出による共同体への貢献によって地位と名声を確固たるものにしえたのであろう。[80]

五　結び

これまでの議論を簡潔に振り返りつつ、今後の課題を述べ結びとしたい。

近代法に代替して旧慣諸制度を用いるという旧慣存置政策は、沖縄の民衆に対して、「旧慣」という名のもとで、これまでの慣習的な社会制度を認識させ、「旧慣」に基づく自主的なルールを形成させた。さらに杣山の官有化と払下げは、村落が、その対応として自主的な山林管理制度を構築することを促した。このふたつが本稿のテーマであったが、しかしながら、ここで旧慣存置期に県庁によって「旧慣」とされた事象は、あくまで他者（県庁＝政府）によって定義された「旧慣」に他ならならないといえる。[81]

このような新たな山林管理制度の構築は、そうした旧慣・慣習的制度がもともと村落の側に定着していたから容易に促進されたのだろうか。確かに、蔡温由来の杣山管理制度が既に存在しており、村落レベルでその実践の経験もあったが、しかし、琉球処分後に上級権力による山林管理制度が弱体化した際の杣山の荒廃という状況を考慮すると、役人の監督が離れれば濫伐と放置が生ずる危険性を常に内包しており、管理制度が村落レベルで自主的に実践されていたのか疑わしい。[82]むしろ旧慣存置期の県庁指導の内法成文化の経験が、村落に社会的な取り決めや慣習を新たに自主的に成文化するという方法をとらせ、村落外の不可避の圧力が、村落の自主的な山林管理制度の形成を促す要因となったと考えられる。

次に、上述のような共同店の設立は共同体による自己防衛と理解されている。[83]しかし、奥の村落秩序や社会的紐帯は、外来商人を排除しなければ、やがて「悪魔のひき臼」（satanic mill）[84]にひき潰されたのだろうか。共同店の設立は、共同店の設立を太田氏という「流れの便乗者に対する懲戒」[85]と表現されているように、「ただ乗り」の外来者[86]に対する、同質の構成員から成る共同体の合意に基づく社会的排除でもあった。青木昌彦は、共同体規範は、共同体規範を基盤とした経済秩序から市場指向型の経済への移行を促進することもあれば、阻害することもあるという。この見方からすれば、奥は、前近代的な村落基盤型経済から市場経済への漸進的な移行を促進する上で、協力的な規範によって結びついた村落共同体が積極的な役割を果たしたケースと考えることもできる。[87]

最後に、共同店構成員と入会団体構成員との関係にふれて今後の課題を述べたい。

安仁屋／玉城／堂前は、「入会権者＝部落住民＝組合員」[88]と主張するが、そう単純な図式でもなさそうである。たしかに、区に在住する者が共同店構成員であり、かつ入会権者であるので、共同店構成員と入会権者は一致するように見えるが、こうした主張は、本土の入会権者は世帯（主）であることと矛盾をきたすことになる。一九七二年の沖縄県の入会林野調査報告は、世帯に関係なく、また世帯主に限定されないということではなく、やはり入会権者は世帯主であり、共同店構成員もまた世帯主であることは否定できないとしている。[89]さらに「今後研究を要する」と留保を加えつつ、「沖縄県の集落においては、村落―門中―世帯（家）―個人（家族）という系統の中で世帯というよりもむしろ個人（家族員）の方が表面に出て、入会権の主体が世帯であることが直ちに理解され難い感がある（現に入会権者数を不落在住民個人全員と答えたところもある）」としたうえで、地割制・人頭税といった沖縄の「歴史的事情」との関わりを指摘している。[90]

本稿では、明治二六年の入会慣行調査に対する県知事の否定的な回答は、沖縄の山林利用慣行が本土の入会とはかけ離れていることから入会と認められなかった可能性が高いとしたが（Ⅲ章一節

（一）参照）、明治末期から構築され始めた村落の自主的な山林管理制度度が沖縄の歴史的経路の上に形成されたものであったように、沖縄の入会（権）もまたその歴史的経路に依存して本土の入会（権）とは異なるパターンを示している。沖縄の入会の実態、そして共同店との関連については今後の課題としていきたい。

注

(1) 仲吉朝助「琉球の地割制度（三）」史学雑誌第三九編第八号（一九二八年）八三〇頁参照。

(2) 仲吉・前掲「琉球の地割制度（三）」八二二頁参照。

(3) 来間泰男「土地整理事業」『沖縄県史　第一巻』（一九七六年）四三〇～四三一頁、石井啓雄／来間泰男『沖縄の農業・土地問題』日本の農業―あすへの歩み―一〇六・一〇七号（農政調査会、一九七六年）石井執筆部分二一頁以下、来間泰男『沖縄の農業―歴史のなかで考える―』（日本経済評論社、一九七九年）一六～一七頁、向井清史『沖縄近代経済史』（日本経済評論社、一九八八年）第Ⅵ章、原洋之介『北の大地・南の列島の〈農〉―地方分権化と農政改革―』（書籍工房早山、二〇〇七年）七六～七七頁等参照。

(4) 来間・前掲「土地整理事業」四三〇～四三一頁、来間・前掲『沖縄の農業』一六～一七頁参照。

(5) 来間・前掲「土地整理事業」四三一～四三三頁、来間・前掲『沖縄の農業』一七～二三頁参照。

(6) 杣山（そまやま）とは、旧慣土地制度において、琉球王府（藩）の山奉行所が監督し、間切・島・村が管理する山林の名称であり、沖縄の山林面積の九割以上を占めた。

(7) 磯部俊彦「家族制農業の存在構造―現代の危機を軸として国際比較の視座を考える―」(村落社会研究会編『村落社会研究』第二八集、農山漁村文化協会、一九九二年)、来間泰男『沖縄経済の幻想と現実』(日本経済評論社、一九九八年)等、参照。

(8) 松原治郎「沖縄農村の社会的特質」九学会連合沖縄調査委員会編『沖縄―自然・文化・社会―』(弘文堂、一九七六年)五五四~五五七頁参照。

(9) 美里間切・今帰仁間切については、田村浩『琉球共産村落の研究』(至言社、一九七七年=岡書院、一九二七年)二九一~二九九頁、名護間切・本部間切・恩納間切については、鳥越憲三郎『沖縄庶民生活史』(雄山閣、一九七一年)八六~八八、一二二頁参照。

(10) 旧慣土地制度上、王府の許可を得た開墾された耕地あるいは埋立地のこと。税の負担は百姓地と同一であるが、請地状(地券)が付与され、私有地とされたため処分が認められた。農民開墾地の「仕明請地」、士族開墾地の「仕明知行地」の大きく二種類あった。

(11) 琉球史研究者の高良倉吉の琉球・沖縄史研究における時代区分に従えば、一二世紀頃までを「先史時代」、一二世紀頃から一六〇九(万暦三七=慶長一四)年の島津侵入までの五〇〇年間を「古琉球」、島津侵入事件から一八七九(明治一二)年の琉球処分(沖縄県設置)までを「近世琉球」、「琉球処分」から一九四五(昭和二〇)年の沖縄戦までの時期を「近代沖縄」とよぶ。高良倉吉『琉球王国の構造』(吉川弘文館、一九八七年)二~三頁参照。

(12) 高良・前掲『琉球王国の構造』二五〇~二五三頁参照。

(13) 高良・前掲『琉球王国の構造』二一一～二二頁参照。

(14) 琉球の海外貿易は古琉球期の成功から、一六世紀後半にはかなり後退した。高良倉吉『アジアのなかの琉球』(吉川弘文館、一九九八年)一五五頁以下、赤嶺守『琉球王国—東アジアのコーナーストーン』(講談社選書メチエ、二〇〇四年)七九頁以下参照。

(15) 人口増大に関しては、尾口義男「薩摩藩と近世琉球の人口—琉球人口データ及び近世前期の薩摩藩の社会動向に関する新たな史実を付加しての「薩摩藩の人口」補論—」黎明館調査研究報告第一三集(鹿児島県郷土資料センター黎明館、二〇〇〇年)七～九頁参照。

(16) 王府の地方行政区画の新設については、梅木哲人「近世農村の成立」『新琉球史—近世編(上)—』(琉球新報社、一九八九年)一九三～一九四頁参照。

(17) 近世的身分制の確立については、田名真之「身分制—士と農—」『新琉球史—近世編(下)—』(琉球新報社、一九九〇年)参照。

(18) 田村浩『琉球共産村落の研究』(岡書院、一九二七年＝至言社、一九七七年)一八三頁参照。

(19) 大蔵省主税局編『沖縄法制史』(東京税務監督局、一九〇二年＝山岡書店、一九五三年)二六頁参照。

(20) 以下の分析については、拙稿「共同体と土地の利用—沖縄の地割制度への法社会学的研究—」沖縄法政研究第八号(沖縄法政研究所、二〇〇五年)九二～九六頁を参照。

(21) 梅木哲人「近世農村の成立」『新琉球史　近世編(上)』(琉球新報社、一九八九年)二〇一頁参照。

(22) 金城功『近代沖縄の糖業』(ひるぎ社　一九八五年)一六～二九頁、池間真一『概説　沖縄農業史』(月刊沖縄社、一九七九年）五二～六〇頁参照。

(23) 来間泰男「近世先島の人頭税と琉球の租税制度」沖縄国際大学南島文化研究所編『近世琉球の租税制度と人頭税』（日本経済評論社、二〇〇三年）二六～三五頁参照。

(24) 池間・前掲『概説 沖縄農業史』三九頁参照。また、佐々木高明は、一六世紀中ごろまで沖縄本島中南部で営まれていた米の冬稲と夏稲の集約的な二期作が、恐らく一七世紀初頭に一期作に転換した原因の一つとして甘藷の導入とその急速な栽培面積の拡大を挙げている。佐々木高明「南島の伝統的稲作技術」渡部忠世／生田滋編『南島の稲作文化―与那国島を中心に―』（法政大学出版局、一九八四年）四六～四九頁参照。

(25) 田港朝昭「近世末期の沖縄農村についての一考察―地方役人層の動きを中心に―」新里恵二編『沖縄文化論叢 第一巻』（平凡社、一九七二年）参照。

(26) 沖縄県編「沖縄旧慣租税制度」（一八九五年）『沖縄県史 第二一巻』（一九六八年）三四二～三四三頁参照。仲吉・前掲「琉球の地割制度（二）」五八五～五八九頁参照。

(27) 西原文雄「「土地整理」に関する一考察」沖縄歴史研究会編『近代沖縄の歴史と民衆 増補改訂版』（至言社、一九七七年）八七～八八頁参照。

(28) 山本弘文「近世沖縄史の諸問題」新里恵二編『沖縄文化論叢 第一巻』（平凡社、一九七二年）一七三頁参照。

(29) この過程については、拙稿「沖縄明治期の旧慣存置政策に関する一考察―村落慣習法を中心に―」早稲田法学会誌第五三巻（早稲田法学会、二〇〇三年）を参照。

(30) 沖縄県土地整理事業については、拙稿「旧慣諸制度の解体と日本への制度的統合―明治三一年沖縄県土地

整理事業の再定位―」高岡法学第三一号（高岡法科大学法学会、二〇一三年）を参照。

(31)『沖縄県令達類纂』（沖縄県立図書館所蔵）三九～四〇頁参照。

(32)前掲『沖縄県令達類纂』一三四頁参照。

(33)一木喜徳郎「一木書記官取調書」（一八九四年）『沖縄県史　第一四巻』（一九六五年）四九三～四九四頁参照。

(34)農商務省山林局編「沖縄県森林視察復命書」（一九〇四年）『沖縄県史　第二一巻』七二九～七六〇頁参照。

(35)「間切」とは、旧慣地方制度上、複数の「村」から構成される行政機関のこと。旧慣地方制度については、拙稿「沖縄の村落共同体の予備的考察（一）―村落慣習法と村の集会を中心に―」法研論集第一〇四号（早稲田大学大学院法学研究科、二〇〇二年）三三～三六頁参照。

(36)仲間勇栄『沖縄林野制度利用史研究―山に刻まれた歴史像を求めて―』（ひるぎ社、一九八四年）三一～三五頁参照。

(37)仲間・前掲『沖縄林野制度利用史研究』三六～三八頁参照。

(38)鳥越・前掲『沖縄庶民生活史』四二～四三頁参照。

(39)仲間・前掲『沖縄林野制度利用史研究』四三～四五頁参照。

(40)桑江良一「沖縄の森林変遷」中須賀常雄編『沖縄林業の変遷』（ひるぎ社、一九九五年）三四～三五頁。

(41)『沖縄県令達類纂』（沖縄県立図書館所蔵）四〇四頁参照。

(42)尾崎三良「沖縄県視察復命書」（一八八二年）我部政男編『明治十五年／十六年　地方巡察使復命書　上巻』（三一書房、一九八〇年）三一七頁参照。

(43) 真境名安興『沖縄現代史』(琉球新報社、一九六七年)一五五頁参照。太田朝敷も「山方筆者の職が置県と同時に廃されたので、忽ち乱伐の傾向を生じた」としている。太田朝敷『沖縄県政五十年』(国民教育社、一九三二年)五四頁参照。

(44) 仲間・前掲『沖縄林野制度利用史研究』一一五頁参照。

(45) 「山林保護ニ付地方費増加ノ件」『沖縄県史 第一三巻』(一九六六年)一八九~一九〇頁参照。

(46) 前掲『沖縄県令達類纂』四〇三~四〇四頁参照。

(47) 『宜野座村誌 第三巻 資料編Ⅲ』(一九八九年)六二頁参照。

(48) 「上杉県令沖縄県巡回日誌」(一八八一年)『沖縄県史 第一一巻』(一九六五年)二五頁参照。

(49) 福島正夫/清水誠編『明治二十六年 全国山林原野入会慣行調査資料 第五分冊』(民法成立過程研究会、一九五六年)一八七頁参照。

(50) 前掲「山林保護ニ付地方費増加ノ件」一八九~一九一頁参照。

(51) 一八八七(明治二〇)年八月一二日付役所宛県訓令第二三号「杣山取締ノ義従来間切内法有之候処近来緩慢ニ付シ取締不相立趣ニ相聞候条現今改正ヲ要スヘキ件ニハ朱書ヲ付シ更ニ認 可ヲ受ケ厳重取締致スヘシ此旨相達候事」。前掲『沖縄県令達類纂』四〇七頁参照。

(52) 前掲『沖縄県令達類纂』一三四頁参照。

(53) 前掲『沖縄県令達類纂』四〇八頁参照。

(54) 前掲『沖縄県令達類纂』一三五頁参照。

(55) 前掲『沖縄県令達類纂』一三五頁参照。

(56) 平恒次「琉球村落の研究　国頭村奥区調査報告」琉球大学文理学部紀要人文科学第二号（琉球大学文理学部、一九五七年）七頁参照。

(57) 金武町誌編纂委員会編『金武町誌』（金武町、一九八三年）五一三～五一四頁参照。

(58) 安仁屋政昭／玉城隆雄／堂前亮平「共同店と村落共同体　沖縄本島北部地域の事例（一）」南島文化創刊号（沖縄国際大学南島文化研究所、一九七九年）四七～四八頁参照。

(59) もともと貢租の運搬に利用されたジャンク船。馬艦船・伝馬船ともいう。

(60) 水運の展開については池野茂『琉球山原船水運の展開』（ロマン書房、一九九四年）を参照。また池野は共同店設立にあたって山原船経営の意義を強調している（同書六六頁）。

(61) 玉城隆雄「沖縄の地域共同体の諸相」沖縄国際大学公開講座委員会編『沖縄国際大学公開講座二　環境問題と地域社会　―沖縄学探訪―』（沖縄国際大学公開講座高岡法学第三二号二〇一四 年三月委員会、一九九七年）一九三～一九六頁参照。

(62) 平・前掲「琉球村落の研究」一一頁参照。

(63) 仲間勇栄／篠原武夫「戦前期沖縄県における薪木の流通構造について」琉球大学農学部学術報告第二七号（琉球大学農学部、一九八〇年）三六三～三六四頁参照。

(64) 平・前掲「琉球村落の研究」一二頁参照。

(65) 平・前掲「琉球村落の研究」一二～一四頁参照。

(66) 玉野井芳郎／金城一雄「共同体の経済組織に関する一考察―沖縄県国頭郡字奥区の「共同店」を事例として―」商経論集第七巻第一号（沖縄国際大学商経学部、一九七八年）八頁参照。

(67) 沖縄では現在の行政区画でいえば「字」に相当する集落のことを旧慣地方制度上の村名でよび、単に「区」、「字」あるいは「むら」ともよぶ。以下、区とする。区には、区長、理事会、議会等の機関、ならびに婦人会、青年会や老人会などの年齢階梯組織を備えているのが一般的である。

(68) 各共同店の出資法については、「共同店調査一覧」参照。安仁屋／玉城／堂前・前掲「共同店と村落共同体（二）」九四～一〇八頁。

(69) 奥区については、平・前掲「琉球村落の研究」一七～一九頁、ならびに玉野井／金城・前掲「共同体の経済組織に関する一考察」八～一〇頁、国頭郡一帯については、安仁屋／玉城／堂前・前掲「共同店と村落共同体（一）」一一一～一一五頁参照。

(70) 平・前掲「琉球村落の研究」一七～一九頁、安仁屋／玉城／堂前・前掲「共同店と村落共同体（一）」参照。

(71) 平・前掲「琉球村落の研究」一七頁参照。

(72) 安仁屋／玉城／堂前「共同店と村落共同体(二)」南島文化第五号(沖縄国際大学南島文化研究所、一九八三年)一八〇頁参照。

(73) 安仁屋／玉城／堂前・前掲「共同店と村落共同体（二）」一八二頁参照。

(74) さしあたり、浅子和美／國則守生「コモンズの経済理論」宇沢弘文／茂木愛一郎編『社会的共通資本―コモンズと都市―』（東京大学出版会、一九九四年）八一～八六頁参照。

(75) 実は、掛売金の回収は共同店時代から熱心ではなかったというが、産業組合の初期の理念（末端農民の救済）がこの傾向を助長したという。玉野井／金城・前掲「共同体の経済組織に関する一考察」五頁参照。

(76) 糸満氏は「成員の一人として外からの収奪者に抵抗する封鎖的・排他的存在となった（中略）資本主義的要素の侵入や圧力があれば、村落は自己防衛の手段を講ずるであろうと考える人であった」、前掲『国頭村史』四九五頁参照。

(77) Sunstein, Cass R. (1996) "Social Norms and Social Roles," 96-4 Columbia Law Review 909. Sunstein は political actor の多くは、norm entrepreneurs であるという。元間切役人であった糸満氏は、Sunstein のいう political actor であり、青木昌彦の比較制度分析にならえば、「政治的企業家」political entrepreneurs であった。

(78) 山野に囲まれた奥では、新たな耕地は山地の開墾によって求められた。山地の開墾地は明替畑とよばれる一種の焼畑地で、イノシシによる獣害を防止するための広大な猪垣を張り巡らせる必要があった。明治三六年に太田氏が提唱するまで、猪垣は各個人の負担とされていた。平・前掲「琉球村落の研究」八～九頁参照。

(79) ポズナー、エリック（二〇〇〇＝二〇〇二）『法と社会規範―制度と文化の経済分析』（太田勝造監訳）木鐸社、五五～五六頁参照。

(80) 玉野井／金城は、「自分の資金を共同体に譲渡し、共同体を防御することによってはじめて、糸満氏は名実ともに共同体の成員となりえたのではなかろうか」とする（玉野井／金城・前掲「共同体の経済組織に関する一考察」三頁注（五）参照）。

(81) 他者の定義付けに基づく自主的なルール形成は、支配者が下した定義の支配された者への無意識の転移とでもいうべきものであったのだろう(永渕康之「他者の言葉で語る自己」青木保/佐伯啓思編『「アジア的価値」とは何か』(TBSブリタニカ、一九九八年)一九三~一九四頁参照)。この点については、台湾・中央研究院台湾史研究所の曾文亮氏からご指摘を受けた。ここに感謝申し上げたい。

(82) 北原/安和は、蔡温の林野政策を「その厳格、周到な森林管理統制策を通じて、農民の慣習的占有権を森林保護的方向に誘導し、新たな共同体的慣習として定着させ」、「まさに「作られた共同体的慣習」であり、国家的指導統制が徹底している慣習である」とする。北原淳/安和守茂『沖縄の家・門中・村落』(第一書房、二〇〇一年)九三頁参照。しかしながら、近代の経験が山林管理制度を自主的な共同体的慣習として定着させたのではないだろうか。

(83) 平・前掲「琉球村落の研究」一二頁、『国頭村史　正編』(国頭村役所、一九六七年)四九二~四九五頁、与那国暹「沖縄村落の社会的特質」九学会連合編・前掲『沖縄』五七四頁参照。

(84) Polanyi の自己調整的市場に対する比喩。Polanyi, Karl (1944) The Great Transformation: the political and economic origins of our time, Beacon Press 33. ポラニー、カール(二〇〇九)『大転換―市場社会の形成と崩壊―』(野口建彦/栖原学訳)東洋経済新聞社、五九頁参照。

(85) 平の聴き取りによる。平・前掲「琉球村落の研究」一二頁参照。

(86) 太田氏は「着のみ着のままで奥部落に辿りついて、田畑を耕すのでもなく山に行くのでもなく、居ながらにして富を蓄積」する者と受け取られていた(平・前掲「琉球村落の研究」一一頁参照)。

(87) Aoki, Masahiko (2001) Toward a Comparative Institutional Analysis, The MIT Press 51. 青木昌彦『比較制度分析に向けて〔新装版〕』（NTT出版、二〇〇三年）五八頁参照。

(88) 安仁屋／玉城／堂前・前掲「共同店と村落共同体（一）」一一〇頁参照。

(89) 中尾英俊編『沖縄県の入会林野―昭和四七年度「沖縄県における入会林野に関する調査」調査報告書―』（沖縄県林務課、一九七三年）六〇、七四頁参照。

(90) 中尾編・前掲『沖縄県の入会林野』一七四頁参照。与那国暹も、共同店の一人一株という人口株と地割制の「人頭割」の関連性を指摘している。与那国・前掲「沖縄村落の社会的特質」五七四頁参照。

企業の社会的責任と社会的企業の経済的責任

―共同体的複合事業協同組合としての共同売店の過去、現在そして将来―

村上了太

はじめに

本章の目的は、⑴沖縄・奄美地方に点在する共同売店（Community Owned Shop）の「経営」に関する研究を軸として、⑵その研究に対する類縁組織の存在と概念規定、さらには⑶経営課題に対する存続可能性の探求、⑷共同売店が存続不可の場合に取られる選択肢、などを視野に入れた分析を試みることにある。ひとえに沖縄・奄美地方に点在する共同売店が特殊な存在であるのではなく、むしろ日本を初め、地域が協同して出資した組織の一つの現象であるとすれば、協同組合の基礎をなす産業組合運動からの影響を避けることができず、さらにその役割を見る限りは「連帯経済」(Solidarity Economy）という広範な概念からも指摘されなければ、沖縄の共同売店は理解されない。連帯経済が社会的排除から社会的包摂へと向かわせる力であるとすれば、共同売店や協同組合も、営利企業によって生じさせる様々な排除を包摂へと向かわせることに使命を帯びている。しかしながら、包摂へと向かわせるには経済性という側面から見た組織運営のための原動力が確保されなければ、当然のごとく持続性が担保されない。

こうした動きを一面的にとらえるとすれば、営利企業とは利潤追求行動との引き替えに「排除」も辞さないことになる。だが、このような図式が現代の営利企業に広く適用されるかといえば必ずしもそうではない。すなわち、企業の社会的責任（Corporate Social Responsibility、以下CSR）という概念の存在を見逃すわけにはならないのである。CSRに関して営利企業は、一種の包摂を推進する傾向にある。たとえば、これまで企業が生じさせた様々な課題（貧困、環境汚染、都市化、過疎化など）にも営利企業の活動にも起因していると言っても過言ではない。そうした課題に対して、営利企業もCSRを通して排除から包摂にも関心を抱くようになった。CSRを初めとして、ワーク・ライフ・バランス（Work Life Balance）、環境配慮型企業経営そしてダイバーシティ・マネジメント（Diversity Management）なども展開されてきた。

他方、本稿で対象とする共同売店は、集落や集落の有志が協同出資、協同経営に加えて協同労働などが行われてきた組織である。いわば資本／賃労働という支配／隷属関係が存在しない組織として、その性質上、社会的企業や非営利企業（組織）という概念に包括されてきた。だが、営利企業よりも「高く」評価されがちな社会性に着目される一方で、組織存続のための経済性の追求にいくらかの課題を有するように思われる。すなわち、CSRを営利企業からの社会性の追求ととらえるならば、非営利企業の経済性の追求に議論が深められなければならない。両者の追求している交点に何が存在するのか、もしくは単なる桃源郷なのか、本稿を踏まえて検討を試みることにする。さらに、この共同売店が沖縄に根付いて一世紀を超えているが、そのルーツが解明されているといえるだろうか。これまで主に社会科学的アプローチによって「静的」な分析が試みられてきたものの、現状に至るまでの経緯として「動的」な分析は、いかほどなされてきたのだろうか。今や共同売店ですら閉鎖・解散を余儀なくされる時代である。そうした時代までの経緯を振り返るとすれば、共同売店の果たした役割は決して少なくないものの、今後の見通しは決して明るくはない。こうした時代の変化は、共同売店の果たしたこれまでの役割を評価しつつも、過疎化に適合した選択肢も考えられなければならないことを示唆している。

本稿では、上記を踏まえて過疎地と呼ばれる地域においても、まともな生活といえるディーセント・ライフ（Decent Life）を実現するための買い物支援を過去・現在そして将来にわたってそのあり方を考えることを基盤とした上で、諸外国との比較考察を加えることにする。さらに買い物支援を目的とした取り組みに関わる諸課題を掲出するとともに、共同売店に代替する対策についても検討を加えることにする。

一　課題の設定

本稿の目的は、第一義的には「共同売店」を経営学という手法で分析し、その存続意義を見いだすことにある。その理由は、沖縄本島、県内島しょ部、そして奄美地方その他における集落出資の小売店舗が経営の危機を迎え、漸次衰退の一途をたどっているからである。ただし、それだけの目的で共同売店を理解しても、(1)検討の結果、何が得られるのか、(2)得られた結果が沖縄にとってどのような影響を及ぼすのか、(3)共同売店は二〇二〇年度現在でも地域住民に必要とされているのか、などといった疑問が出ても不思議ではない。本稿では後述の通り、共同売店の存在意義についていくつかの文献を取り上げつつ、その歴史的な役割を論じつつ二〇二〇年現在の実態を考える。さらにその将来像を描き出すことまで論述を展開することにしたい。さらに共同売店の果たしてきた役割を、社会課題解決のための一つの手法であるとしてその経営上の課題を探り出し、(1)社会課題解決のために想起されうる他の選択肢、(2)海外の事例に伴う共同売店の存続という選択肢、の二点から事例比較も試みる。

では、本稿での課題とは何に求められるべきか。それは、①共同売店の生成やその存在意義を、歴史的文脈においてどのように位置づけられるべきか、②そして現状と将来について考えていく、ということに設定する。昨今のインターネットの普及による情報収集機能の劇的変化によって、「共同売店」と検索すると、いくつかの文献にたどり着くことができる。そのいくつかには共同売店の関係者にインタビューを実施したものが散見され、実態に踏み込んだ調査が行われている。また「字誌」においても共同売店の存在が記されているように、沖縄におけるユイマールを体現させた組織として地域に欠かせない存在であることがわかる。こうしたインタビュー調査および若干の静態的な分析を歴史的文脈に組み込むためには、本稿でカバーすることは不可能であるため、本書に掲載された他の論考に譲ることにする。

とはいえ、共同売店とは、そもそも集落出資による協同組合である。それがなぜ沖縄県の北部で生成されたのかということに疑問が掲げられなければならない。一般論的には、「一九〇六年（明治三九）国頭間切奥村（現在の国頭村奥部落）に設立された共同売店は、その後沖縄本島の北部を中心として広がっていった。共同売店の設立は明治三〇年代の産業組合運動に触発されたものであった。産業組合は『産業組合法』（明治三三年）に基づいて、中小生産者が資金の運用や生産物の販売、原料や資材の購入、施設の利用などを共同に行う社団法人組合である。従って、機能的には共同売店と重なる部分が多く、行政の圧力で産業組合に強制的に統合される所もあった。しかし、その後の法改正によって部落の産業組合が市町村単位の大組織に移行したのに対し、共同売店は部落（字）単位で、部落の共同性を直接に反映した生活に密着した組織であったために、結果的に多くの部落では共同売店のほうが不可欠なものとなった[(1)]」という指摘に説得力を有している。

この産業組合運動とは明治政府による「上」からの圧力であり、それに地域が迎合しなかったとすれば、産業組合運動とは何だったのだろうか。そして、産業組合と袂を分かたれた共同売店がどのような道を歩んできたのだろうか。このような概念的な思考に基づくとすれば、⑴改めて共同売店と産業組合双方の諸特徴を比較検討し、⑵共同売店の果たしてきた役割を地域課題の解決という視点で捉え直し、⑶地域課題を解消に向かわせるための主体もしくは組織のあり方を見つめ直し、

(4)買い物弱者[2]を解消へと向かわせる概念として、「まともな生活」を掲げ、生活環境の変化に応じた買い物行動への最適解を提示する、といった大きくは四点を本章の課題として位置づけておきたい。ここで買い物弱者は、農林水産政策研究所によれば「食料品アクセス困難人口とは、店舗まで五〇〇m以上かつ自動車利用困難な六五歳以上の高齢者を指します。店舗は、食肉、鮮魚、野菜・果実小売業、百貨店、総合スーパー、食料品スーパー、コンビニエンスストアが含まれます[3]」とある。すなわち、共同売店を過去、現在そして将来と時間軸をもって考察していくことに本稿の役割がある。また、地域出資という括りからして諸外国の諸事例をも比較対象に位置づけて相違点を見いだしながら、存続の可能性を探る。さらに共同売店モデルが歴史的役割を終えつつあることも偽らざる事実であるとすれば、地域における課題解決のためのその他の選択肢をも視野に入れた検討を加えることとする。

二　企業社会と市民社会

1　企業の社会的責任

本稿ではまず、企業について、経済性と社会性という二つの側面を有していることから理解を深めることにする。その理由は、単に企業の活動によって営利が追求され続けるとともに、その対価としての社会的損失（環境問題や格差問題）が生じているという現象だけではなく、その対価のための取り組みも行われていることを加味されなければならないからである。これを企業の有する二面性という文脈から紐解いていきたい。

企業は営利を追求するために存在する継続事業体である一方、営利以外の範囲において社会貢献活動や社会課題解決に向けた取り組みも行う組織である。単純にこの営利活動を経済性と位置づけるとすれば、後者の部分が社会性といえる。なにがしかの困難にある人々を助けるためには、その持続性としての経済性の追求が求められる。この仕組みにおいて、両者のバランスが問われることになる。

社会性という面で、特に強調されるのが企業の社会的責任という用語である。そもそもCSRは、既に二〇世紀初頭からの議論が見受けられるほどの歴史を有している。(4) 株主至上主義を前提とした企業経営においては、その活動によって生ずる様々な課題が軽視されてきた。たとえば、「不公正取引、詐欺、談合・ヤミカルテル、インサイダー取引、粉飾決算、贈賄、総会屋への利益供与、腎臓を売らせるローン取り立て、部下への盗聴指示、不良債権化防止のための追貸し、騒音・振動公害等」(5) を露呈させてきたのである。こうした動きからさらにCSRは広がりを見せており、「ステークホルダー（利害関係者）との対話を通じて、社会からの期待に応え、社会から信頼される経済事業それ自体を展開することが企業の持続的な競争力・収益力を高めるものと理解されるようになった」(6) といえる。しかし、CSRの広がりとのアンチテーゼとして企業不祥事が後を絶たないことも指摘されなければならない。(7)

さらには、労働の流動化に関連しても、関連の法整備に伴い、正社員と非正社員という格差構造を生み出すことにより、それがひいては少子高齢化にも少なからざる影響を及ぼすことになったのである。なお、正規社員と非正規社員とは、「同一価値労働同一賃金」の概念からすれば存在し得ない考え方である。[8] また日本的経営の文脈から生ずる終身雇用制度そのものが格差社会を露呈させてきたのである（正社員＝終身雇用）。終身雇用にたどり着けない人々は、企業にとっても都合の良い存在として多用されてきた。非正規雇用が多用されてきた理由は、(1)不景気の時期に非正規労働者を増やしたこと、(2)社会保険制度の適用が除外されやすいこと、(3)解雇が容易にできること、(4)繁忙期と閑散期が存在するような業界では繁忙期のみに労働者を増やせること、などの四点にまとめることができる。[9] 企業にとっては都合の良い存在であるとはいえ、正規社員よりも諸般の権利に乏しいことから、生活の保障が脅かされることになる。こうして生活の安定さえ享受できないことは、まさに少子高齢化を助長する遠因ともなり得るのである。

企業の社会的責任論の文脈としては、上記のような企業の特質は、いわば無政府性を帯びていることを初め、そしてその性格に対応するために行われる政府の規制との関連で説明されるものである。

2　社会的企業

ブラック企業ならびにホワイト企業の存在とは、企業を取り巻く様々な（ステークホルダー）において、どのような関係者に対してブラックなのか、そしてどのような関係者に対してホワイトなのか。ドイツにおける「閉店法」に見られる「ワーカーズファースト」(Workers First) に比して、ファーストフード、一〇〇円ショップそして回転寿司チェーン店などに見られる「カスタマーファースト」(Custamers First) の姿勢が混在した状況においては、企業を取り巻くステークホルダーのいずれを重視した姿勢にあるのかによって社会から糾弾されることにもなる。なお、この閉店法については「ドイツには一九世紀に起源を持つ法律「閉店法」があり、商店の営業時間を制限している。法改正で平日や土曜の規制は緩和されたが、日曜の休みは変わらない。病院や駅などを除いて営業禁止[10]」となっている。いずれも企業として存在するためにその軸足をどこに設けているかによって、外部からの「印象」が異なる。要するに立場の弱い労働者に対するしわ寄せは合法的なものなのか、非合法的なものなのか、経営者の労働者に対する姿勢と労働者が有する法律知識のバランスによっても異なってくる。

いわゆる社会的企業が着目されてきた背景には、企業の民主的経営そして企業市民として重要な存在である労働者協同組合においては「(1)資本提供のインセンティブに欠けるため、企業設立のインセンティブが乏しい、(2)営利企業より労働者へのリスク負担が大きくなること、(3)投資資金の調達が容易ではない、(4)分配が存在しないため、利潤を投資に向けるインセンティブが低下する、(5)メンバー制限の意識構造が生まれやすい、(6)民主主義実現のための時間とコストが存在する[11]」などというリスクを抱えていると指摘されている。そしてこうした諸課題を解決するための方策として、協同組合グループには、(1)モンドラゴン協同組合が作った銀行や協同組合経営司令部などといった協同組合内部の支援機構、そして(2)政府・自治体、労働組合、協同組合の連合体あるいは市民の組織といった外部支援機構の必要性が指摘されている。[12] こうした諸点を踏まえて、英国の実状が指摘されているのだが、多くは協同労働の拡充が指摘されているところであり、我が国の事例とは対照的であるといえる。

ただし、考慮されるべきは社会的企業とはどのような定義をもってなされるかである。類似した概念にはホワイト企業も存在するだろうし、CSRの一環として慈善事業に協力している場合も社会的企業といえるのではないだろうか。

3　営利企業の社会的側面と非営利企業の経済的側面

営利企業の社会的責任とは経済性の追求を前提とした社会的側面へのアプローチである。これを前提とすれば、いわば非営利企業は、その存続のために経済性にも触れられなければならない。このことから、非営利企業における経済的側面へのアプローチが必要となる。結果として、両者の特性それぞれが対角線上に位置づけられる。営利企業は利潤極大化を目的としている一方、非営利企業は一般には利潤極大化を目的としていないとされる。両者は、そもそも経済的な、もしくは社会的な使命を帯びて存在し続けることになるが、その持続可能性を実現させるには富の源泉を確保しなければならないことは共通している。富の源泉を確保して、組織存続のための必要経費を支出することによって、初めて損益分岐点が把握されるのである。富の源泉が、自主財源に基づく商品の製造や販売によるものなのか、指定管理のような業務受託によるものか、いずれにせよ組織の存続のためには収入が確保されなければならない。

営利企業でも非営利企業でも損益分岐点は、それぞれの事情が絡んでいるため、いずれも共通して存在している重要な経営概念である。すなわち、非営利企業とは赤字経営を前提としている存在ではなく、非営利に関わる活動をしつつも黒字経営を維持する場合すらある。理由は組織の存続のためである。このことから営利企業＝株式会社、非営利企業＝ＮＰＯ（Non Profit Organization）という構造ではなく、経営理念や財務諸表に見られる諸特徴から位置づけられることになる。株式会社で事業の継続可能性に乏しいことから、他の制度を用いた対応がなされることになる。

すなわち営利企業とは、株式会社や合同会社の形態で利潤が見込まれる事業を展開し、常に損益分岐点を意識せざるを得ない。他方、利潤が見込まれない事業や地域には企業の有する貪欲な性質を背景にして、事業の対象外となる地域が生じてくる。必然的に営利企業が進出できない事業分野や地域に小規模資本やなにがしかの支援・助成を活用した非営利に関する組織による運営がなされる。すなわち、損益分岐点もしくは営利企業出ない場合は、収支計算書の固定費を比較的低く抑えられる組織体による運営がなされるのである。その証として、人件費抑制も課題の一つになり、結果的には無償労働に頼らざるを得なくなるのである。

三　交点

1　責任に関する交点

協同組合の経済的責任とは、先のＣＳＲに関する議論の対角線上にあると仮定すれば、協同組合の社会的意義の高さに比較してその存立基盤であるところの経済的責任に着目する必要があるのではないだろうか。すなわち、ＣＳＲが株主価値の追求に変調している企業の性向に方向修正を求めているのに対し、いわば社会的価値を追求している社会的企業と称する組織に関する経済的価値の議論がどれだけなされてきたのだろうかということである。

ここで社会的企業とは、株式会社、合同会社、財団／社団法人、その他企業に類する活動を行っている組織の総称と位置づけておくことにする。社会的企業と企業の境界線が不明確ではあるし、企業が社会性をすべて失っているとも言いがたいため、概念としての区別であることを念頭に置く。たとえば、本稿で展開するところの共同売店は、沖縄本島北部、県内島しょ部そして奄美地方などに点在し、また集落出資の小売商店として全国各地でも活動が始められた。ここで共同売店としていえることは、集落単位での出資に特徴があるといえ、この方式は英国の集落出資の共同売店（以下、英国共同売店）にも轍を同じにするといえる。ここで留意すべきは、共同売店もしくは英国共同売店などが一見、当該地域で特殊な環境の下で産声を上げたように解釈することも可能ではあるが、しかしいずれもが世界各地で見られる協同組合運動として位置づけられるべきである。理由としては、農業従事者、漁業従事者のように、共通の目的の下で組織化がなされているとすれば、共同売店も「特定の集落に居住している」という共通項でくくられることができる上に、地域に関わる共通の課題を解決するために組織化されたからである。すなわち、地域協同組合とか集落協同組合という表現が適切といえる。(13)

同様に英国共同売店においても、Parish（小教区）という集落単位による課題解決の動きがあるからである。まずその動きの出発点は、地域の課題を共有できるメンバーが運動の中核になるか否かであり、その次に小教区単位での拡大、さらには域外からも関心を抱かせるか否かである。英国の事例においては、共同体における課題解決を支援する機関としてのプランケット財団（Plunkett Foundation）の役割を看過することはできない。(14)この財団においては、コミュニティビジネス（Community Business）を展開するにあたって必要とされるステップが公開されており、事業計画書の作成なども可能となっている。(15)

2　交点の事例①

社会性と経済性の両立には困難が伴う、いずれかに偏ることで当該組織を取り巻く環境としては、社会的企業と呼ばれる組織は存続の危機に直面し、またその反面で営利企業は「ブラック企業(16)」と冠せられる表現をもって社会から糾弾されることがある。前者の場合は、たとえば自主財源の恒常的な探求が必要であることはいうまでもなく、たとえば行政からの事業委託、助成金・補助金に依存しない体制の構築、すなわち組織の経済的自立が課題となり、後者の場合は組織の経済的自立の「過度」な体制が時としては法令違反を惹起する場合もある。いずれにしてもブラック企業とは「インターネット上で特定企業が『ブラック企業』と表現されている根拠に注目すると、そこには、粉飾決算や消費者問題、情報隠ぺいなど、ステークホルダーに対する不誠実な態度や企業犯罪等も含まれているが、全般的に言えば、『ブラック企業』とは、企業の人的資源管理・労務管理（以下、マネジメント）の在り方に対する否定的な表現と言ってよいだろう。その意味でいえば、『ブラック企業』問題とは労働問題として考えることができる」(17)と指摘されている。こうした労働問題には、経営側と労働側に生ずる情報の非対称性が如実に存在している証左であるといえるが、他面では労働側による様々な諸制度（労働基準法、労働契約法そして就業規則など）の理解度の向上によって改善される点も少なくない。

ここで社会性とはなにがしかの課題を解決・もしくは解消に向かわせようとする志向、そして経済性とはその組織の存続のために必要な独立採算制の実現、すなわち支出に耐えうる収入の確保とその持続可能性が問われることになる。得てしてこうした取り組みに対しては独立採算制が可能であれば何ら組織の存続可能性を考える必要はないものの、往々にして行政からの予算獲得が前提であるものの、そうした事業は期間が限られている。すなわち行政からの予算が示されている段階で自立のためのステップを歩まなければならないものの、果たしてそのような動きを見せているかどうか、である。

3　交点の事例②

では、実際に交点が存在するかどうか。ここでは協同組合運動の文脈から少し視点を変えて、「買い物弱者」対策という共通目的をもった取り組みにおいてみられる共通項、すなわち交点を探り出すことにしたい。

では、本稿の主眼である共同売店がなぜ存亡の危機にあるかといえば、社会的起業にのみその役割が取り上げられるものの、起業以降のマネジメントは一般企業と何ら変わらず、常に損益分岐点を中心とした経営の認識が必要となる。しかし、社会的起業そして、企業としての共同売店という意味では、集団経営ゆえその経営責任の所在が不明瞭となることは明らかであり、結果として閉鎖を余儀なくされる場合が少なくない。「みんなのために、みんなが立ち上がる」といわれれば、社会的起業の崇高な理念にも近似した動きであるのだが、しかし問題は「社会的企業」の脆弱さである。もちろん、脆弱さを帯びていないのが市中に存在する企業であり、スーパーやコンビニでもある。同じ条件で競争状態にさらされてしまうとなれば、スーパーやコンビニと対峙できるだけの要素は何ら見当たらない。さりとてスーパーやコンビニでは提供できない非経済的側面（見守り、情報ハブ機能など）を帯びているからこそ、精神論的には存続できるのだが、しかし足下に見られる現実、すなわち組織の存続可能性を担保するための経済性についての議論が乏しくなってくるのである。

買い物弱者対策のみならず、課題解決のための組織の持続可能性が問われなければならないのである。そこで、買い物弱者を解消に向かわせる動きとして協同出資、協同経営、協同労働を理想とした商店が開設される。沖縄では「共同売店」と呼称される組織であるが、その他の地域においても地域共同商店として開設されている。[18] 基本的には地域の買い物に不便さが伴う場合、その課題を解決するために地域住民が小口の出資を行って商店を開設することになる。いわば社会的起業による対策が講じられる。共同売店は、生活必需品の販売に止まらず、地域の見守り機能、金融機能（信用販売）など複合的な役割を果たしながら存在してきたのである。[19]

しかし、たとえ共同売店という地域にとって必要不可欠な存在であるにせよ、共同売店を取り巻く環境の変化に伴って存続の危機に見舞われ、実際に閉鎖を余儀なくされた事例は少なくない。ではこのような場合、そもそも私企業による経営が成り立たないが故に、共同組織で設立されてもその存続が不可能となれば、どのような主体がその役割を担うのか。行政の場合は、コミュニティバスの運営、買い物バス／タクシーの支援をみることができるが、行政が直接、小売商店を開設し、その他の事業者に運営を委託する事例も皆無ではな

表1　とくし丸とセブン・イレブンの取り組みの比較

	とくし丸	セブン・イレブン	共同売店（参考）
経営基盤	個人事業主	セブン安心お届け便	字（集落）単位、場合によっては任意出資
事業実施の持続可能性（費用負担）	顧客による +10 円ルール（購入者負担）	CSR として企業本体からの負担	1) 閉ざされた環境（交通が「不便」） 2) 集落内に共同売店を維持するだけの人口がある
仕組み	1) スーパーと提携 2) 個人事業主による移動販売の運営	コンビニ店舗からの移動販売車	少品種少量仕入れのため、商品価格が割高

注：共同売店は一般論であり、すべての店舗に共通するとは限らない。
出典：各社ウェブサイト。

いが、決して多いとはいえない。[20]つまり、行政の支援が中心とはいえない状況であることも事実である。

4　交点の歴史的意義

上記のように、人口増大の傾向、および現代よりも閉ざされた地域（集落外への移動が現状よりも困難）であるという前提でのビジネスモデル、そして社会全体の制度設計に限界が露呈することにより、漸次少なからざる見直しの動きが見られるようになった。しかし「変わらぬ価値」を追い求めることも否定はできず、その変わらぬ価値の一つに共同売店がある。変わらぬ価値とは、ここでは見守りを中心とする集落のハブ機能を指している。公民館や民生委員等のハード・ソフト両面から提供される公共サービスに比べても利用頻度が高いと思われる消費活動の拠点として、売店は単なる日常生活の一部であると同時に、あらゆる情報が集約する場所でもある。

集落内外への移動が容易になるという利便性が表出すると同時に、集落外へ資金が流出しやすくなるというリスクも生ずる。至極当然の流れとして、集落への資金循環が不可能となり、そもそも集落内の購買力で支えられていた共同売店と集落内の資金循環のメカニズムが成り立たなくなるのである。

では、徒歩圏内の消費活動はどのように生まれたのか。そもそも商品経済化以前の時代は、自給自足を前提とした生活があった。商品経済化の進展により、商店での消費行動の機会が増えて、新たな生活スタイルが登場したのだが、その商店の存立が危ぶまれて改めて消費行動の機会が奪われた結果、買い物弱者が生じたのである。ということは、自給自足もしくは地域で確保し得ない生活物資がどこまで自給できるかという原点回帰の議論もなされなければならない。

5　交点とは

では、社会的企業の経済的責任と経済的企業の社会的責任は、何が異なるのだろうか。本章の最後に本節で述べることにしたい。最大の受益者である買い物弱者もしくはそれに相当する消費者にとって、移動販売車による商品販売サービスを利用しているという意味では両者とも共通している。すなわち、「徒歩で買い物ができる」という基本的な機能に加えて、販売店側と消費者のコミュニケーションを図る、いわば「見守り」機能も担っている。ただし、相違点としては、受益者負担として消費者から商品代金以外の手数料を徴収するか、もしくは組織本体の負担としているか、である。交点に存在するのは、日常の生活に支障を来さない商品サービス＝買い物行動が確保できていることに過ぎないのである。たとえば、日常生活に支障を来すような生活スタイルは、ディーセント・ライフが確保されない生活困難地域であるということである。ここでディーセント・ライフとは、ＩＬＯ（International Labour Organization）の提起したディーセント・ワーク（Decent Work）を維持するために必要な、「まともな生活」であると定義しておきたい。また、類縁の概念としてワーク・ライフ・バランスの存在も指摘されなければならないが、仕事と生活の両立という側面からすれば、仕事が成り立つが、生活が成り立たない可能性が示唆されるのである。とすれば、生活が成り立たなければ、人々は「弱者」と位置づけられるし、仕事や生活が成り立たない結果、「転居」を余儀なくされる場合は、まさに「買い物難民」と位置づけられる。

弱者と難民の用語については、徒歩圏内での買い物行動に支障を来す事例が先述の自宅から五〇〇メートルとすれば数百万人という数字が算出されるのだが、その一方で買い物に支障を来した結果、転居を余儀なくされた人々が如何ほど算出されるのだろうか。とはいえ、「(買い物弱者と買い物難民：筆者注) いずれも買い物困難者と同様、高齢者等の社会的弱者が直面する普段の買い物での困難を対象としている点で共通している」[21]とあることから、ここではこれ以上の言及を避ける。

四　社会的企業の系譜と近代日本への導入

1　オウエン型協同組合

共同売店という仕組みが社会的企業の範疇に位置されるとすれば、その思想や仕組みがどのような系譜をたどってきたかを考えておく必要がある。すなわち、本章の研究対象である共同売店は内発的な現象というよりも、集落外から移入された仕組みを起訴としていることを前提にその系譜をたどっていくことにする。つまり共同売店を一種の協同組合と位置づけることにしてその淵源を探っていくことにしたい。

特に、かのカール・マルクス（Karl Marx）が批判するに至った空想社会主義者としてのシャルル・フーリエ（Francois Marie Charles Fourier）、サン・シモン（Claude Henri de Rouvroy, Comte de Saint-Simon）、ロバート・オウエン（Robert Owen）である。ここで指摘されるのは、ロバート・オウエンやロッチデール原則の系譜である。

ロッチデール原則が一八四四年の段階で協同組合の嚆矢となったわけではなく、その前史があったことにも触れておく必要がある。協同組合史を紐解けば、大きく二つの類型に分類することができ、その第一を「オウエン型協同組合」、そして第二は「ロッチデール型協同組合」である。こうした論点の整理は既に行われており、第一は第二ほど影響力がなかったものの、言及に値する組織である。[22] つまり、「利潤目的ではなく、人々が協同して出資を寄せ合い、それをもとに自分達自身が利用する店を開き、それを自ら運営することを協同組合の運動であり店舗であるというのであれば、ロッチデール公正先駆者組合は、史上最初の協同組合店舗ではない。その前史として、オウエン派初期協同組合運動と呼ばれる、決して小規模とはいえない、むしろ大々的な協同組合運動が存在する。一八二〇年代から三〇年代にかけて、オウエン派によって、イングランド全土で二五〇を超える協同組合の店が設立されたといわれているから、これを無視することはきわめておかしなことだと言えるだろう。前史である初期協同組合の性格を検討することを抜きにしては、ロッチデール公正先駆者組合がなぜ生まれたのかを正確に理解することもできないのである」[23] と指摘されている。

この指摘を鑑みれば、ロッチデール原則が突如として編み出されたものではなく、類縁組織の取り組みから改良が加えられたことによって生じたものであるといえる。これを前提とすれば、ロッチデール原則の淵源がロバート・オウエンの「空想的社会主義」にあるといえ、それが世界に伝播していくことになり、協同組合運動の礎となったといえよう。

2 ロッチデール原則とICA

ロッチデールに関する研究は、我が国においても戦前から行われている。改めて本稿にてその概要をみる。表2のロッチデール原則とポイントを見てみよう。全体として指摘されうることは、「彼等の公正組合を始むるに方り、彼等の宣言した綱領の中に彼等の理想郷を打建つべき目的を織り込んでいる点において、…ロバート・オーエンの受けたと認めらるる所以であって、…又オーエンが我が消費組合の父であると称えらるる理由が此処に端を発するものであります。…彼等は現実の生活としては禁酒を奨励し、禁酒ホテルの計画すら発表[24]」したほどである。

これらの原則は、基本的にはそれまで設立された各種組合の経験則が活かされており、たとえば第三、第五や第六原則のように、解散を余儀なくされた先の組合の問題が記されているのである。特に第三の原価主義は原価で仕入れた商品を原価で販売するといった「消費者志向」の組合があったと思われるのだが、損益分岐点や簿記に関する認識度合いを鑑みれば、存続要件にかけたことは明らかである。つまり、ロッチデール原則は他の教訓から生まれたものであるといえる。さらに、教育の奨励とは、裏を返せば労働者の飲酒機会を制限するとともに、余暇の時間を学問に向かわせようとしたことを意味していたといえる。また、第五原則に記されたとおり、政治・宗教上の中立性が強調されていることも特徴的であり、ロシア革命で誕生したソ連の歩む道とも一線を画しており、資本主義社会を基盤とした組合であることが強調されていることにも留意が必要である。

さらに、第三原則については、「(1)管理費、(2)借入金の利子、(3)在庫品の減価償却、(4)出資金の利子、(5)事業拡張積立金、(6)教育事業費―これは以上の五つを差し引

表２　ロッチデール原則とポイント

原則	ポイント
1. 組合加入の自由	加入を希望する人を無制限に受け入れる。脱退も自由意志に基づく。
2. 自主的経営	1) 他者に依存しない人格的な行動をとる必要がある、2) デモクラシーの形式として１人１票の原則を取り入れる。
3. 購買高に比例する配当	かつて存在した英国協同組合が破綻した理由が原価主義（1円で仕入れて1円で販売する）であったことから、市価主義と公正を期する要請から市価主義が生まれ、さらに購買高配当が生まれた。
4. 出資に対する厳格な配当制限	株式会社の特徴が無制限配当であることを考えて、かつての消費組合は無配当主義であった。しかし事業の持続性を考えて出資金を貯蓄ととらえて少額の配当を実現しても資本主義に堕していくものではない。
5. 政治並びに宗教上の中立	既成政党や既成宗教に煩わされることなく、消費組合それ独自の発展を志している。なお、ロシアの消費組合が政治中立問題を超越してソビエトの政治と合体したことは例外である。また、消費組合は非階級制を帯びている。
6. 現金売制度の確立	ロッチデール以前の英国消費組合は、いくつもが掛け売りを要因として破綻したことを教訓とする。
7. 教育の奨励	消費組合という実際の経済活動を企図しながら、人々の考え方を変えていくためには、教育的でもあった。

出典：岩城忠一『ロッチデール原則の検討』開拓社、1936年、16-26ページおよび藤田逸男『ロッチデール原則』ホームユニオン出版部、1936年、1-36ページ。

いた後の二・五%、以上の六つを控除した残額が購買高に比例して組合員に払戻されるのである」[25]と詳細に記されている。また、第四原則については「ロッチデール組合の最初の定款（一八四四年）では、利率は三・五%に固定されていたが、翌年には事業拡張資金を調達するために五%に高められた。勿論この三・五%或は五%という利率が大切なのではなく、利率は時の事情に応じて、組合事業の維持拡張に必要なる資金の獲得を組合に可能ならしめる限りの最低率に制限する、というのがロッチデール原則である」[26]と解説されている。また、第五原則については、「ロッチデール開拓者組合の設立よりも古く、既に一八三二年ロンドンに於ける共同組合大会で、共同組合界は有らゆる宗教や政党の人々を包括しているので

表3　協同組合のアイデンティティに関する国際協同組合連盟（ICA）声明

原則	ポイント
1. 自発的で開かれたメンバーシップ	組合員の責任を果たす意思のあるすべての人々に開かれている。
2. 組合員による民主的な権力の執行	単位協同組合の組合員は、（組合員一人一票の）平等な投票権を有する。
3. 組合員の経済的参加	出資金の一部は共同財産。出資金に対する派対戻しの上限設定、および一部の剰余金割り当てがある。
4. 自治と自立	組合員による民主的な権力の執行を保証し、かつ協同組合の自治を保つという条件で実行する。
5. 教育、研修および広報	選挙で選ばれた代表、管理職及び職員に教育や研修を行う。一般大衆、特に若者や影響力のある人々に対して、協同することの本質や利点を広報する。
6. 協同組合間協同	組合員に最大限効果的なサービスを提供し、協同組合運動を強化する。
7. コミュニティへの関与	自らのコミュニティへの持続可能な発展のために活動する。

出典：市民セクター政策機構編著『危機に立ち向かう協同組合と社会的経済』（国際協同組合研究年次報告書第3号）市民セクター政策機構、2015年、140ページ。

あるから、組合人としては如何なる宗教的或は政治的見解にも拘束されないことを、決議している」[27]とある。この点を鑑みてもロッチデール原則が中立性を導入した初めての取り組みではないことがうかがえる。また、第六原則については「ロッチデール開拓者の最初の定款は、組合が商品を仕入れる際にも現金で支払うべき旨を規定し、且つ現金制原則の違反については罰則(係員に対する一〇シリングの罰金と解職)を設けている」[28]と記されている。上記のように、ロッチデール原則を基礎としながら時代に応じて部分的な改編も行われていることが理解される。そして表3のように国際協同組合連盟(International Co-operative Alliance)声明にも反映されている。

3 協同組合運動の展開

さらにわが国に産業組合を導入された原型はシュルツ式(Schulze)もしくはライファイゼン式(Raiffeisen)と呼ばれる協同組合である。これらは、既にいくつかの先行研究を見ることができるので、ここでは概略をまとめて両者の特徴を記すことにしたい。「シュルツ式は出資制、持分譲渡の自由、信用事業の単営主義、剰余金の配当、役員の有給制を原則とし、ライファイゼン式の場合は、いずれもこれと対照的であった。このように概して前者は株式銀行に類似して都市の商工業者に、後者は利潤の取得を目的としない小農民に適合性をもっていた」[29]のである。

こうして組合の原型が導入されるに至ったのだが、表4のようにまとめられるが、両者の特徴は根本的に異なるといえる。「両者は大きくその理念や組織を相違しているが、その根本は何よりもシュルツ系が都市部の手工業者、小生産者を組合基盤とし、ブルジョアー・デモクラシーを掲げたのにたいし、ライファイゼン系は農村における自営農民層、地主、ユンカーなどの土地所有者を基盤としていたことであった。つまり、両者の基本的差違は『土地所有』の有無の相違であったということができる」[30]と記されている。

また、表5は先行研究の中から見いだされる協同組合の歴史性とその寄って立つ原理をまとめたものである。ロッチデール先駆者公正組合の登

表4　シュルツ式組合とライファイゼン式組合の相違点

	シュルツ式	ライファイゼン式
1. 出資	組合員は必ず出資する	農村を区域とし、複数組合の加入は禁止
2. 組合員の要件	職業による差別をしない有限性	無限性
3. 事業内容	信用事業のみとし、兼業を行わない	信用、販売、購買、利用などの兼営主義
4. 信用	対人信用を行わず、物的信用による貸し付けを行う	人格的信用で貸し付けを行う
5. 融資方法	主として３ヶ月以内の短期手形信用を行う	証書貸付、保証貸付で最長 10 年
6. 使途の制限	使途は自由	生産的目的に制限される
7. 剰余金	配当を行う	剰余金の積み立て
8. 給与	経営は専属の有給理事	有給の会計職以外は無給
8. 脱退	脱退は自由。脱退の際、準備金、積立金持ち分を行う	脱退できない
10. 持分の売買譲渡	自由	禁止
11. 新規加入	組合員が新規加入する場合、加入金を徴集する	加入金を徴集しない
12. 実施体制	国家の援助を極力排除した地方分権制	キリスト教精神を基軸とした中央集権制

出典：伊東勇夫『現代日本協同組合論（第２版）』御茶の水書房、1962 年、36-47 ページ、および渋谷隆一「わが国における信用組合思想の導入とその立法過程」『社会経済史学』第８巻第４号、1972 年、79 ページ。

場は資本主義社会の高度な発達に伴うアンチテーゼであったと位置づけられるが、その背景には(1)の小商品生産的社会の協同組合の様々な経験があって初めて原則が成立したとみるべきである。つまり雲散霧消していった初期協同組合からの教訓が様々な箇所に反映されて、ロッチデール原則ができあがったということである。そしてロッチデール原則の影響を受けながらドイツで二つの原則が誕生したのである。

4　日本への産業組合の移入

このように英独での協同組合の展開とともに、産業組合の仕組みが日本にも導入されることになった。これらの過程は、おおよそ次のようになる。「産業組合法の成立は、松方デフレによる農村の不況にもとづく農民層

表 5　協同組合の歴史性と原理

段階	基本理念	類型
(1) 小商品生産の支配的社会の協同組合	共済的相互扶助による商品経済への適応	同業組合、共同体的生産組合、無尽組合
(2) 産業資本段階の協同組合	中間利潤の排除	ロッチデール方式の消費組合、信用組合、販売組合、生産組合、酪農組合、住宅組合
(3) 独占段階の協同組合	商品経済の矛盾の激化と自衛体制の強化	Ⅰサンデカー（フランス）、ファーマース／ユニオン（アメリカ）、生産の協同組合化 Ⅱ統一連合形態の協同組合
(4) 初期社会主義段階の協同組合	土地所有の社会化	Ⅰモスコー方式の協同組合：トーズ、アルテリ、コンムーナ、コルホーズ、ソホーズ Ⅱ東欧方式の協同組合：土地協同耕作組合（ちチェコ、ルーマニア）、共同生産組合（ブルガリア、チェコ、ポーランド）、集団農場（ポーランド、チェコ、ルーマニア） Ⅲ北京方式の協同組合：初級合作社、高級合作社、人民公社

注 1: 筆者が原典を一部改編している。
出典：伊東勇夫『現代日本協同組合論（第 2 版）』御茶の水書房、1962 年、91 ページ。

の分解が進行していく過程において、『中産以下層』の農民の救済手段として、マイエット、エッケルトなどの外人政府顧問および品川弥二郎、平田東助などの政府官僚が、ドイツの信用組合制度を日本に導入しようとしたことに始まる。明治二四年にはシュルツェ式にもとづく信用組合法案が政府によって議会に提出され、また明治三〇年にはライファイゼン式に接近した第一次産業組合法案が貴族院に上程されたが、いづれも流産となった。続いて明治三三年に第一次産業組合法案に若干の修正を加えて再び産業組合法案が議会に提出され、法案は第一四議会を通過して同年九月一日より実施されることとなる」[31]と記されている。こうしてライファイゼン式を基礎とした「組合」がわが国で導入されるに至ったのである。産業組合の導入に関して留意を要する点は、「独逸に於けるライファイゼン組合シュルツェ・デーリッチェ組合等の中央銀行は政府の保護を受けてはいるが、設立の最初に於いては自発的であったのと異り（ママ）、本邦産業組合の要求は初めから政府と組合との共同出資にせよ」[32]という背景があったことも指摘しておきたい。このようにして「上」からの圧力をもって産業組合運動が展開され、同時に中央集権型の産業組合化が促されたのである。

5　消費協同組合への発展

このような協同組合運動の展開に対し、わが国の協同組合については、賀川豊彦の功績を見逃してはならない。とはいえ紙幅の都合で要点のみに絞っておきたい。そもそも「賀川は組合という、政府をはじめとする公共団体ではなく、市場に依拠する民間団体でもない、『中間的な組織』の形成に努めたといえる。中間的な組織には、中小企業の業者団体や医師会のような職業団体、さらには地域コミュニティなどにもあるが、もっとも代表的なものは組合である」[33]と指摘されている。その組合としては、神戸消費組合に代表される生活協同組合となって、共同売店とはその進路を分かたれることになった。なお、賀川の提唱した初期の特色を、(1)市価主義、(2)現金主義、(3)酒やタバコの販売を除外、(4)英国の婦人ギルドに倣って一九二四年に家庭会を創設し、女性の消費者組合運動の参加に道を開いたこと、(5)葬儀部を設けるなど、消費組合精神の普及を目指したこと[34]、などが掲げられる。

五　産業組合と沖縄への伝播

1　沖縄への伝播

歴史的文脈としての「共同売店」。共同売店は、その呼称こそ他に見かけることのない形態であるように見受けられる。だが、集落出資という文脈で読み取るとすれば、その視界が開けることとなり、産業組合との関連性も論じられなければならない。

そもそも、なぜ国頭村奥地域から自然発生的に共同売店が生まれたのか。その際、個人商店から集落への贈与という形態をもって論じられるところであるが、「一九〇六（明治三九）年国頭間切奥村（現在の国頭村奥部落）に設立された共同売店は、その後沖縄本島北部を中心として広がっていった。共同売店の設立は明治三〇年代の産業組合運動に触発されたものであった。産業組合は、『産業組合法』（明治三三年）に基づいて中小生産者が資金の運用や生産物の販売、原料や資材の購入、施設の利用などを共同に行う社団法人組合である。従って、機能的には共同売店と異なる部分が多く、行政の圧力で産業組合に強制的に統合される所もあった。しかしその後の法改正によって部落の産業組合が市町村単位の大組合に移行したのに対し、共同売店が部落（字）単位で、部落の共同性を直接に反映した生活に密接な組織であったために、結果的に共同売店のほうが不可欠なものになっていった」[35]とある。

では、この歴史的文脈における産業組合とは、「産業組合法は、組合員から収集した資本金を元に活動する各種産業組合という組織枠組を提示し、登記済の組合に対して、近似の業務を行う企業より営業税を軽減する事を規定した。金融業務を行う信用組合、組合員が必要な物品を共同購入する購買組合、組合員の生産物を一括販売する販売組合、生産を共同で行う生産組合、設備を共同利用する利用組合の五種が規定され、一九〇六年以降は信用組合業務と他の業務の兼営も可能になった」[36]組織といえる。つまり、「産業組合は『上から』の押しつけであり、『奥部落住民皆の手でつくり経営するみんなの店』でなくなったところに、その本質的要因があるように思われる」[37]との指摘の通り、内発的発展と外圧の矛盾が共同売店の発生を必然とさせたのである。このことから沖縄の共同売店は、産業組合運動から「法人格」という名より、地域発展のための実を優先させて今日に至ると解釈されるべきである。そして、産業組合に改組される過程で直面する法人格の取得を避けることにより、業容は基本的には変わらないものの、形式は異なる組織を選択したことになる。だが、奄美地方の共同売店はいずれも法人格を有している一方で、沖縄では二〇一八年時点、数店舗しか有していないという点にも相違がある。

このような経緯を基にして表5に示された協同組合の発展段階について、改めてとらえ直しおこう。つまり、沖縄の共同売店の普及は産業組合というよりも共同体的生産組合や相互扶助を前提とした色彩が濃く、また産業組合運動への不浸透ということを鑑みても、あくまでも共同売店は（一）の小商品生産が支配的社会において生じた組織であると位置づけられる。さらに地域の必然性から購買のみならず、信用やその他の業務も担う、いわば共同体的複合事業組合の様相を呈したといえる。

2　社会的企業としての産業組合

さて、協同組合という文脈から読み解いていくと、各地での組合運動は自然発生したものではなく、試行錯誤を繰り返しながら深化したものと考えることができる。このような動きを前提とすれば、沖縄・奄美地方で「初」となる共同売店が突如として発生したと指摘することは困難である。すなわち、奥地区の地理的環境からしても自然発生的に個人商店を買収するには至らなかったと思われる。

本書の分析対象である「共同売店」について若干の吟味を加えて、次章以降の分析につなげていくことにしたい。本書で取り上げる共同売店とは、集落出資の生活物資を販売する商店であると理解される。その共同売店という組織をこれまでの社会的企業や経済的企業という系譜で分析する場合、まずその特質が論じられなければならないことになる。しかし、その特質とは何かといえば、必ずしも特殊沖縄的な性質を有した組織体であると指摘することはできない。すなわちそれは、困ったときは「みんな＝集落」で解決しようとする地域の必然的な動きであると見られるからである。そして地域が立ち上がることとなるのだが、いくつかの選択が行われて結果、共同売店という組織が成立し、なおかつその内実に関しては、粗雑にいえば「法人格の有無を不問とした、かつ業容が未分化な複合的な機能を有する集落出資の組織体もしくは産業組合」であると位置づけておきたい。これこそが、戦前日本で行われた産業組合運動の黎明期に、国頭村奥で共同売店が産声をあげたのは単なる偶然ではなく、その運動との関係から生じた必然的な現象であったと指摘されなければならないのではないだろうか。同じ集落で生活する住民が共通の意識として、組織の発足を実現させた結果という意味では産業組合も共同売店も同じではあるが、前者を選択した場合の法人格とその事業内容の束縛を加味すれば、後者による無限責任の選択が以前の選択となるであろう。

さて、共同売店が隆盛を極める一方、産業組合の動きも活発になったのだが、そもそも沖縄の村とは「沖縄は分割相続地帯であり、農家や農地の流動性は高いと考えられ、日本的な『村』が形成されていたとは考えにくい」[(38)]とある。この指摘に関連して産業組合の特徴を簡潔に表現すると、「大正期における産業組合の区域が課題である状況に対して、沖縄県は、町村未満（字）組合の設立を進めていく方針をとった」[(39)]とある。推測の域を外れないが、当時の共同売店の仕組みも基本的には

「字」単位である。この単位での活動が最も重要視されてきた背景には、地域の歴史＝移住したそのルーツが異なるがゆえに、同じ町村であったとしても連帯して協働する力（もしくはインセンティブ）に欠けていたのではないかと思われる。とすれば、明治政府の上からの産業組合化が沖縄では隆盛から衰退に向かわせるのは、結果的には産業組合へのアンチテーゼとしての共同売店であると指摘されうる。このため、産業組合が沖縄の風土に適した組織形態でなかったことが、裏を返せば共同売店の発足を必然化させたのではないかと考えられる。こうした推測を基礎とすれば、共同売店が突如奥集落で発生したのではなく、産業組合運動からの刺激を受けながら、特殊沖縄的な路線を歩んでいったといえるのではないだろうか。そして先の指摘の通り、共同体的生産組合の色彩を帯びたものの、産業組合への改組には必然性がなかったのである。

さらに付言すれば、発足後に作成された奥共同店店則がロッチデール原則との類似性を有すると記述された論考がある。[40] この記述を鑑みると、両者の存在は、偶然性か、もしくは関係性の所在を追求すべきか、という選択肢が想起される。ここで私論としてではあるが、産業組合運動の高まりの遠因が欧州＝特にドイツにあるとすれば、ロッチデール原則がライファイゼン式とかシュルツェ式として間接的に移入され、まさに「上」からの産業組合化が沖縄にも押し寄せてきたことと思われる。しかし、集落単位からさらに大きな市町村単位での組織化を初めとした諸制度の変革を余儀なくされたことから、結果として沖縄には産業組合が根付かなかったものの、産業組合の掲げる理念の一部は共同売店に導入されたと考えるのが自然ではないだろうか。

れる。

3　協同組合と共同売店の分岐点

先述の通り、共同売店が協同組合に合流しなかったことにより、(1)法人格の未選択＝無限責任制、(2)柔軟な配当性向、(3)業容の多様化などといった産業組合からすれば、いくつかの未分化の仕組みがむしろ共同売店の特徴として沖縄に根付き、沖縄本島やその他の地域に伝播していったと考えられる。

共同売店という名称で沖縄本島や周辺地域にその仕組みが広がる一方、一つの特徴として奄美地方がある。北琉球地方と位置づければ、この産業組合運動がどのように展開されたか、ここで述べることにする。たとえば、一九〇〇年前後の状況について見てみる。表6には、一九〇三年時点での産業組合の社数である。府県別に見れば、「信用組合の最も多きは長野県の六九社、販売組合は静岡県の一六社、購買組合は石川県の一八社、生産組合は宮城、山形二件の各二社、その他組合は岩手県の一三社にして合計に於いては長野県の一〇二社を最も多しとす。これに反してその最も少なきは岡山、高知、沖縄の三件にして何れも一社づつの設立ありに過ぎず」[41]と記されている。この時期と重なるように、沖縄の共同売店は一九〇六年に産声を上げる。すなわち、明治政府主導の産業組合とは袂を分かたれて、集落単位での無限責任制を帯びた消費組合が誕生するのである。明治の産業組合運動は、結論を先に言えば、市町村単位での設立を前提にしていることから、沖縄における集落単位での行動が前提となったため、その流れに飲み込まれることなく、独自の形式が次第に南下していったのである。その理由は、「近世後期、貧窮士族が首里を出て地方へ都落ちし、人里離れた地に小屋掛けして荒蕪地を開墾し農業を営んだ。屋取は他地に宿るの意。居住人と呼ばれ寄り集まって集落を形成していった。屋取を期限とする集落（ムラ）は一三〇余にのぼる」(42)ということに関連があると思われる。ともに首里からの移住を余儀なくされた人々が集落を形成したことがその歴史を歩み続けていたものの、明治政府からこれを市町村単位に拡大するとなれば、困難を伴うことになったと推測されよう。

すなわち、沖縄において産業組合より共同売店が拡大を見せた理由は、集落単位と町村単位という規模の相違が要因の一つであり、さらには集落と集落外の交流の度合いに基づく、人的側面がもう一つの要因ではないかと考えられる。ただし、共同売店の持つ無限責任制は、産業組合においても表6のように有限組合よりも多数を占めていることから、沖縄への「組合」概念は導入されてきたものの、沖縄の諸環境にあった規格で広がりを見せていったといえる。これが時代的に産業組合運動と共同売店の発生がほぼ同時期であったことに対する考察である。さらに、共同売店での機能は、奥共同店の事例を踏まえると、

表6　1903年6月末の産業組合の数

種類	信用	販売	購買	生産	その他	合計
有限	119	43	44	8	43	257
無限	312	5	58	8	41	418
保証	6	3	3	0	1	13
合計	437	53	105	16	85	694

出典：『東京朝日新聞』1903年7月13日。

表1で分類されるあらゆる事業を行っていることも留意が必要である。すなわち、出資者＝消費者という関係において、時には債務者が加わり、共同売店からの借り入れや信用買いなどが行われるとともに、海上輸送やバスの運行、さらには醸造や製茶という生産活動も行われていたのである集落内での資金循環メカニズムが働いていたのではあるが、見方を変えれば「集落住民の多重関係性」を併せ持たざるを得なかったのである。これらをまとめると、産業組合運動が沖縄の共同売店運動に及ぼした影響は少なからざる部分で見受けられ、さらにその特質が、法人格をもたず、なおかつ「業容の未分化」な形態であったという観点こそが特殊沖縄的性質であると指摘できる。

4　社会的企業の経済的側面―再考―

沖縄の共同売店の淵源は、推測も含めておよそこれまでのとおり、沖縄における自然発生的な現象というよりは、集落外から得られた知見に接触しながら生じたといえる。こうして沖縄の共同売店は、昨今の表現でいえば社会的企業として集落にとってなくてはならない存在となっていった。では、社会的企業がそれで役割を増していったというよりは、時代の変化とともに歴史を刻んできたといえる。

地域にとってなくてはならない存在であるが故に、共同売店に課せられた役割は次第に増していったのだが、その経営環境は人口増大や外部との隔絶された状況であることなどが具備されていなければならないのである。このような環境から次第に変化を余儀なくされた状況では、経営環境が次第に悪化することになる。ではそれでもなお共同売店が存続できているかといえば、特別な経営感覚や財務資料が存在するわけではなく、損益分岐点の理解、そして各種費用の節減ならびに収益の増収策がどのように打たれてきたのか。共同売店とは、その設立形式、業容そして集落で生じている多重関係などの様々な性質を持つと同時に、独立採算制をも強いられる組織体でもある。独立採算制ではあるものの、ステークホルダー相互の関係性において、すなわち債権者、債務者、株主、経営者、労働者という関係の複雑さがある故に、経営者としての経営感覚が表出されにくくなったのである。

それゆえ「みんなの」共同売店という意味においては、経営者や株主であるという視点だけではとらえられにくい存在となってしまい、なおさら多重関係という名の柵が存在しているといえる。ということは、社会的企業という社会の課題を解消に向かわせる性質を有する組織でありながらも、経済的側面のみの強調が困難であることが特徴であるといえよう。

六　沖縄共同売店の栄枯盛衰

1　経営環境の変化

沖縄・奄美地方の共同売店の全容を解明するには、まずは店舗とその経営事情、さらにはエビデンスとなる経営データなどの利用が必要となり、それらを加工することによって、沖縄県における小売市場でのシェアを理解できることになる。だが、各種のデータに乏しいことから、得られる情報を通してとらえてみることにする。例えば、図1の恩納共同売店を一つの事例として沖縄の経済状況を把握しながら本土復帰前後からの共同売店の推移を取り上げてみる。共同売店に関する経営の分岐点は一九九〇年代前半であったことは明白である。本土復帰から一九九〇年代前半までは総じて右肩上がりの経営状況であることが理解される。中でも本土復帰の時期の下落は本土復帰に伴うドルから円への通貨の切り替えに伴うものであると理解できるが、それ以降は一九八〇年代の急激な拡大期（リゾートホテルの相次ぐ開業に伴う影響）を迎えている。(43) そして一九九〇年代からは緩やかな下落を見せているが、その理由としては、モータリゼーション、道路インフラの整備、競合店（スーパーやコンビニ）の進出、そして生活ス

図1　恩納共同組合（売店）の年商の推移

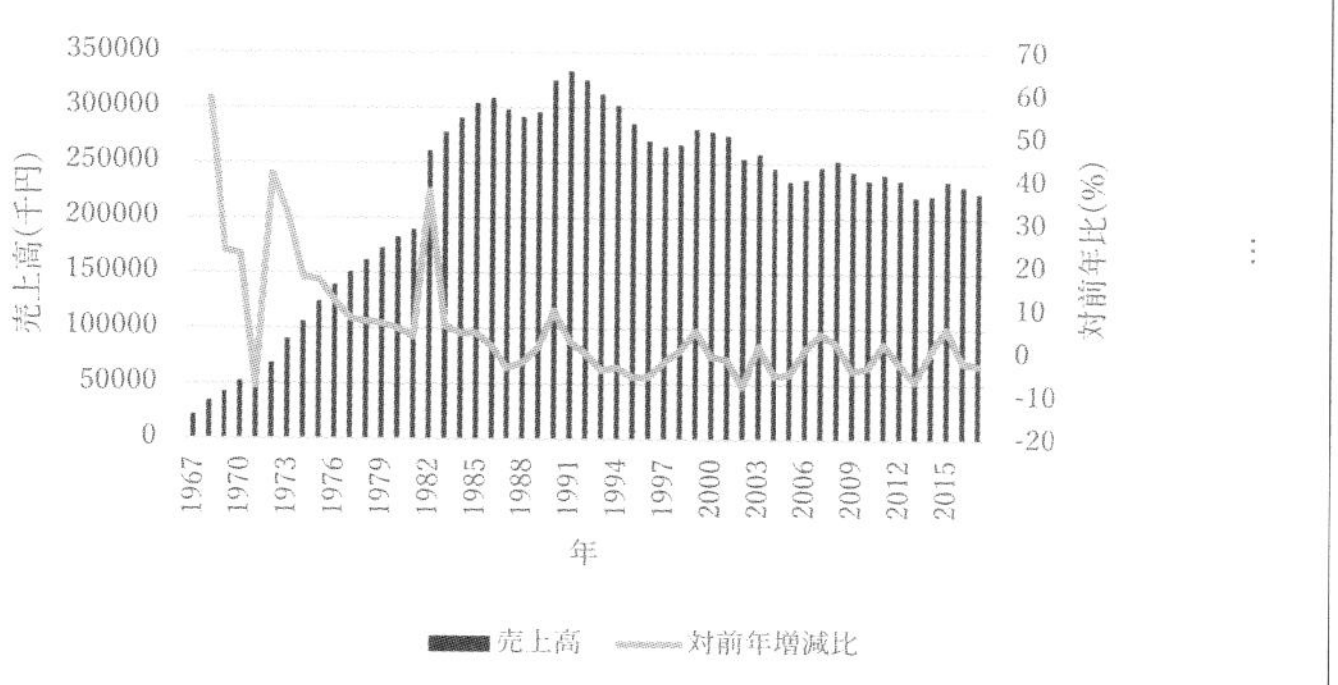

出典：恩納共同組合（売店）資料。

タイルの変化など複合的な要因が掲げられる。[44] 各地に点在する共同売店がすべて同時期に同じ影響を及ぼしたとは指摘できないが、しかし少なからず類似の影響を受けながら早晩、閉店や休業を余儀なくされたといえる。まさに、一九九〇年代を挟んで、共同売店を取り巻く環境が長らく続いてきたブルーオーシャン（Blue Ocean：不便さゆえに成立した凪の市場）から時間の経過とともにレッドオーシャン（Red Ocean：様々な要因によって市場競争が激化）へと環境が変化したことがうかがえる。

では、こうした収益構造そのものや経営環境の変化に対して、各地の共同売店はどのような対策が練られたのだろうか。すなわち、一九九〇年代以降に見られる売上高の右肩下がりの兆候に対して危機感を抱けたかどうかがその後の運営にも影響を及ぼしたと思われる。さらに、国際化の進展に伴うインバウンド顧客への対応として、恩納共同組合では二〇一九年四月一日よりクレジットカード決済が可能になる一方、その決済の場合は、購買高に比例したポイントによる還元が適用されない。[45] この一つの事例としても、共同売店が時代の変化に対応できている証左である。さらに同組合では、一九九二年にバーコード管理によるＰＯＳ（Point of Sales）レジスターや卸業者一五社とオンライン発注システムを導入し、さらに一九九九年にはボランタリーチェーンである全日食チェーンに加盟した。[46]

二つめの事例としては、共同売店の株式会社化である。「宮古島市の狩俣購買組合（通称・狩俣購買店）が毎年のように一億円超の売上高を計上し、県内共同売店で初めて一一日付（二〇〇九年一一月一一日：筆者注）で株式会社に登記された。スーパーより安価な野菜販売や、地元住民の意識的な利用、観光客の利用などが盛況の理由」[47]とされている。さらに狩俣マッチャーズは民泊事業にも進出したことにも生き残り策の顕著な事例であるといえる。すなわち、「池間社長は『他地域では購買店が閉められている。ただ商品を売るだけでは右肩下がりになっていく。まだ余力のあるうちに新しい事業展開をしたかった』と説明。民泊を希望していたところ、同観光協会から声がかかった。高齢化に伴い同集落でも五〇代後半から八〇代の夫婦二人世帯が増え、子供部屋など今では使わなくなった部屋が多く、民泊の機運も高まっていた。ほぼ全住民が組合員である購買店の存在は地域そのものだと池間社長は言う。『地域の衰退、過疎化を食い止めたい。民泊は田舎ならではのビジネス。これを機に様々な事業が展開できれば』と期待をかける」[48]と報じられている。法人格の付与に加えて、地域の購買力の衰退への対策が示された事例であり、地産外商ともいえる。その地域でかない商品とは、製品化された可視化され得たものだけではなく、地域ならではの情景や家族的な親交、そして不便さならではの環境もまた商品化されると理解される。

上記のように、共同売店を取り巻く環境変化に対応し、時には集落住民にも英国共同売店でいうところの"Buy Local"を促し、さらには地産外商である観光客への対応も行われるなど、共同売店の存続可能性を示唆する取り組みを知ることができる。

2　企業の社会的責任—移動販売—

企業の社会的責任には、沖縄の共同売店ならびに過疎地や高度経済成長に開発された住宅地に生じている「買い物弱者」への対策が講じられる。もちろん、企業も独立採算制を前提としているため、過疎地域においても周辺地域の人口減に伴って収益性が悪化することによって、店舗の閉店が進む。企業側も当該地域において収益性が見込まれるために出店するけれども、諸般の要因で環境悪化に伴う店舗の存続問題も生じてくる。たとえば自動車の運転が可能な場合であれば店舗の閉鎖も影響を受けにくいと思われるが、その一方たとえば運転免許返納者やそもそも運転免許証を所有していない場合は、状況が深刻になる。すなわち、交通弱者が同時に買い物弱者にもなるのである。これが一般的な買い物弱者と定義されるとすれば、この五〇〇mとは多少の起伏があっても基本は水平であると理解される。過疎化は都心部でも見られるが、そもそもは山間部や島嶼地域で生じてきた問題である。

いわば交通弱者が買い物弱者を惹起し、さらには健康問題をも含んだフードデザート問題へと地域の課題がむしろ深刻化する。こうした買い物弱者の意識としては、①購買・食習慣と健康状態（フードオアシスの居住者より栄養状態が悪い傾向がある）、②所得水準および雇用形態（低所得者ほどフードデザートに陥りやすい）、③小売構造（フードデザート地域の住民は、それ以外の地域の住民に比べ食品の品質が悪く、かつその選択肢が少ない）、④地域・社会的関係、⑤小売業態に対する意識・態度[49]などが掲げられている。そしてフードデザートにおける消費者の特徴として、⑴食生活やそれに関連する健康面について問題を抱える可能性（それ以外の地域に比べて）が高く、(2)所得水準が低く、雇用形態についても不安定さを抱える場合が多く、食料品店への物理的・時間的なアクセスに問題を抱える、(3)消費者の好む食生活や小売形態については、フードデザートかそれ以外の明確な違いはない、(4)スーパーへのアクセスの改善がフードデザート地域の消費者の食事や健康状態の經善意繫がる可能性がある、などとまとめられている。

七　社会的企業と社会性を重視した企業（企業の社会的責任）のあり方―再考―

沖縄の共同売店を論じる場合、様々なアプローチが試みられてきているが、交通インフラの整備、過疎化の進展、スーパーマーケットやコンビニの進出によって、その役割を縮小させてきていることに現実的な課題の存在が窺い知れる。ここでは、これまでの歴史的文脈そして海外との比較において、本稿で指摘すべき事項を整理しておくことにする。

まず共同売店発足の背景には、外部からの組織作りに向けた支援が行われ、産業組合活動との関連性が指摘されなければならない。しかし、「字」という集落より広範囲な単位での組織作りを推進してきた明治政府との思惑の相違から、集落単位での拡大が始まるとともに、法人格のない組織が伝播していった。さらに明治政府による購買や、信用など明確に業務を分けた組織の整備も共同売店ではそれぞれを複合的に有することになったのである。共同売店は産業組合に比べてみると、業務内容が未分化のままであり、すなわち一元化された状態であり、さらには組織に対する出資者、消費者、労働者そして経営者それぞれの利害関係が渾然一体となったまま拡大していったことに特徴を有するといえよう。

プランケット財団に見られる英国の共同売店ならびにその他のコミュニティビジネスの展開状況、さらには社会課題解決のためのその他の選択肢を踏まえて、改めて沖縄の共同売店に本章の研究の原点は、経営危機をどのように乗り越えてきて、今後乗り越えていくか、である。そもそも「立地条件的には経営がかなり困難で利益を上げることができない共同売店が未だに存続している部落があるのはなぜだろうか」[51]という分析課題に対して「共同売店は部落の人々が自らの手で作り上げ自らの努力によって維持させてきたものである。だからこそ人々は経営が成り立たなくなれば即閉店するといった行動をとることなく、都市化と共同体維持の欲求の間で揺れ動くのである」[52]という葛藤が知れている。いわば本章でいうところの社会性と経済性の間に見られる両極が対等な関係で共同売店という組織が維持されているとうよりは、比較的社会性に重きが置かれた状況で運営がなされてきたといえよう。さらに共同売店とその状況からして指摘されるべきことは、「経営危機とその意識の問題先送り」という事実も存在するということである。社会性に重きを置けば「集落住民のディーセント・ライフに支障があるから経営を続けている」ことは事実であるけれども、「では組織存続に危ぶまれるほどの経営危機を誰がどのような手法をもって対応にあたるのか」という組織存続を目的とした議論がなされてこなかったことも偽らざる事実ではないだろうか。

このような指摘は、集落住民が、株主、労働者、消費者、経営者、債務者、債権者という諸般の関係性が未分化であり、すなわち一つの集落において住民が多重関係にならざるを得ない状況である。経営責任すらその所在が未分化になったのではないかと思われる。結果として、共同売店は過疎地で「頑強さを有する」というよりは、むしろ「閉鎖されては困る」という社会性にのみによって存在できた、まさに奇跡の産物といえるのではないだろうか。だが、奇跡が持続できるはずもなく、結果として集落に経営危機が理解されてこそ初めて閉鎖を余儀なくされてきたのであろう。

こうした関係性を共同体的生産組合と位置づけて本章では吟味してきたが、共同体の意識やニーズの高まりによって、複合事業組合と化していったのである。

八　まとめ

沖縄の共同売店を歴史的文脈でとらえる場合、戦災による資料の散逸もあって、いくつもの類推を重ねなければ理解されない。だが、なぜ奥地区で産声を上げたのか、なぜ共同売店運動が産業組合運動の時期と符合するのか。この時間的には、偶然の産物というよりも奥地区の地理的特質からしても明治の役人が奄美地方を経由して寄港しやすい場所であったからこそ産業組合を模範とした仕組みが共同売店として産声を上げることができたのであったため、奥集落での勃興は、特殊沖縄的な状況は普遍性をもたせながら批判されなければならない。すなわち、沖縄に突如として共同売店システムが発生したのではなく、国頭村奥という地理的な位置関係からしても産業組合運動の影響を受けながら特殊沖縄的にアレンジされて伝播したという解釈である。

協同組合の特徴を一部取り入れながら、沖縄の特性に合致した（たとえば、集落単位、業容の未分化）形式が共同売店として成立してきたのだが、その歴史的役割は決して小さくはない。ここで分析の帰結の一つとして共同売店を論じる場合、先の表5のどの段階に位置づけられるべきか。(2)の産業資本段階の協同組合は産業革命や大企業の勃興に伴う反動を意味するのであれば、一九〇六に発足した奥共同売店はそのような環境には晒されていなかったことは明らかである。とすれば、(1)の段階で、すなわち共同体的生産組合もしくは、共同体的購買組合という段階が未だに続けられているといえるのではないだろうか。(2)が産業組合運動によって進展したとすれば、沖縄の共同売店は大規模組織や事業内容の進展が見られず、結果として(1)の段階でありながらも、経営環境は(3)まで進んでいるといえる。強いて言えば沖縄の共同売店は「共同体的複合事業組合」といえるのではないだろうか。

すなわち、共同売店の仕組みは変わらないものの、経営環境に変化が生じてきたのである。集落がいわば閉ざされた環境の下で機能しており、株主、経営者、消費者、債権者、債務者など様々な利害関係が「多重関係」でありながらも集落内で完結していた、すなわち共同体的生産組合を基礎とした複合事業組合と位置づけられてきたのである。だが、次第に外部との交流が進んだ結果、共同売店が存在する経営環境が次第に変化を来したのである。すなわち集落内で循環していた資金が外部に流出することになったのである。その経営環境に対して変化していく場合と、変化しない場合によって明暗が分かれることになる。「変わらぬ価値」＝共同体的生産組合と経営環境の変化の乖離にこそ、その存廃の分岐点が存在したのである。

では、これまでの論述をまとめるにあたって、次の四点を掲出することによって本章の総括とする。

第一の道は共同売店の存続である。共同売店の経営を持続させるためには、英国のプランケット財団やその財団が提示するモデルのように、損益分岐点を下げるための努力が必要であるし、不断の改革が不可欠である。特に、共同売店に存在する様々な多重関係から「経営」意識の高揚が存続の鍵を握る。とりわけ、①地産外商へのシフト（たとえば、魅力ある商品の開発、民泊事業を含めた可視化されない空間での商品化、および多様な方法による情報発信）、② Buy Local の普及・促進、③営業時間の短縮、④損益分岐点の理解を基礎とした経営感覚の醸成、などが求められるところである。

第二の道は共同売店からの脱却である。すなわち、第一の道を進むという地域の危機意識が共同売店の存続のカギを握っているといっても過言ではないが、沖縄各地で閉鎖が相次いでいることを鑑みれば、その他の選択肢（移動販売、マイクロスーパー、買い物バス、買い物タクシー）へのシフトもやむを得ないと考える。特に移動販売は、持続性をもって各地で取り組みが拡大していることを鑑みれば、その他の選択肢よりもより現実味を帯びているといえる。

さらに第三の道は、第一と第二の道の融合である。すなわち、⑴と⑵の長所を発展させるとすれば、比較的大きな（移動販売車を運営できる「体力」を有するという意味において共同売店による移動販売も可能ではないだろうか。

最後に第四の道の存在である。すなわち、これまでのどの選択肢も選択されない場合はどう考えるべきか。共同売店の閉鎖はもちろんのこと、移動販売やその他の取り組みさえ期待が持たれない場合である。つまり、社会的企業の経済的責任が果たされない場合は、個人や近隣住民さらには家族による、つまりコミュニティよりもさらに小さな単位での自助努力や相互扶助に頼らざるを得なくなるだろう。

注

(1) 宮城能彦「共同売店から見えてくる沖縄村落の現在」『村落社会研究』第一一号、第一号、二〇〇四年、一五ページ。

(2) 買い物弱者の問題をさらに広げるとフードデザート（Food Desert：食の砂漠）問題として取り上げられることがある。このフードデザート問題とは、岩間信之「フードデザート問題とは何か」岩間信之編著『改訂新版　フードデザート問題』農林統計協会、二〇一三年、一ページのように1)社会・経済環境の急速な変化のなかで生じた『生鮮食料品供給体制の崩壊』と、2)『社会的弱者の集住』という二つの要素が重なったときに発生する社会的弱者世帯の健康悪化問題、と整理できる」と指摘されている。すなわち、買い物に支障を来すだけでなく、様々な健康リスクをも帯びた問題であることが理解できる。

（3） 農林水産政策研究所「食料品アクセスマップ」（http://www.maff.go.jp/primaff/seika/fsc/faccess/a_map.html#1：二〇一九年二月一一日）。

（4） 片岡信之「企業社会責任と企業統治」鈴木幸毅・百田義治『企業社会責任の研究』中央経済社、二〇〇八年、一一ページ。

（5） 同右論文、一一ページ。

（6） CSRに関する企業の行動やそれに対する研究も変遷を遂げている。たとえば、風間信隆「企業とは何か、社会の中でどのような役割を果たしているのか —企業と社会—」風間信隆・松田健編著『実践に学ぶ経営学』文眞堂、二〇一八年、二二ページが昨今の動向を描写している。

（7） ここで、指摘されるべきは二〇一八年一一月に発覚した日産自動車代表取締役による不正行為事案（役員報酬の過少申告や私的流用）である（二〇一八年一一月一九日付、日産自動車ニュースリリース）。本稿執筆時点（二〇一九年三月）では起訴・訴訟の動向が不明確なため、深い言及を避けることになるが、企業の社会的責任論の本質であるステークホルダーとの対話とは何かを改めて考えさせられる事案であると思われる。さらにこのような企業不祥事に関連して、会計監査の役割も問題視されなければならない。

（8） この点に関する議論は、たとえば労働政策研究・研修機構『雇用形態による均等処遇についての研究会報告書』、二〇一一年（https://www.jil.go.jp/press/documents/20110714_02.pdf：二〇一九年一月一七日）を参照されたい。

（9） 橘木俊詔『格差社会』岩波書店（岩波新書）、二〇〇六年、四二—四四ページ。

(10) 『毎日新聞』二〇一一年六月二八日。
(11) 津田直則「協同組合と支援機構」『社会・経済システム研究』(社会・経済システム学会)第一五巻、一九九六年、四〇ページ。
(12) 同右論文、四〇ページ。
(13) 後述のように、我が国の産業組合運動の黎明期に沖縄の共同売店(一部に呼称に例外がある)も開花したことを鑑みれば、産業組合の発展版である協同組合の特徴を吸収しつつも、産業組合法に準拠した組織ではないために「協同」が使用されなかったのではないかと推測されるが、これ以上の言及は避けることにする。
(14) 英国チャリティ委員会のウェブサイト(http://beta.charitycommission.gov.uk/charity-details/?regid=313743&subid=0: 二〇一八年一二月一九日)によると、英国チャリティ委員会に登録されており、チャリティ番号は三一三七四三で、二〇一七年度の収入は一六〇万ポンドである。
(15) Plunkett Foundation, "An introduction to preparing a business plan for a rural community business" (https://plunkett.co.uk/wp―content/uploads/Introduction_to_Preparing_a_Business_Plan_for_a_Rural_Community_Business_Jan_2018.pdf: 二〇一九年二月一〇日)。
(16) 津崎克彦「『ブラック企業』問題とマネジメント」『四天王寺大学紀要』第六三号、二〇一七年、九〇ページによると、ブラック企業という表現は、二〇〇二年にインターネット掲示板から生じたとされる。
(17) 同右論文、九一ページ。
(18) 共同売店という組織は、沖縄県国頭郡国頭村奥集落で一九〇六年に開設されたのを嚆矢に、沖縄本島や周辺地域に拡大していったことは紛れもない事実であろう。しかし、このような地域共同出資は、「共同売店」という表現をもって説明されるような沖縄固有の現象ではなく、日本本土や世界でもみられる、いわば普遍的な動きである。その一形態が協同組合であり、沖縄では共同売店もしくは共同店と呼称されているに過ぎないのである。法人格の有無はあるものの、共通項（農業従事者、漁業従事者、生活者など）としては「集落」ということで共同売店と協同組合の共通項がある。

(19) たとえば、沖縄本島北部に限定された調査ではあるが、小川護「沖縄本島北部の共同売店の立地と経営形態の変化」『沖縄地理』第八号、二〇〇八年を参照されたい。

(20) 沖縄県国頭郡宜野座村の「漢那共同売店」、そして沖縄県八重山郡与那国町の「比川共同売店」は、町村の条例に基づいて共同売店が設置されている。これらの地域では、共同売店という施設を他の事業者に運営が委託されていることから、実態は公設民営形式の購買施設であるといえる。ただし、前者は二〇二〇年七月に閉店した。

(21) 薬師寺哲郎「フードシステム再構築に求められる公共性と経済性」『フードシステム研究』第二五巻第三号、二〇一八年、一一六ページ。

(22) たとえば、武居良明「イギリス産業革命期における協同組合運動」『土地制度史学』第一二巻第一号、一九六九年を参照されたい。

(23) 杉本貴志「『労働』をめぐる協同組合のビジネス・エシックス」『ビジネス・エシックスの新展開』（研究双書第一四七冊）（関西大学経済・政治研究所）、二〇〇八年、一二四—一二五ページ。

(24) 藤田逸男『ロッチデール原則』ホームユニオン出版部、一九三六年、三九ページ。なお、一部現代語表記に原文を変えている。
(25) 岩城忠一『ロッチデール原則の検討』開拓社、一九三六年、一九ページ。
(26) 同右書、二〇ページ。
(27) 同右書、二一ページ。
(28) 同右書、二五ページ。
(29) 渋谷隆一「わが国における信用組合思想の導入とその立法過程」『社会経済史学』第三八巻第四号、一九七二年、七九ページ。
(30) 伊東勇夫『現代協同組合論（第二版）』御茶の水書第、一九六二年、四五ページ。
(31) 猪股趣「協同組合運動とその思想：千石興太郎研究ノート」『島根農科大学研究報告』第一三号、A、農林経済学、一九六四年、一五二ページ。
(32) 『東京朝日新聞』一九二二年一一月一二日
(33) 並松信久「賀川豊彦と組合運動の展開」『京都産業大学論集社会科学系列』（京都産業大学）、第三一巻、二〇一四年、一〇二ページ。
(34) 小南浩一「賀川豊彦と協同組合運動：社会改造の観点から」『法政論叢』（日本法政学会）第三六巻第二号、二〇〇〇年、二〇〇―二〇二ページ。
(35) 宮城能彦「共同売店から見えてくる沖縄村落の現在」『村落社会研究』第一一巻第一号、二〇〇四年、一五ページ。
(36) 田中光「近代日本の地域経済発展と産業組合—長野県小県郡和村の事例—」『経営史学』第四六巻第四号、二〇一二年、四ページ。
(37) 宮城能彦『共同売店』沖縄大学地域研究所、二〇〇九年、一八—一九ページ。
(38) 坂根嘉弘「沖縄県における産業組合の特徴」『広島大學經濟論叢』第三六巻第二号、二〇一二年、一〇六ページ。
(39) 同右論文、一〇五ページ。
(40) 林和孝「コミュニティに埋め込まれた協同組合　—沖縄の共同店について」『まちと暮らし研究』二〇一二年六月号。
(41)『東京朝日新聞』一九〇三年七月一三日。
(42)『琉球新報』二〇〇三年三月一日（電子版）。
(43) 沖縄県『沖縄観光の概要』(https://www.pref.okinawa.jp/site/bunka—sports/kankoseisaku/kikaku/report/youran/documents/h26-i.pdf: 二〇一九年一月六日)。
(44) 恩納共同組合（売店）の又吉薫組合長および同組合の當山貢店長へのインタビューによる（二〇一九年三月五日実施）。
(45) 同右。
(46) 恩納共同組合（売店）『記念誌「恩納共同組合（売店）」の歩み』恩納共同組合（売店）、二〇一九年、二一ページ。
(47)『琉球新報』二〇〇九年一一月二九日。

(48) 『宮古新報』二〇一二年六月一六日（電子版）。
(49) 広垣光紀「フードデザート（食の砂漠）と消費者行動」『社会共創学部紀要』（愛媛大学）第一巻第一号、二〇一七年、二〇―二二ページ。
(50) 同右論文、二二ページ。
(51) 宮城能彦前掲論文、一四―一五ページ。
(52) 同右論文、二三ページ。

過疎高齢化地域における小規模小売店（共同売店）
―維持可能性に関する定量的試算―

小巻泰之(1)

一　はじめに

過疎化及び高齢化が進展する小地域では、基礎的な生活基盤が損なわれる可能性が高まることから、その対策が急務の課題となっている。自治体戦略二〇四〇構想研究会（二〇一八）では、二〇四〇年までの高齢化がピークを迎えるまでに対応策を講ずるべきと言及し、小地域における新たなコミュニティ構築など、様々なメニューが示されている。

他方で、これまで地域住民の自発的な動きにより地域の経済環境やコミュニティの維持が図られている事例がある。たとえば、沖縄県国頭村の「奥共同売店」をモデルに開設された共同売店である。経営主体は各地域の自治組織である場合が多く、沖縄だけでなく、本土の中山間地域や離島にみられる。共同売店は地域の商業施設としての機能の外、過疎化・高齢化が進む中で、高齢者等にとっての健康管理、コミュニケーションなどの社会福祉サービスの拠点としての意義が認められている。

しかしながら、小地域における商業施設等、拠点を維持していくことはかなり困難な状況である。沖縄では最盛期には共同売店は一一六売店存在した（『沖縄大百科事典』（一九八三））。その後、経営環境の悪化等から撤退を余儀なくされ、二〇一九年一二月末時点では五〇～六〇店舗程度に減少している。この背景には道路等の交通網の改善により、近隣の大型スーパーマーケット（スーパー）やコンビニエンスストア（コンビニ）へのアクセスが容易となっていることがある。しかも、スーパーやコンビニの方が生鮮食品を含め品揃えが豊富かつ安価であり、利用者にとっての利便性が高い。このようなことが原因となって、どの共同売店においても地元住民の利用率はかなり低い。したがって、そもそもの共同売店の存在根拠が薄れ、とても地域のために存在しているとは言えないのも事実である。

さらに、日本創生会議（二〇一四）により消滅可能性都市という形で示されたように、将来の人口動態を考慮すれば、小地域における共同売店の収益基盤の脆弱性はさらに強まる。こうした点を考慮すれば、全ての共同売店がいずれ消滅の危機に瀕する可能性は高く、ある意味では歴史的な役割を終えた形態との見方も示されている。

もっとも、現実に小地域で暮らしている方々からすれば、このような時間軸で考えることはできない。事実、過去に採算面や管理者・従業員の確保の問題から閉店に追い込まれた共同売店が再び復活している事例が多数ある。[(2)] 本土の「つねよし百貨店」（京都府京丹後市）、「芦検商店」（鹿児島県大島郡宇検村）、沖縄本島北部地域の「川田区売店」（沖縄県国頭郡東村）や「真栄田共同売店」

（沖縄県国頭郡恩納村）などである。復活を果たした共同売店へのヒアリングによれば、共同売店を失ってはじめて共同売店の存在意義を地域住民が再認識し、復活を模索してこぎつけた模様である。もちろん、以前と同様の復活ではない。人件費や光熱費等の固定費の削減、商品構成など種々の改善点が加えられている。

したがって、共同売店を維持できる方策を模索することを通じて、地域にとって必要とされるインフラとは何であるのかを検討することが必要ではなかろうか。本論では、そのような問題意識から、共同売店の現状及び維持可能性について定量的に検討する。特に、本論では、以下の四点を考慮する。

第一に、本論で必要となるのは各売店の経営状態に関する情報である。しかしながら、売店の情報を入手することはかなり困難である。多くの売店では売上高などの財務情報、一日当たりの来客数などの情報を公開していない。売店の中にはレジ情報により売れ筋等を分析している店もあるが、一部の売店では依然としてバーコードスキャンができない旧来型のレジもしくは、紙ベースの自筆方式での売上メモで対応する売店もある。本論では、二〇一六年一二月～二〇一九年一一月にかけて訪問（再訪を含む）した三八店舗（本土一九店、沖縄一九店）への経営環境に関する実地調査（インタビュー形式）により筆者が得た数値情報を基に分析する。その中で、京都府美山町の「たなせん」や沖縄の「楚洲」、「安波」、「川田区」及び「真栄田」の各共同売店については、固定費、変動費に関する詳細なデータや売店での顧客の購買行動等に関する情報を入手することができた。そこで、これ以外の売店についてはインタビューで入手した情報に、上述の五売店の情報で補い財務諸表を作成する。なお、今回得られた情報は公開を前提するものではないものが含まれる。財務分析に関する図表では財務比率として実額を示さず、また本論の図表では掲載順をランダムかつ匿名にすることにより、売店が特定できないよう工夫する。他方、各売店の独自の取組み、経営形態、仕入れ方法など、他の売店への改善に役立ちそうな情報については、明示している。

第二に、持続可能な経営環境を考慮した試算を行う。特に、沖縄県の多くの売店では管理者あるいは従業員（請負の場合もある）が一名、一日当たりの労働時間が一二時間を超え、かつほぼ年中無休で経営されている。しかも、売店によっては人件費が十分に計上できていないなど、従業員の献身的な善意で経営が成り立っている場合もあり、既に維持可能ではない。そこで、労働環境として労働基準法での労働時間などの規定を参照し、維持可能な経営状態を想定した試算を行う。具体的には、売店の営業時間は一日当たり八時間かつ週休一日（二六日営業）、人件費は二名分として現状との比較を行う。

第三に、近隣のスーパーやコンビニとの競合の下での売店の維持可能性を検討する。特に、日本の共同売店と類似したイギリスの小地域に展開するCommunity shopは現時点でも増加傾向にあり、存続に向けたいくつかの試みが実施されている（村上、二〇一八）。本論ではGartmore Community Shop (Stirling, Scotland) 及びFeckenham Village Shop (Redditch, Oxfordshire) での独自の取組みを参考に、共同売店の維持可能性について分析する。

最後に、四番目の視点として、地域住民全体で支えるコミュニティの在り方を考える。イギリスのCommunity shopの維持ではボランティアの存在が大きい。日本ではボランティアを利用した共同売店はほとんどない。しかしながら、共同売店ではないが、島根県隠岐の島町では配食・給食サービスでボランティアに依存して事業が続けられている。共同売店の存続を考える上で、隠岐の事例を参考にボランティア可否についても検討する。

二　経営環境の現状と問題点

1　分析に用いるデータ

共同売店の財務データについて、「楚洲共同売店」から日次ベースの売上高、来客数（地元、外部別）、月次ベースの人件費、電気代、電話代、水道代、年次ベースの雑費（商工会への会費等）等を含む詳細な情報を入手させて頂いた。また、「安波共同売店」ではレジでのレシート情報、「川田区売店」から月次ベースの売上高、仕入状況に関する情報、「真栄田共同売店」から月次ベースの売上高、仕入高、電気代、人件費のデータを入手させて頂いた。「たなせん」では月次ベース売上高、来客数（地元、外部別）、人件費、光熱費に関するデータを頂いた。

これ以外の三三売店についてはインタビュー形式であるが、一日当たりの売上高、地元及び外部別の来客数、電気代、人件費及び収支状況の概算を聞き取り調査した。聞き取り調査で不明な数値はそれぞれの地域の経済環境や売店の状況に近いと判断されるデータを基に、当該店の来客数や店内の冷蔵庫・冷凍庫の数などから推定して損益分岐点を試算している。

2 データからみられる売店の経営環境

(1) 人口動態

本土の場合、全ての地域で人口減少率は二〇一〇年から二〇一五年の五年間で概ね一〇%超と全国平均(一・二一%減)を上回っている。しかも、高齢化率は概ね四〇%前後(全国平均二八・一%)であり、中には高齢化率が七〇%を超える地域があるなど、過疎化・高齢化がかなり進展している地域であることがわかる(図表1)。

他方、沖縄は本土の状況と大きく異なる。沖縄県は全国でも数少ない人口増加地域であり、売店が立地する地域でも今回調査した一九地域中一一地域で人口は増加している。また高齢化率も低い。一部で五〇%を超えるなど高い地域があるものの、概ね二〇%半ば前後と全国平均(二八・一%)より低い地域が多い。この点で、沖縄の場合、概ね過疎化・高齢化率が低い地域であることが伺える。

(2) 来客数

本土の場合、立地の影響が大きく幹線道路沿いにある「ふらっと美山」(京都府南丹市)や「大野屋」(京都府南丹市)では一日当たりの来客数は一〇〇名を超えているものの、それ以外の売店

図表１：調査対象の共同売店の状況と経済環境

売店	所在地	1日当り来客数	内，地元	地元利用率（来客者比）	地元利用率（人口比）	地域人口（人）2015年時点	高齢化率 2015年時点	調査時期
（本土）								
大張物産センターなんでもや	宮城県丸森町	80	76	95.0%	9.2%	828	36.8%	2017年9月
うきさとみんなの店	三重県松坂市柚原町	10	9	90.0%	12.0%	75	70.7%	2017年8月
つねよし百貨店	京都府京丹後市	30	24	80.0%	5.9%	407	38.1%	2017年8月
地井の里	京都府南丹市地井	20	20	100.0%	3.1%	637	46.3%	2017年8月
ふらっと美山	京都府南丹平屋	400	80	20.0%	10.8%	743	48.2%	2017年8月
たなせん	京都府南丹市鶴ケ岡	60	48	80.0%	6.9%	692	44.7%	2017年8月
大野屋	京都府南丹市大野	110	66	60.0%	9.1%	727	44.2%	2017年8月
空山の里	京都府綾部市豊里	25	25	100.0%	13.1%	191	43.5%	2017年10月
波多マーケット	島根県雲南市掛合町波多	30	27	90.0%	8.5%	317	52.4%	2017年9月
ささえさん	島根県飯南町獅子	9	9	100.0%	20.9%	43	37.2%	2017年9月
らとこんた	島根県隠岐の島町（全域）	55	55	100.0%	0.4%	14608	38.1%	2019年8月
ふれあいサロン白鳥	島根県隠岐の島町今津	80	40	50.0%	13.1%	306	41.2%	2019年8月
ふれあい五箇	島根県隠岐の島町北方	70	70	100.0%	20.2%	347	33.4%	2019年8月
神集島購買部	佐賀県唐津市神集島	15	12	80.0%	3.7%	321	55.1%	2017年7月
大棚商店	鹿児島県大島郡大和村	60	42	70.0%	16.8%	250	45.2%	2019年6月
名柄商店	鹿児島県大島郡宇検村名柄	40	20	50.0%	15.2%	132	39.4%	2019年6月
平田商店	鹿児島県大島郡宇検村平田	20	14	70.0%	17.9%	78	47.4%	2019年6月
宇検商店	鹿児島県大島郡宇検村宇検	20	20	99.0%	21.5%	92	30.4%	2019年6月
芦検商店	鹿児島県大島郡宇検村芦検	120	114	95.0%	45.8%	249	41.8%	2019年6月
（沖縄）								
伊地共同売店	国頭村字伊地	50	40	80.0%	20.4%	196	25.5%	2017年10月
奥共同売店	国頭村字奥	80	56	70.0%	29.5%	190	41.1%	2016年12月
楚洲共同売店	国頭村字楚洲	33	30	90.4%	34.3%	87	50.6%	2017年11月
安波共同売店	国頭村字安波	130	78	60.0%	54.2%	144	35.4%	2017年10月
高江共同売店	東村字高江	40	8	20.0%	5.6%	144	31.3%	2018年3月
宮城共同売店	東村字宮城	31	28	90.0%	10.2%	274	31.4%	2017年10月
川田区売店	東村字川田	120	72	60.0%	24.4%	295	38.6%	2017年11月
崎山共同売店	今帰仁村字崎山	100	90	90.0%	25.6%	351	27.9%	2017年4月
呉我山共同売店	今帰仁村字呉我山	120	36	30.0%	18.4%	196	44.9%	2017年10月
恩納共同売店	恩納村字恩納	600	540	90.0%	22.4%	2414	19.8%	2017年4月
山田共同売店	恩納村字山田	40	28	70.0%	2.4%	1172	20.0%	2017年6月
真栄田共同売店	恩納村字真栄田	130	52	40.0%	4.6%	1134	22.8%	2017年6月
漢那共同売店	宜野座村字漢那	400	120	30.0%	8.0%	1509	25.5%	2016年12月
羽地中部共同売店	名護市字田井等	60	48	80.0%	6.5%	743	18.3%	2017年10月
田名スーパー	伊平屋村田名	60	54	90.0%	20.9%	287	27.2%	2019年11月
前泊スーパー	伊平屋村前泊	200	100	50.0%	81.3%	246	19.1%	2019年11月
島尻スーパー	伊平屋村島尻	100	90	90.0%	35.5%	282	27.3%	2019年11月
南共同売店	竹富村波照間南集落	30	15	50.0%	30.4%	49	26.6%	2018年3月
名石共同売店	竹富村波照間名石集落	200	25	12.5%	14.5%	173	26.6%	2018年3月

（注）各売店の数値はヒアリング結果．ただし，らとこんたは移動販売，ふれあいサロン白鳥は給食サービス，ふれあい五箇は配食サービスに関する状況を示す．

（出所）各共同売店へのヒアリング調査，総務省「国勢調査」より作成．

の来客数は少ない。中には二〇名以下にとどまる売店もみられる。ただし、来客者でみて地元住民の利用率は概ね八〇～九〇％と高く、ほとんど全てが地元住民である売店も五売店みられる。ただし、域内の人口比でみれば一〇％前後の利用率であり、地域住民が必ずしも利用しているとは限らない。これは中山間部など地理的な条件は悪いものの、道路など交通網の整備からスーパーやコンビニへのアクセスが容易となり、地元の利用が低迷しているのではないかとみられる。実際、「神集島購買部」（佐賀県唐津市）は離島とはいえ、本土との連絡船は片道約八分で料金は片道二三〇円（二〇一九年四月時点）と安価であるため、唐津市内の食品スーパー等で買い出しする島民が多いとのことである。他方で、同じ離島でも奄美大島・宇検村の売店の場合、奄美市へのアクセスが悪いことから宇検村の四売店の地元比率はかなり高い。

沖縄の場合、来客数は本土に比べてかなり多いものの、地元利用率（来客者比）は高くない。これは地域の公共事業等に従事する労働者や観光客の利用が多く、公共事業の実施や観光イベントの時期には来客数は大きく伸びる。中には来客数が四〇〇～六〇〇名と突出して多い売店（「恩納共同売店」、「漢那共同売店」）もみられる。もっとも、やんばる地域（沖縄本島北部）は国道五八号線（半島西側）と県道七〇号線（半島東側）で状況は大きく異なる。国道五八号線沿いは観光地が点在しておりコンビニが随所にある。県道七〇号線は山間を走るルートでバイクや自転車等のツーリングで訪れる観光客があるとのことだが、概ね東村や楚洲の売店の来客者数は少ない。また、波照間島にある売店では島内人口を上回る観光客需要に支えられている。このように、沖縄では観光客が売店への来客として期待できる点で本土とは大きく異なる。このため、地域人口が本土に比べやや多いこともあるが、地域の人口比でみると地元住民の利用率は九売店が二〇％前後と低くなっている（図表1）。

(3) 店内の様子

品ぞろえは各売店により大きく異なる。「ふらっと美山」は道の駅に登録（二〇〇五年）されたこともあって、店内の大部分は観光客を目当てとしたお土産系の物品が多く、地元用の物品は別のフロアーに並べられている。また「なんでもや」、「たなせん」、「大野屋」、「波多マーケット」、「前泊スーパー」では一般的なコンビニに近い品揃えとなっているが、一日当たりの来客数が一〇名程度にとどまる売店では固定客が購入する物品を中心に品ぞろえは限られたものとなっている。特に、「つねよし百貨店」や「うきさとみんなの店」のように生鮮食品を取り扱っていない店もみられる（付録図表）。

(4) 本土の経営状況

売上高を比較すると、沖縄では年間二〇〇〇～五〇〇〇万円を中心に一〇〇〇万円から五億円以下に集中している。本土でも年間二〇〇〇～五〇〇〇万円の頻度が高いものの、ばらつきは大きく二〇〇〇万円未満の売店が多く見られる。これは来客数の状況と見合った形となっている(図表2)。

販売活動を営業利益でみると、本土、沖縄ともゼロから二五〇万円未満の売店が多く、本土は減収の売店が多い。売店によっては自治体からの助成金や他の収入手段等により販売活動での赤字を補っている場合もある。沖縄ではほとんどに売店が収益的には収支トントンに近い状況となっている（図表3）。

変動費については、物品の仕入れを従来からの納入業者に頼るところがほとんどである。中には、従業員が近隣のスーパーに安売り買い出しする場合もみられる。販売価格は仕入れ価格に概ね二〇%程度上乗せしたものとなっている。他方、固定費負担は、一部、自治体からの支援により極端に小さい売店がみられるが、概ね二〇%を超える状況にあり固定費負担が大きい。固定費は人件費及び冷蔵庫等の光熱費のウエイトが大きい。売店の従業員は常勤及びパートによる複数で実施されている場合が多く、人件費が大きくなっている。光熱費は店内における冷蔵庫・冷凍庫の個数により異なるが、大きなウエイトを占めている（図表4）。

こうした固定費を少しでも削減し、売店の持続可能性を高めるための努力もされている。「つねよし百貨店」（京都府京丹後市）や「うきさとみんなの店」（三重県松坂市柚原町）では光熱費を削減するため生鮮食品を取り扱わず、冷蔵庫の設置を最小限にとどめている。あるいは、商品開発で利益を上げている売店もある。お弁当などのお惣菜をつくる（「なんでもや」、「大野屋」、「神集島購買部」）、地域ならではの商品開発（「神集島購買部」）もみられる。特に、「神集島購買部」では九州大学のゼミと共同での商品開発やクラウドファンディング利用など、産学共同で売店維持が検

図表２：売店の売上高の状況

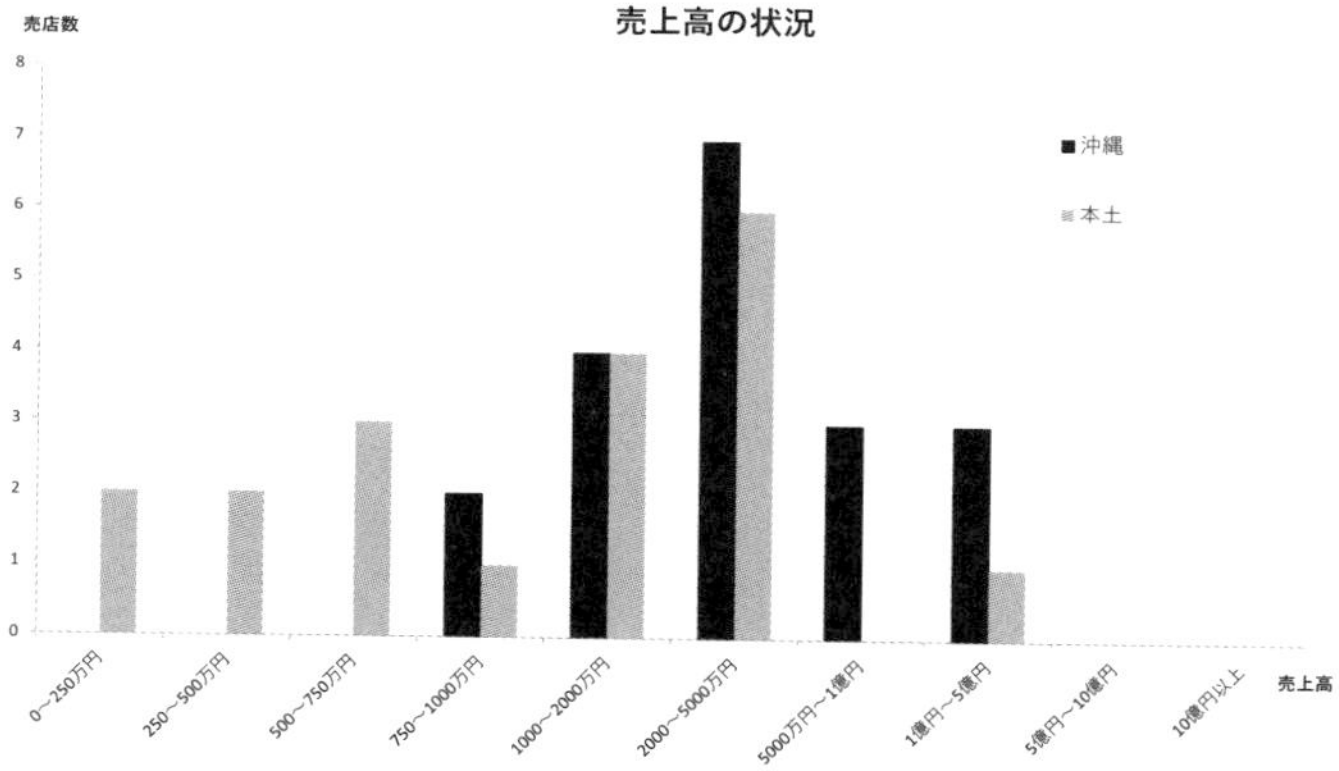

（注）グラフは売店の売上高（筆者の推計値を含む）を示す．

図表３：売店の収益状況

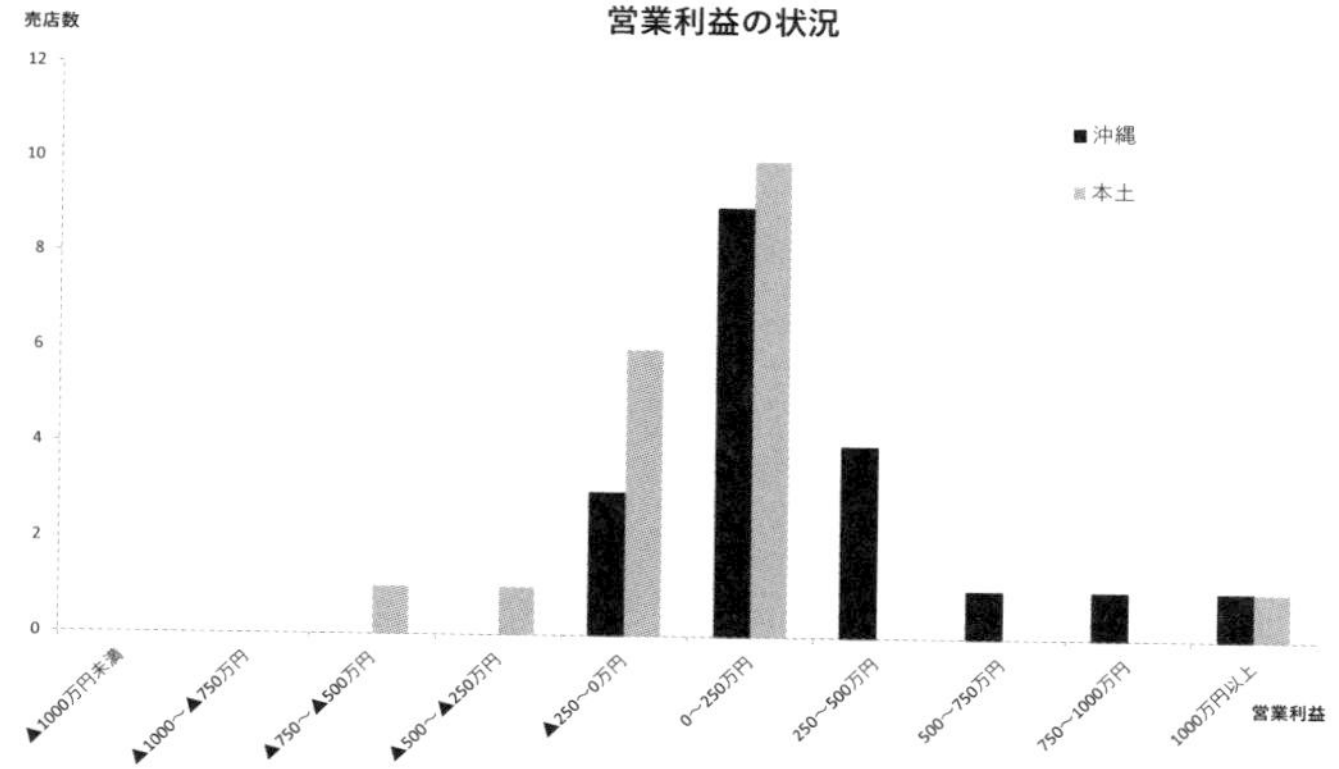

（注）グラフは売店の営業利益（筆者の推計値を含む）の分布を示す．

図表４：各売店の財務状況

	売上高利益率			損益分岐点（円）	売上高固定費率	売上高人件費率	売上高変動費率	マージン	地元利用率
	現状	将来-1	将来-2						
（本土）									
A	7.6%	2.3%	-11.1%	20,026,745	12.4%	8.9%	80.0%	1.25	70%
B	-30.5%	-46.8%	-74.4%	10,190,124	56.5%	28.2%	74.1%	1.35	80%
C	-10.1%	-22.6%	-49.9%	560,000	20.8%	0.0%	89.3%	1.12	50%
D	7.3%	4.1%	-0.9%	87,631,308	9.4%	4.6%	83.3%	1.20	20%
E	2.9%	-5.3%	-14.1%	11,072,094	13.7%	0.0%	83.3%	1.20	100%
F	3.0%	-8.6%	-20.0%	36,513,045	17.0%	8.4%	80.0%	1.25	60%
G	4.5%	-0.7%	-9.7%	5,672,094	12.1%	0.0%	83.3%	1.20	100%
H	-5.8%	-13.0%	-27.5%	7,349,203	31.8%	21.0%	74.1%	1.35	70%
I	-8.5%	-16.1%	-26.2%	4,260,000	38.1%	27.2%	70.4%	1.42	90%
J	0.5%	0.5%	0.5%	-	0.0%	0.0%	99.5%	1.01	100%
K	-25.8%	-56.0%	-66.5%	95,010,597	36.0%	33.4%	89.8%	1.29	100%
L	4.2%	-0.3%	-12.5%	34,414,230	16.4%	12.0%	79.4%	1.26	95%
M	-10.9%	-20.4%	-35.2%	37,815,678	27.6%	18.4%	83.3%	1.20	80%
N	0.9%	-3.8%	-16.4%	10,233,299	17.1%	10.0%	82.0%	1.22	99%
O	-15.9%	-38.3%	-80.7%	39,498,722	44.5%	31.5%	71.4%	1.40	95%
P	3.5%	-1.1%	-13.3%	14,266,745	16.5%	12.1%	80.0%	1.25	50%
Q	8.8%	8.6%	8.4%	498,839	0.3%	0.0%	90.9%	1.10	90%
R	11.2%	8.8%	4.1%	2,160,000	5.5%	0.0%	83.3%	1.20	80%
S	-7.1%	-14.1%	-24.9%	9,660,000	20.2%	20.2%	87.0%	1.15	100%
（沖縄）									
T	5.8%	4.7%	-0.8%	92,545,198	11.9%	9.8%	82.3%	1.21	50%
U	5.3%	4.7%	1.8%	28,245,755	17.3%	12.8%	77.4%	1.29	40%
V	0.4%	-4.8%	-13.2%	28,061,088	16.2%	13.5%	83.3%	1.20	90%
W	13.0%	10.2%	5.6%	13,405,643	15.9%	5.9%	71.0%	1.37	80%
X	-5.0%	-21.5%	-75.6%	10,044,791	36.1%	30.0%	69.0%	1.45	50%
Y	1.1%	-4.8%	-20.7%	47,065,554	16.8%	13.8%	82.1%	1.22	60%
Z	0.6%	-9.3%	-23.2%	10,193,559	17.5%	11.0%	81.9%	1.22	90%
AA	0.9%	-8.0%	-20.4%	16,976,094	15.7%	8.0%	83.3%	1.20	80%
AB	-3.7%	-12.4%	-20.9%	33,032,094	20.4%	14.2%	83.3%	1.20	30%
AC	2.2%	1.7%	-0.7%	205,587,744	14.4%	12.9%	83.3%	1.20	90%
AD	-0.8%	-1.6%	-5.6%	16,400,037	23.9%	15.9%	76.9%	1.30	70%
AE	1.4%	-4.1%	-19.3%	26,353,824	15.3%	10.9%	83.3%	1.20	70%
AF	3.9%	4.6%	3.2%	88,035,624	12.7%	10.9%	83.3%	1.20	30%
AG	5.3%	2.2%	-7.5%	6,111,654	11.4%	0.0%	83.3%	1.23	90%
AH	7.7%	6.8%	2.7%	21,008,094	9.0%	3.3%	83.3%	1.20	90%
AI	6.4%	0.6%	-7.0%	8,912,094	10.3%	4.2%	83.3%	1.20	20%
AJ	6.3%	5.3%	0.5%	49,462,494	10.4%	5.8%	83.3%	1.20	90%
AK	6.7%	1.0%	-7.0%	12,932,094	10.0%	5.2%	83.3%	1.20	60%
AL	18.1%	15.9%	8.5%	15,380,512	4.9%	3.2%	76.9%	1.30	13%

（注）
①各売店の数値はヒアリング結果をもとに，一部財務データを入手できた売店の数値を参考に筆者が推計したもの．
②数値は売店の売上のみ．他の収益，補助金，住民からの会費等は計上していない．
③売上高利益率の将来推計は日本創生会議（2014）をもとに，将来-1は「人口移動が収束する場合」，将来-2は「人口移動が収束しない場合」の筆者推計値である．
（出所）各共同売店へのヒアリング調査，総務省「国勢調査」，日本創生会議（2014）などより作成．

討されている。他方で、固定費がゼロに近い共同売店もみられる。島根県では県及び地元の市町村で公的支援が実施されており、家賃、光熱費及び人件費の負担がない等コストが収益を圧迫しないような工夫がされている。

(5)　沖縄の経営状況

沖縄については、三売店を除けば、多くの売店で収支はプラスを維持している模様である。変動費については物品の仕入れは納入業者のみに頼るところは九売店である。この点は本土と同様に、自らが安く仕入れて少しでも利益率を高めようとの努力されている。販売価格は仕入れ価格に二〇％程度の店がある一方、四〇％程度とかなり高めの上乗せをしている売店もある。(3)

本土と異なるのは、固定費負担が売上高の一〇％台に抑えられていることである。特に、売上高人件費率が低く、数値だけみれば本土に比較して生産性の高い経営状況にあるといえるが、その内実は本土と比較して悪い。もともと、沖縄は亜熱帯性の気候であることから、光熱費が本土よりウエイトが高い。(4)その上、本土では一部の売店で公的な援助から固定費が低く抑えられているが、沖縄のほとんどの売店では自前でやるしかない。このため、一部の売店では人件費がゼロもしくは労働時間に比べかなり過小な水準となっている場合がみられる。たとえば、労働時間は朝七時頃から夜二〇時頃までを一人で担当し、かつ休憩時間がなく長時間にわたる場合も少なくない（「伊地共同売店」、「楚洲共同売店」、「高江共同売店」、「宮城共同売店」、「田名スーパー」等）。このように売店を運営される方々の献身的な業務の上で何とか収支で黒字を確保しているとみられ、維持可能な状況とはいえない。

(6) 人口動態の影響

さらに、今後とも人口減少・高齢化が進む見込みである。ここでは将来的な人口動態の変化について、日本創生会議(二〇一四)での市町村別の人口予測を用いる。同推計は国立社会保障・人口問題研究所が(社人研)公表した「日本の地域別将来推計人口(二〇一三年三月推計)」を基に作成されている。社人研の推計では東京などの大都市圏への人口流入などの人口移動率が将来的には一定程度に収束することが前提とされているが、日本創生会議の推計では地域間の人口移動が将来も収束しない場合について推計されている。この点で社人研は予測の上限であり、日本創生会議は予測の下限とみなすこともできる。

人口動態のみの変化で二〇四〇年時点の状況を試算すると、人口移動が収束する場合であれば、本土の六売店、沖縄の五売店が減収に転じる見込みである。しかし、人口移動が収束しない場合には、本土のほとんど売店は減収に転じ、沖縄でも減収となる売店が多くなる見込みである。沖縄は人口が増加していることもあってその影響はやや和らぎ、収支プラスを減少させる程度で済む見込みである。この中でプラスを維持するとみられるのは、規模が大きく観光客を主体とする集客力の強い売店となる可能性が大きい(図表4)。

三　維持可能な経営環境での損益分岐点

前章でみたように、本土及び沖縄ではそれぞれ共通の課題と独自の課題を抱えている。共通の課題は地域のための売店でありながら、地域住民の人口比でみて利用率が高くないことである。売店の品揃えもあるが、交通事情の改善で他地域の大規模スーパーやコンビニを利用することが背景にあると考えられる。

他方、独自の課題では、本土の場合、過疎・高齢化が全国平均より大きく進展しており、自治体からの支援がある売店を除き全ての売店で二〇四〇年時点まで減収になる見込みである（図表４の将来－１および将来－２参照）。また、複数の従業員を雇用していることもあり人件費率が高いことと等から固定費負担が大きいことがある。

沖縄の場合、人口動態の変化で「将来－２」の場合には本土と同様、多くの店が減収に転じるが、「将来－１」の場合は増収を維持する売店の方が多い。沖縄の場合、過疎・高齢化が周辺地域でも進行状況が緩やかであることが影響している。また、沖縄への観光客数の増加を考えると、地元人口の減少を補って増収維持にさせる可能性も高い。しかし、見かけ上の人件費負担の軽減策を考えれば、売店の維持可能性は本土より厳しい状況にある。売店を運営する方々の賃金は低水準であり、かつ長時間労働が求められている。明らかに持続不可能な状況にある。事実、筆者が訪問した売店では閉店するか、経営を交代してほしいと考える運営者が複数いた。

そこで、本土と沖縄での比較可能な形にするため、光熱費、人件費及び家賃を考慮した形で損益分岐点を試算する。人件費は労働基準法第三二条で規定されている一週間四〇時間かつ一日八時間を前提にしている。ただし、現地の状況を考えると、週休二日は現実的ではない。週休一日が妥当と考え従業員を最低二名分の人件費を計上している。なお、共同売店の規模及び業務内容から、「恩納共同売店」、「漢那共同売店」及び、「らとこんた」は五名分で計算している。賃金水準は各地域の最低賃金(二〇一九年度)を用いる。通信費、賃料及び雑費は財務状況のデータが把握できた「楚洲共同売店」の数値を参考に計上する(図表5)。図表5の条件で試算すると、本土では五売店を除き全て減収となる。沖縄についても、観光客など地元住民以外の来客が見込める売店やお惣菜を製造販売している九売店を除き、収支がマイナスになる(図表6)。

　このように、現状の経営環境を変化させない限り維持不可能な状況にあると推察できる。以下では、①購入単価(客

図表5：試算の前提

<試算の前提>

	宮城県	京都府	三重県	島根県	佐賀県	鹿児島県	沖縄県
労働時間				8時間			
営業日数				26日間			
賃金水準	824	909	873	790	790	790	790
建物賃料				120,000			
電気代				900,000			1,200,000
水道代				12,000			
通信費				30,000			
雑費				55,000			

（注）試算の前提は以下のように置いている．数値は賃金水準を除き年額表示．

①労働時間と営業日数は，労働基準法第32条で規定されている1週間40時間かつ1日8時間を前提にしている．ただし，現地の状況を考えると，週休1日が妥当と考え，従業員を最低2名分の人件費を計上している．

②従業員数は共同売店の規模及び業務内容から，恩納共同売店，漢那共同売店及び，らとこんたは5名分で計算している．

③賃金水準は各都道府県の最低賃金（2019年）を用いている．

④建物賃料は実地調査先で，ゼロから月額85000円と幅が広い．その中で多数派といえるのは月額10000円前後のため年額12万円とした．

⑤電気代は本土及び沖縄の共同売店で得られた数値を平均値と考え計算に用いる．

図表６：持続可能な状況を仮定した場合の各売店の収支の試算

	売上高利益率			損益分岐点改善幅（万円）	売上高固定費率	売上高人件費率	売上高変動費率
	現状	将来-1	将来-2				
（本土）							
A	-59.1%	-82.5%	-122.7%	1,312	85.0%	21.0%	74.1%
B	-68.8%	-106.3%	-178.4%	3,144	85.5%	0.0%	83.3%
C	-12.0%	-29.2%	-66.7%	1,896	28.6%	0.0%	83.3%
D	8.4%	2.6%	-4.1%	-870	12.3%	12.0%	79.4%
E	-82.2%	-113.3%	-166.3%	933	108.1%	28.2%	74.1%
F	-41.4%	-25.2%	-41.9%	1,226	61.4%	12.1%	80.0%
G	13.0%	11.8%	9.8%	-5,370	3.6%	4.6%	83.3%
H	1.1%	-7.0%	-21.2%	650	18.9%	8.9%	80.0%
I	-26.8%	-41.5%	-67.5%	5,456	35.9%	0.0%	90.9%
J	-396.7%	-641.6%	-1174.5%	1,039	407.4%	0.0%	89.3%
K	-74.1%	-54.3%	-81.1%	1,919	92.1%	10.0%	82.0%
L	-55.1%	-85.9%	-139.5%	2,793	71.8%	0.0%	83.3%
M	8.2%	-2.1%	-21.5%	-2,138	20.4%	71.4%	71.4%
N	-8.1%	-16.6%	-29.9%	-389	24.7%	18.4%	83.3%
O	-32.6%	-65.6%	-77.4%	-4,586	54.8%	33.4%	77.8%
P	-76.7%	-107.5%	-155.8%	3,327	89.7%	20.2%	87.0%
Q	-342.3%	-529.4%	-895.2%	-	342.8%	0.0%	99.5%
R	6.8%	-2.1%	-11.0%	-824	13.2%	8.4%	80.0%
S	-134.3%	-166.9%	-210.2%	1,406	163.9%	27.2%	70.4%
（沖縄）							
T	11.2%	11.0%	11.0%	-13,826	5.4%	12.9%	83.3%
U	-6.0%	-11.3%	-19.5%	-120	22.7%	14.2%	83.3%
V	-50.6%	-74.7%	-119.3%	2,256	69.3%	0.0%	81.3%
W	-11.8%	-22.0%	-41.5%	1,890	28.4%	5.2%	83.3%
X	-4.6%	-12.2%	-26.8%	548	21.3%	10.9%	83.3%
Y	14.6%	10.7%	1.3%	761	8.5%	3.2%	76.9%
Z	0.9%	-0.5%	-2.7%	1,083	15.7%	3.3%	83.3%
AA	5.4%	6.0%	6.3%	-2,071	11.2%	10.9%	83.3%
AB	8.9%	8.2%	6.3%	-1,763	7.7%	5.8%	83.3%
AC	13.2%	12.8%	11.7%	-6,250	4.5%	9.8%	82.3%
AD	-17.3%	-29.6%	-52.9%	1,486	34.0%	8.0%	83.3%
AE	-39.8%	-72.1%	-150.5%	705	70.9%	30.0%	69.0%
AF	-25.8%	-40.6%	-68.0%	2,292	42.5%	4.2%	83.3%
AG	22.1%	0.5%	-2.2%	-132	21.8%	5.9%	56.1%
AH	5.6%	1.3%	-6.7%	-1,711	12.3%	13.8%	82.1%
AI	18.4%	5.2%	5.1%	-1,194	14.5%	12.8%	67.1%
AJ	-4.6%	-9.6%	-17.2%	377	21.3%	13.5%	83.3%
AK	-15.6%	-16.9%	-17.2%	659	38.6%	15.9%	76.9%
AL	-40.4%	-61.4%	-101.6%	1,935	58.5%	11.0%	81.9%

（注）
①各売店の数値はヒアリング結果をもとに，一部財務データを入手できた売店の数値を参考に，図表5の条件の下で筆者が推計したもの．
②数値は売店の売上のみ．他の収益，補助金，住民からの会費等は計上していない．
③売上高利益率の将来推計は日本創生会議（2014）をもとに，将来-1は「人口移動が収束する場合」，将来-2は「人口移動が収束しない場合」の筆者推計値である．
（出所）各共同売店へのヒアリング調査，総務省「国勢調査」，日本創生会議（2014）などより作成．

単価）、②来客者数（地元住民の利用率）から維持可能となるのかについて検討する。

1　地元住民による主体的な利用

イギリス・スコットランドのGartmore villageでは、売店の将来のために住民一人当たりで一週間に最低五ポンド（日本円で約七〇〇円、二〇一九年一一月時点）の購入を求めている。ホームページ上で算出根拠は明示されていないが、村上（二〇一七）によれば、算出根拠は損益分岐点を算出の上、地域住民の人口および一年間を五二週間で除して算出された数値とのことである。Gartmore売店では一か月で九五〇〇ポンド（日本円で約一三八万円）の売上が維持に必要な金額と試算され、それを当該地域の人口四七五人（二〇一一年時点）から算出したものとなっている。

日本の場合、地域住民にお店の維持をするために直接的な負担を求めている例として「神集島購買部」がある。「神集島購買部」では店の運営費として島内の各世帯から月八〇〇円を徴収している。島内は一五五世帯のため一二万円であり、その根拠はパート従業員の賃金相当額としている。一世帯当たりの金額はGartmoreとほぼ同様の水準に近いものの、「神集島購買部」での方法は強制力が強い。

2　購入単価の増加

Gartmore売店と同様に、購入単価を引き上げることによりどの程度の効果が期待できるのかを確認する。鈴木（二〇一一）の調査結果によれば、六〇歳以上のスーパー来店時の平均的な購入金額は平均で二一六七円程度である。(5) 仮に、日々の来店する顧客が固定ではなく毎週来ると想定して、一回の来店で二一六七円購入するとすれば売店の収益環境がどの程度改善するのかをみたものが図表7である。

沖縄では購入単価が上昇すればプラスに転化する売店が多くみられる。また、今後の人口減少にもある程度耐えられることも窺える。他方、本土ではもともと来客数が少ないこともあって二〇〇〇円程度への購入単価引上げでは経営環境を大きく改善させることは難しい見込みである。特に、今後の人口減少により。ほとんどの売店が赤字となる見込みであり、維持可能性が低いことを示している。

さらに、他の条件は一定として購入単価のみを操作して収支が黒字になるまで増加させた場合を試算してみたが、一人当たりの購入金額が一万円を超える高額になるなど現実的ではない。特に、本土の多く売店では購入単価の上昇では吸収できない状況にある。ただし、沖縄の場合、来客数の多くを観光客や公共事業の従事者に依存したものであることから、来客者構成でみれば経営の基盤は安定的ではない。地元住民の利用率を高める方策が重要である。

図表7：購入単価のみを変化させた場合の試算

	売上高利益率			損益分岐点改善幅（万円）	売上高固定費率	売上高人件費率	売上高変動費率
	現状	将来-1	将来-2				
（本土）							
A	-64.3%	-99.7%	-168.8%	79,268	64.8%	82.3%	99.5%
B	-10.2%	-21.7%	-41.7%	2,155	26.8%	33.1%	83.3%
C	-3.2%	-11.3%	-25.1%	786	29.2%	39.2%	74.1%
D	21.0%	17.1%	9.9%	-2,510	7.6%	9.6%	71.4%
E	15.8%	14.4%	12.1%	-1,530	4.9%	6.5%	79.4%
F	8.3%	3.3%	-7.6%	1,259	8.3%	10.6%	83.3%
G	-10.4%	-18.3%	-32.4%	4,288	19.4%	24.7%	90.9%
H	5.4%	1.4%	-5.5%	545	14.6%	19.6%	80.0%
I	-5.7%	-15.5%	-34.4%	2,507	22.4%	27.6%	83.3%
J	10.3%	6.1%	-1.2%	-31	9.7%	13.1%	80.0%
K	15.0%	14.4%	13.5%	-6,040	1.7%	2.1%	83.3%
L	-34.9%	-47.7%	-64.7%	1,047	64.5%	80.2%	70.4%
M	13.9%	11.8%	8.5%	-1,382	6.1%	7.6%	80.0%
N	-13.0%	-24.1%	-43.2%	502	38.9%	49.9%	74.1%
O	3.4%	-1.0%	-10.5%	86	7.3%	56.4%	89.3%
P	-20.5%	-32.0%	-50.1%	2,513	33.6%	41.4%	87.0%
Q	-4.3%	-20.2%	-26.0%	-5,064	26.5%	29.4%	77.8%
R	-11.1%	-19.2%	-33.0%	1,164	29.2%	39.2%	82.0%
S	5.5%	1.6%	-4.4%	-1,059	11.2%	13.9%	83.3%
（沖縄）							
T	14.7%	14.5%	13.7%	-7,021	2.9%	3.9%	82.3%
U	9.4%	6.8%	1.7%	-269	7.3%	9.8%	83.3%
V	2.1%	-3.0%	-12.4%	1,475	14.6%	19.6%	83.3%
W	8.5%	8.0%	7.9%	69	14.6%	19.6%	76.9%
X	13.0%	11.3%	8.2%	-2,503	4.9%	6.6%	82.1%
Y	20.2%	18.8%	15.6%	171	2.9%	3.9%	76.9%
Z	-0.1%	-6.7%	-18.8%	1,498	18.8%	25.6%	81.3%
AA	11.8%	10.7%	8.9%	-937	4.9%	6.5%	83.3%
AB	5.0%	0.8%	-7.2%	669	11.7%	15.7%	83.3%
AC	12.2%	10.6%	7.5%	1,073	4.5%	6.0%	83.3%
AD	17.3%	16.7%	15.7%	120	9.7%	13.1%	73.0%
AE	0.5%	-5.8%	-17.9%	1,154	17.6%	23.9%	81.9%
AF	10.8%	10.3%	8.8%	-2,580	5.8%	7.8%	83.3%
AG	18.1%	17.9%	17.9%	-1,076	4.5%	6.1%	77.4%
AH	14.2%	14.2%	14.1%	-14,643	2.4%	2.8%	83.3%
AI	6.9%	6.1%	4.7%	265	9.7%	13.1%	83.3%
AJ	11.6%	2.7%	-18.8%	266	19.4%	26.2%	69.0%
AK	10.8%	9.5%	7.4%	-440	5.8%	7.8%	83.3%
AL	13.0%	13.2%	13.3%	-2,888	3.6%	4.1%	83.3%

（注）
①各売店の数値はヒアリング結果をもとに，一部財務データを入手できた売店の数値を参考に，図表5の条件及び購入単価のみ変化させた場合について筆者が推計したもの.
②数値は売店の売上のみ．他の収益，補助金，住民からの会費等は計上していない.
③売上高利益率の将来推計は日本創生会議（2014）をもとに，将来-1は「人口移動が収束する場合」，将来-2は「人口移動が収束しない場合」の筆者推計値である.
（出所）各共同売店へのヒアリング調査，総務省「国勢調査」，日本創生会議（2014）などより作成.

3　来客数の増加

維持可能な経営環境のもとで収支を黒字化させる方法として、地元住民を中心として来客数を増加させる方法が考えられる。ここでは他の条件は一定として一日当たりの来客数のみを操作して収支が黒字になるまで増加させた場合を試算したのが図表8である。地元利用率では五％きざみで利用率を変動させ、収支がプラスになった時点の数値を示している。

一部では地域住民が全員利用したとしても収支が黒字とならない売店が五店舗ほど見込まれる。こうした売店では、購入単価の引上げや公的な助成金がなければ運営はかなり困難といえる。他方で、多くの売店で利用率が五〇％程度まで上げれば収益は十分プラスに改善することが見込まれる。地元のための売店としてのそもそも存在意義を考慮すれば、地元の利用率を上げれば黒字収支を維持することができることを意味しており、現実的な対応策と考えられる。

図表 8：来客数のみを変化させた場合の試算

	売上高利益率 現状	売上高利益率 将来-1	売上高利益率 将来-2	損益分岐点改善幅（万円）	売上高固定費率	売上高人件費率	売上高変動費率
（本土）							
A	0.5%	-4.9%	-14.1%	1,226	19.5%	14.5%	80.0%
B	-255.6%	-415.6%	-764.0%	1,039	266.3%	34.4%	89.3%
C	1.8%	-2.1%	-8.2%	3,327	11.3%	9.1%	87.0%
D	-71.3%	-110.4%	-187.0%	100,614	71.8%	56.5%	99.5%
E	1.9%	-5.9%	-19.6%	650	18.1%	13.5%	80.0%
F	0.9%	-6.0%	-19.3%	3,144	15.7%	12.8%	83.3%
G	3.7%	-0.8%	-7.8%	-5,370	13.0%	10.4%	83.3%
H	1.1%	-4.3%	-13.5%	-870	19.5%	14.5%	79.4%
I	0.7%	-6.6%	-19.0%	933	25.3%	19.7%	74.1%
J	2.4%	-2.5%	-10.2%	-389	14.3%	11.5%	83.3%
K	3.4%	-2.3%	-11.3%	-824	16.6%	13.3%	80.0%
L	1.0%	-5.7%	-17.4%	2,793	15.7%	12.7%	83.3%
M	0.6%	-2.9%	-9.0%	5,456	8.5%	6.7%	90.9%
N	2.7%	2.9%	2.6%	-4,586	19.5%	17.6%	77.8%
O	0.2%	-9.8%	-31.4%	1,896	16.5%	13.0%	83.3%
P	3.9%	-8.5%	-32.0%	-2,138	24.6%	19.6%	71.4%
Q	3.9%	-1.2%	-8.0%	1,406	25.7%	20.7%	70.4%
R	0.3%	-6.8%	-18.9%	1,312	25.6%	19.1%	74.1%
S	0.4%	-4.4%	-12.7%	1,919	17.6%	13.1%	82.0%
（沖縄）							
T	0.2%	-1.3%	-5.4%	1,083	16.5%	12.2%	83.3%
U	3.2%	1.8%	-1.8%	-6,250	14.5%	10.8%	82.3%
V	6.7%	5.6%	3.4%	624	20.3%	15.1%	73.0%
W	0.9%	-4.8%	-15.6%	1,486	15.8%	11.7%	83.3%
X	1.2%	-4.7%	-15.4%	-1,711	16.7%	12.3%	82.1%
Y	-4.1%	-12.2%	-27.5%	1,935	22.3%	16.4%	81.9%
Z	0.9%	-4.6%	-14.7%	2,292	15.7%	11.7%	83.3%
AA	1.2%	-8.8%	-33.0%	761	21.9%	16.3%	76.9%
AB	-12.1%	-31.7%	-79.5%	705	43.1%	32.0%	69.0%
AC	3.1%	2.7%	2.6%	-13,826	13.5%	11.9%	83.3%
AD	9.9%	9.4%	9.3%	659	13.2%	9.8%	76.9%
AE	1.5%	-2.0%	-7.5%	377	15.1%	11.3%	83.3%
AF	1.8%	2.5%	3.0%	-2,071	14.9%	13.1%	83.3%
AG	7.7%	4.5%	-1.6%	548	9.0%	6.7%	83.3%
AH	0.3%	-3.5%	-9.4%	-120	16.3%	12.1%	83.3%
AI	1.3%	-4.8%	-16.0%	2,256	17.4%	12.8%	81.3%
AJ	3.0%	1.7%	-1.7%	-1,763	13.7%	10.2%	83.3%
AK	3.4%	2.7%	2.6%	-448	19.2%	14.1%	77.4%
AL	-9.0%	-18.2%	-35.9%	1,890	25.7%	19.1%	83.3%

（注）
①各売店の数値はヒアリング結果をもとに，一部財務データを入手できた売店の数値を参考に，図表5の条件及び地元利用率のみ変化させた場合について筆者が推計したもの．
②数値は売店の売上のみ．他の収益，補助金，住民からの会費等は計上していない．
③売上高利益率の将来推計は日本創生会議（2014）をもとに，将来-1は「人口移動が収束する場合」，将来-2は「人口移動が収束しない場合」の筆者推計値である．
（出所）各共同売店へのヒアリング調査，総務省「国勢調査」，日本創生会議（2014）などより作成．

四　どの程度の価格転嫁率が妥当なのか

三章でみたように、売店存続のために、購入金額を上げてもらうか、あるいは地元住民の利用率を上昇させるか、が考えられるが、どこまで強制力を持たせることが可能かについては店によって異なっており、確実な選択肢とはいえない。

他方、今回インタビューを行ったほとんどすべての売店で近隣のスーパーやコンビニより高めの価格設定を行っている。(6) ただし、この水準は店により異なっており、その根拠も明確ではない。また、売店での品揃えは固定的で、それぞれの顧客が好む銘柄の商品を揃えている。このため、価格に関しては敏感で価格変更の機会はあまりなく、消費税率や当該商品の納入価格に変更があった場合に限られるとのことである。

しかし、売店は地元住民にとって徒歩圏内であり、急な所用で必要なものを購入するには便利な存在であることから、その維持のためにスーパーやコンビニより高めの価格設定をすることには合理性がある。ここでは、価格の上乗せの適正水準について検討する。

1　イギリスでの事例

イギリス中部のFeckenham Community Shopでは近隣の大型スーパーで購入する場合の移動コストを計算して、Feckenham Community Shop方が安く購入できることを数値で示している。具体的には、自動車一マイル当たりの維持コストをAutomobile Association（AA協会）の"Motoring Costs 2011"より算出し、自動車の一マイル（約一・六㎞）移動コストを〇・五五ポンド（日本円で約八〇円）と見込んでいる。この移動コストを加算して近隣のスーパーマーケットでも購入できる一般的な購入品目（バスケット）をもとに比較を行っている。これによれば、安価を売り物とするスーパーマーケットであるSainsbury'sで四・九七ポンド（日本円で約七〇〇円）、TESCOで一・七三ポンド（日本円で約二四五円）、高級スーパーであるWaitroseで六・三三ポンド（日本円で約九〇〇円）も安く購入できることから、個々の商品の価格は大型スーパーマーケットより割高であるものの、移動コストを考慮すれば必ずしも高くないことを示している。(7)

Feckenham Community Shopでの Community shopと近隣のスーパーマーケットとの価格差を価格転嫁率にみたてると、Sainsbury'sで一・一九倍（二〇・八㎞離れている）、TESCOで一・〇七倍（一二・八㎞離れている）、高級スーパーであるWaitroseで一・二四倍（二四・〇㎞離れている）となっている。ただし、イギリスでの試算では時間費用を計上していない。

2　試算結果

ここでは、現実の移動手段にしたがって、今回調査した売店から距離的に最も近いとみられる大型スーパー及びコンビニまでの移動コストを推計する。自家用車、乗合バスあるいはタクシーにより試算した移動コストは図表9~11の通りである。もちろん、移動コストではバス利用が最も安価

図表９：移動コストの試算（沖縄）

共同売店	最寄りの商業施設		最寄商業施設（km）	移動時間（分）	移動費用	時間費用	維持費用	総費用	価格転嫁率	平均
奥共同売店	ファミリーマート奥間ビーチ前店	自動車	27.7	31	431	816	2383	3631	1.726	
		タクシー	27.7	31	11073	816		11890	3.378	
	サンエーV21いさがわ食品館	自動車	53.0	63	824	1659	2383	4867	1.973	
		タクシー	53.0	63	20778	1659		22437	5.487	3.270
楚洲共同売店	ファミリーマート奥間ビーチ前店	自動車	27.3	33	425	869	2383	3677	1.735	
		タクシー	27.3	33	10920	869		11789	3.358	
	サンエーV21いさがわ食品館	自動車	52.5	66	817	1738	2383	4938	1.988	
		タクシー	52.5	66	20586	1738		22324	5.465	3.259
安波共同売店	ファミリーマート奥間ビーチ前店	自動車	21.4	26	333	685	2383	3401	1.680	
		タクシー	21.4	26	8657	685		9342	2.868	
	サンエーV21いさがわ食品館	自動車	46.5	58	723	1527	2383	4634	1.927	
		タクシー	46.5	58	18284	1527		19812	4.962	2.910
伊地共同売店	ファミリーマート奥間ビーチ前店	自動車	3.4	4	53	105	2383	2542	1.508	
		タクシー	3.4	4	1753	105		1858	1.372	
	サンエーV21いさがわ食品館	自動車	28.6	37	445	974	2383	3803	1.761	
		タクシー	28.6	37	11419	974		12393	3.479	1.859
高江共同売店	ファミリーマート大宜味津波店	自動車	21.5	27	334	711	2383	3429	1.686	
		タクシー	21.5	27	8695	711		9406	2.881	
	サンエーV21いさがわ食品館	自動車	34.8	45	541	1185	2383	4110	1.822	
		タクシー	34.8	45	13797	1185		14982	3.996	2.279
宮城共同売店	ファミリーマート大宜味津波店	自動車	11.1	14	173	369	2383	2925	1.585	
		タクシー	11.1	14	4706	369		5075	2.015	
	サンエーV21いさがわ食品館	自動車	24.4	33	380	869	2383	3632	1.726	
		タクシー	24.4	33	9808	869		10677	3.135	1.901
川田区売店	ファミリーマート大宜味津波店	自動車	9.4	12	146	316	2383	2846	1.569	
		タクシー	9.4	12	4054	316		4370	1.874	
	サンエーV21いさがわ食品館	自動車	22.6	31	352	816	2383	3551	1.710	
		タクシー	22.6	31	9117	816		9934	2.987	1.834
呉我山共同売店	名護真喜屋店	自動車	9.6	13	149	342	2383	2875	1.575	
		タクシー	9.6	13	4131	342		4473	1.895	
	マックスバリュなご店	自動車	6.9	12	107	316	2383	2807	1.561	
		タクシー	6.9	12	3095	316		3411	1.682	1.552
崎山共同売店	Aコープ 今帰仁店	自動車	3.4	8	53	211	2383	2647	1.529	
		タクシー	3.4	8	1753	211		1964	1.393	
	マックスバリュもとぶ店	自動車	12.0	27	187	711	2383	3281	1.656	
		タクシー	12.0	27	5052	711		5763	2.153	1.683
恩納共同売店	サンエー石川ショッピングタウン	自動車	8.7	13	135	342	2383	2861	1.572	
		タクシー	8.7	13	3786	342		4128	1.826	
	ローソン恩納万座毛入口店、〒904-04	自動車	0.4	1	6	26	2383	2416	1.483	
		タクシー	0.4	1	602	26		629	1.126	1.502
山田共同売店	ローソン 恩納ムーンビーチ	自動車	4.8	7	75	184	2383	2642	1.528	
		タクシー	4.8	7	2290	184		2474	1.495	
	マックスバリュ石川店	自動車	6.4	11	100	290	2383	2773	1.555	
		タクシー	6.4	11	2904	290		3193	1.639	1.463
真栄田共同売店	ローソン 恩納ムーンビーチ	自動車	5.2	7	81	184	2383	2649	1.530	
		タクシー	5.2	7	2443	184		2628	1.526	
	マックスバリュ石川店	自動車	6.7	11	104	290	2383	2777	1.555	
		タクシー	6.7	11	3019	290		3308	1.662	1.492
漢那共同売店	ローソン 宜野座惣慶	自動車	2.0	3	31	76	2383	2491	1.498	
		タクシー	2.0	3	1216	76		1292	1.258	
	マックスバリュ金武店	自動車	5.9	10	92	263	2383	2739	1.548	
		タクシー	5.9	10	2712	263		2975	1.595	1.358
羽地中部共同売店	名護田井等店	自動車	0.7	1	10	26	2383	2420	1.484	
		タクシー	0.7	1	707	26		733	1.147	
	V21いさがわ食品館	自動車	2.7	7	42	184	2383	2610	1.522	
		タクシー	2.7	7	1484	184		1669	1.334	1.279

（注）

①距離，移動時間は道路ナビにて計測したもの．

②移動費用は，自動車は軽自動車で燃費1ℓ当たり18km，ガソリン価格140円にて移動した場合．バスは実際にかかった費用，タクシーは2019年10月1日の消費税率引上げ後の改定後の料金で算出したもの．

③時間費用は移動にかかる時間を各地域の最低賃金（2019年）で換算したもの．

④維持費用は軽自動車110840円m，普通車137040円の週当たりコストの平均を利用している．

図表 10：移動コストの試算（本土）

共同売店	最寄りの商業施設		最寄商業施設（km）	移動時間（分）	移動費用	時間費用	維持費用	総費用	価格転嫁率	平均
なんでもや	ファミリーマート 白石蔵王駅前店	自動車	10.2	14	159	385	2383	2927	1.585	
		タクシー	10.2	14	3031	385		3416	1.683	
	セラビ白石	自動車	13.3	19	207	522	2383	3112	1.622	
		タクシー	13.3	19	3869	522		4391	1.878	1.692
うきさとみんなの店	ファミリーマート 松阪岡本店	自動車	15.5	24	241	698	2383	3323	1.665	
		タクシー	15.5	24	4554	698		5252	2.050	
	アドバンスモール松阪	自動車	16.1	20	250	582	2383	3216	1.643	
		タクシー	16.1	20	4721	582		5303	2.061	1.855
つねよし百貨店	にしがき 大宮店	自動車	4.6	6	72	182	2383	2637	1.527	
		タクシー	4.6	6	1446	182		1628	1.326	
	フレッシュバザール野田川店	自動車	4.1	6	64	182	2383	2629	1.526	
		タクシー	4.1	6	1314	182		1496	1.299	1.419
地井の里	ヤマザキＹショップ やまよ	自動車	13.3	17	207	515	2383	3105	1.621	
		タクシー	13.3	17	3735	515		4250	1.850	
	Fresh Bazar SONOBE	自動車	36.1	44	562	1333	2383	4278	1.856	
		タクシー	36.1	44	9735	1333		11068	3.214	2.135
ふらっと美山	ヤマザキＹショップ やまよ	自動車	5.5	7	86	212	2383	2681	1.536	
		タクシー	5.5	7	1683	212		1895	1.379	
	Fresh Bazar SONOBE	自動車	28.3	35	440	1061	2383	3884	1.777	
		タクシー	28.3	35	7683	1061		8743	2.749	1.860
たなせん	ヤマザキＹショップ やまよ	自動車	10.9	14	170	424	2383	2977	1.595	
		タクシー	10.9	14	3104	424		3528	1.706	
	Fresh Bazar SONOBE	自動車	33.7	41	524	1242	2383	4150	1.830	
		タクシー	33.7	41	9104	1242		10346	3.069	2.050
大野屋	ヤマザキＹショップ やまよ	自動車	8.9	12	138	364	2383	2886	1.577	
		タクシー	8.9	12	2577	364		2941	1.588	
	アスパ綾部	自動車	31.9	39	496	1182	2383	4061	1.812	
		タクシー	31.9	39	8630	1182		9812	2.962	1.985
空山の里	セブンイレブン 綾部大島町店	自動車	6.1	8	95	242	2383	2721	1.544	
		タクシー	6.1	8	1841	242		2083	1.417	
	アスパ綾部	自動車	8.6	13	134	394	2383	2911	1.582	
		タクシー	8.6	13	2498	394		2892	1.578	1.530
波多マーケット	掛合ショッピングセンターコア	自動車	16.7	19	260	500	2383	3144	1.629	
		タクシー	16.7	19	5035	500		5535	2.107	
	Ａコープエルシィー店	自動車	9.8	11	152	290	2383	2826	1.565	
		タクシー	9.8	11	3044	290		3334	1.667	1.742
ささえさん	Ａコープエルシィー店	自動車	11.8	15	184	412	2383	2979	1.596	
		タクシー	11.8	15	3621	412		4033	1.807	1.701
神集島購買部	ドラッグコスモス佐志	自動車	8.1	11	126	290	2383	2799	1.560	
		タクシー	8.1	11	2370	290		2660	1.532	
	まいづるCARROT西唐津店	自動車	8.9	15	138	395	2383	2917	1.583	
		タクシー	8.9	15	2578	395		2973	1.595	1.567

（注）推計方法は図表9の注と同じ

図表 11：移動コストの試算（離島）

共同売店	最寄りの商業施設		最寄商業施設（km）	移動時間（分）	移動費用	時間費用	維持費用	総費用	価格転嫁率	平均
芦検商店	イオンプラザ大島店	自動車	44.2	59	688	1554	2383	4625	1.925	
		タクシー	44.2	59	10124	1554		11678	3.336	
	タイヨー平田店	自動車	41.8	53	650	1396	2383	4429	1.886	
		タクシー	41.8	53	9587	1396		10983	3.197	2.586
宇検商店	イオンプラザ大島店	自動車	52.8	70	821	1843	2383	5048	2.010	
		タクシー	52.8	70	12050	1843		13893	3.779	
	タイヨー平田店	自動車	50.4	64	784	1685	2383	4853	1.971	
		タクシー	50.4	64	11513	1685		13198	3.640	2.850
名柄商店	イオンプラザ大島店	自動車	50.0	66	778	1738	2383	4899	1.980	
		タクシー	50.0	66	11423	1738		13161	3.632	
	タイヨー平田店	自動車	47.5	60	739	1580	2383	4702	1.940	
		タクシー	47.5	60	10863	1580		12443	3.489	2.760
平田商店	イオンプラザ大島店	自動車	59.5	77	926	2028	2383	5337	2.067	
		タクシー	59.5	77	13550	2028		15578	4.116	
	タイヨー平田店	自動車	57.0	71	887	1870	2383	5140	2.028	
		タクシー	57.0	71	12990	1870		14860	3.972	3.046
大棚商店	イオンプラザ大島店	自動車	25.5	40	4007	1053	2383	7443	2.489	
		タクシー	25.5	40	5938	1053		6991	2.398	
	タイヨー朝仁店	自動車	21.0	30	327	790	2383	3500	1.700	
		タクシー	21.0	30	4930	790		5720	2.144	2.183
名石共同売店	タウンプラザかねひで 石垣店	自動車	58.8	73	3661	1922	2383	7967	2.593	
		タクシー	58.8	73	4451	1922		6374	2.275	
	沖縄ファミリーマート 石垣730記念碑	自動車	57.5	70	3641	1843	2383	7868	2.574	
		タクシー	57.5	70	4216	1843		6059	2.212	2.413
南共同売店	タウンプラザかねひで 石垣店	自動車	59.2	74	3668	1949	2383	8000	2.600	
		タクシー	59.2	74	4524	1949		6473	2.295	
	沖縄ファミリーマート 石垣730記念碑	自動車	57.9	71	3647	1870	2383	7901	2.580	
		タクシー	57.9	71	4289	1870		6158	2.232	2.427
前泊スーパー	ファミリーマート 名護真喜屋店	自動車	54.3	95	2647	2502	2383	7532	2.506	
		タクシー	54.3	95	4765	2502		7267	2.453	
	V21いさがわ食品館	自動車	56.7	101	2684	2660	2383	7728	2.546	
		タクシー	56.7	101	5225	2660		7885	2.577	2.521
田名スーパー	ファミリーマート 名護真喜屋店	自動車	56.8	99	2685	2607	2383	7676	2.535	
		タクシー	56.8	99	5236	2607		7843	2.569	
	V21いさがわ食品館	自動車	59.2	105	2723	2765	2383	7871	2.574	
		タクシー	59.2	105	5696	2765		8461	2.692	2.593
島尻スーパー	ファミリーマート 名護真喜屋店	自動車	58.0	101	2704	2660	2383	7747	2.549	
		タクシー	58.0	101	5466	2660		8126	2.625	
	V21いさがわ食品館	自動車	60.4	107	2741	2818	2383	7942	2.588	
		タクシー	60.4	107	5926	2818		8744	2.749	2.628

（注）推計方法は図表9の注と同じ．波照間島，伊平屋島の売店についてはフェリー代も含まれている．

となるが、売店のある地域でのバス利用は必ずしも現実的ではない。たとえば、バスは沖縄本島北部地域や奄美大島大島郡宇検村の場合、朝夕の通勤通学時間帯には一時間に二~三本のバスがあるものの、それ以外の時間帯は一時間に一本しかない場合もある。たとえば、東村高江地区から最寄りの食品スーパー(サンエーV21いさがわ食品館)への移動の場合、一日に三便しかない(二〇一八年六月末時点)。しかも最終バス(一八:四五発)では戻りのバス便がないため、現地(高江)を〇七:〇五発のバスに乗車して、戻りのバスは一四:三八発あるいは、一七:二八発のバスに乗車する必要がある。午前の便でならば六時間の買い物は可能であるが、鈴木(二〇一一)によればスーパーの平均的な滞在時間は一五分程度であることから現実的な選択とはいえない。自家用車の利用が適切かと考える。

したがって、定期的な乗合バス路線がない奥、楚洲、安波及び伊地の各売店では自家用車を利用する場合の転嫁率が低いが、辺土名バスセンターから遠くなるにつれ移動コストは高くなり、価格転嫁率の試算値はスーパーマーケット一・九〇台、コンビニエンスストアで一・七〇となっている。辺土名バスセンターに最も近い伊地でもスーパーマーケット一・七四、コンビニエンスストア一・五〇となっており、現状の価格転嫁率からの引上げには十分な余地があることを示している。

ここでは移動コスト(平均値)を一〇〇%価格転嫁されると仮定して、第三章で推計した持続可能な収支構造の変動費で調整を行った。持続可能な経営環境での試算(前出、図表6)では、多くの売店が赤字になると試算されているが、ここでの価格転嫁が可能ならば、本土は八売店、沖縄

図表 12：適用可能な価格転嫁率を用いた場合の試算

	売上高利益率			損益分岐点改善幅（万円）	売上高固定費率	売上高人件費率	売上高変動費率
	現状	将来-1	将来-2				
（本土）							
A	-36.6%	-67.4%	-115.7%	87	89.7%	72.7%	46.8%
B	6.7%	-8.0%	-34.0%	1,125	35.9%	28.3%	57.4%
C	2.4%	18.6%	1.8%	-595	61.4%	45.6%	36.2%
D	-37.1%	-68.0%	-121.5%	1,049	71.8%	58.2%	65.3%
E	-117.8%	-150.4%	-193.7%	750	163.9%	131.8%	53.9%
F	-12.0%	-29.2%	-66.7%	1,896	28.6%	22.6%	83.3%
G	36.4%	27.5%	18.6%	-2,512	13.2%	10.6%	50.4%
H	-396.7%	-641.6%	-1174.5%	1,039	407.4%	52.7%	89.3%
I	42.6%	41.4%	39.4%	-7,540	3.6%	2.9%	53.8%
J	20.5%	10.2%	-9.2%	-2,685	20.4%	16.2%	59.1%
K	-71.9%	-103.0%	-156.0%	379	108.1%	84.3%	63.8%
L	-301.6%	-488.6%	-854.5%	1,214	342.8%	270.1%	58.8%
M	49.0%	43.3%	36.6%	-2,576	12.3%	9.1%	38.7%
N	26.5%	18.0%	4.7%	-2,678	24.7%	19.9%	48.8%
O	-55.9%	-93.4%	-165.5%	1,679	85.5%	69.3%	70.4%
P	35.3%	27.2%	13.0%	-1,024	18.9%	14.0%	45.8%
Q	-32.6%	-65.6%	-77.4%	-4,586	54.8%	49.5%	77.8%
R	-27.2%	-7.4%	-34.2%	-206	92.1%	68.5%	35.1%
S	-17.9%	-41.3%	-81.5%	55	85.0%	63.2%	32.8%
（沖縄）							
T	19.3%	14.3%	6.7%	-1,498	21.3%	15.8%	59.4%
U	0.0%	-4.7%	-7.4%	1,092	21.8%	16.2%	78.2%
V	10.8%	-10.3%	-50.4%	-246	58.5%	43.1%	30.7%
W	12.2%	0.0%	-23.4%	-549	34.0%	25.3%	53.8%
X	12.9%	7.6%	-0.6%	-1,812	22.7%	16.9%	64.4%
Y	48.2%	40.5%	25.9%	-1,871	21.3%	15.8%	30.6%
Z	15.0%	15.5%	15.9%	-4,525	11.2%	9.9%	73.8%
AA	37.2%	27.0%	7.5%	-485	28.4%	21.1%	34.4%
AB	45.7%	44.2%	42.1%	-1,237	15.7%	11.7%	38.6%
AC	50.1%	46.2%	36.8%	-632	8.5%	6.3%	41.4%
AD	-12.1%	-44.4%	-122.8%	-102	70.9%	52.7%	41.2%
AE	13.6%	-1.2%	-28.5%	54	42.5%	31.6%	43.9%
AF	54.2%	53.5%	51.6%	-4,090	7.7%	5.7%	38.1%
AG	18.5%	15.7%	15.5%	-1,200	14.5%	10.7%	67.0%
AH	28.0%	27.8%	27.7%	-17,200	5.4%	4.8%	66.6%
AI	-7.0%	-8.3%	-8.6%	36	38.6%	28.7%	68.3%
AJ	33.1%	28.8%	20.9%	-3,528	12.3%	9.1%	54.5%
AK	-21.9%	-46.0%	-90.6%	520	69.3%	51.0%	52.6%
AL	55.9%	55.5%	54.3%	-8,375	4.5%	3.3%	39.7%

（注）
①各売店の数値はヒアリング結果をもとに，一部財務データを入手できた売店の数値を参考に，図表5の条件及び価格転嫁率を変化させた場合について筆者が推計したもの．
②数値は売店の売上のみ．他の収益，補助金，住民からの会費等は計上していない．
③売上高利益率の将来推計は日本創生会議（2014）をもとに，将来-1は「人口移動が収束する場合」，将来-2は「人口移動が収束しない場合」の筆者推計値である．
（出所）各共同売店へのヒアリング調査，総務省「国勢調査」，日本創生会議（2014）などより作成．

は一二売店が黒字となる。ただし、価格転嫁率の試算では三倍を超えるものがあり、現実的には一〇〇％の価格転嫁は難しい。しかし、交通網が整備されていないところほど、価格転嫁の在り方について地元利用者の理解を得ていくべきではないかと考える（図表12）。

五　課題とまとめ

売店に関する先行研究の多くはその存続の必要性を指摘するものの、売店の現状や将来予測及び維持可能性について、人口や財務データなどから定量的に分析したものは多くない。定量的な分析をしようにもデータがなかったからである。データがないことには各自治体で対策を検討しようにも困難である。本論では、売店へのインタビュー調査を通じて得られたデータにより分析を行った。結果を要約すれば以下の通りである。

①本土の売店は来客者数が沖縄より少ないものの、地元利用率は高い。

②地元利用率を地域の人口比でみると、本土、沖縄とも高くはない。地域のための売店と位置付けられているが、実態は地元利用率が低い。

③収益環境は、沖縄の方が固定費負担は比較的小さく、増益基調にある店が多い。

④ただし、沖縄では人件費率がかなり低い。一部の店で運営される方々の献身的な業務の上で何とか収支で黒字を確保しているとみられ、維持可能な状況とはいえない。

⑤維持可能な状況で経営すれば、本土、沖縄とも多くの売店が減収に転じる。特に、今後の人口減少を考慮すればその傾向はさらに明瞭となる。
⑥沖縄では購入単価が上昇すればプラスに転化する売店が多くみられる。本土の多く売店では購入単価の上昇では吸収できない状況にある。
⑦一部の売店では地域住民が全員利用したとしても、増益とならない売店が五店舗ほど見込まれる。
⑧移動コストを考慮した価格転嫁を行えば、多くの売店で増益に転じることが見込まれる。ただし、価格転嫁率の試算では三倍を超えるものがあり、現実的には一〇〇％の価格転嫁は難しい。

このように、購入単価、地元利用率及び価格転嫁率それぞれ単独で操作しても、適切な経営環境でも増益を維持できる売店が多いことが確認できる。この中で、特に検討すべきは地元利用率である。特に、沖縄では売店の運営は運営される方々による献身的な支えがあって維持されている売店も多い。このような状態は維持可能な経営環境下での試算では、当然ながら、多くの売店は赤字化する。売店は過疎化・高齢化における経済的・福祉的な拠点として期待されながらも、地元住民の利用率はさほど高くない。しかも、今後の人口減少により多くの売店は赤字に転落する見込みである。これでは共同売店の歴史的な使命は終えたとの見方が出てくるのも当然である。

この点で、イギリスの Community Shop に学ぶべきヒントも多い。Community Shop では、固定費負担で人件費率がかなり低い。これは、ほとんどの売店で無給のボランティア従業員が従事し、売店の運営を支えているからである。財務諸表[8]をもとに、平均的なイギリスの経営状況をみると人件費がゼロもしくは数％に抑えられ、固定費負担は一〇％程度とかなり小さくなっている。他方、日本では概ね三〇％程度と人件費を含む固定費負担が大きい。特に現状では複数の従業員に賃金を支払っている本土の方が固定費負担は大きい。このため、売店の維持可能性はイギリスの方が高いことは理解しやすい。

他方、日本では管理者あるいは一部の従業員の賃金を極端に抑え（あるいは無給）として、実質的にボランティアで運営されている売店はみられるが、イギリスのように地域住民が率先してボランティアしている訪問先はなかった。この点について、日本でのボランティア従業員の可能性をヒアリングしたところ（サンプル数は少ないが）、「ボランティアをする人はいないし、来てもらっても困る」、「ボランティアをする人自体が、他の人からみれば、何か魂胆があるとみられる」、「ボランティアをする人は何もすることがない暇な人」と、否定的な意見が聞かれた。また、「前泊スーパー」では管理者の方が「地区の有形無形のサポートがあることが売店の経営にプラスになっている」との評価で、「日本では一般的なボランティアという言葉が適さないのではないか」との意見も聞かれた。

しかしながら、隠岐で訪問した「ふれあい五箇」及び「ふれあいサロン白鳥」ではボランティアにより配食・給食サービスを維持していた。「ふれあい五箇」は地域のデイケア施設であり、近隣の高齢者へデイケアの一環で給食サービスも行っている。この施設と人員を配分することで地域への配食サービスを実施している（二〇一九年時点で七〇食分）。その配食の配達で、一部はデイケア参加者を自宅まで送り届ける際に併せて配達するほか、[9] それで賄えない地域にはボランティアが配達している。これらの方々は「配達に関して手当ては必要ない。手当てを支払うならやめる」、「地域へ貢献したい」との意識でこれまで二〇年近く続けられてきたとのことである。このように、日本がイギリスと異なっているわけではなかろう。

共同売店を存続させるかを決めるのは地域住民であり、そのために地域において有名無形のサポートを継続的に行えるかが重要である。日本での売店の経営状況をみると、暫定的には地元住民へ共同売店での購買を勧奨する、あるいは販売価格の見直しなどで対応できるが、維持可能な対応策ではない。一旦閉店した後に復活した共同売店での取組のように、地域の生活上で必要なインフラを維持していくために、地域住民が主体的に取り組むことが必要ではなかろうか。また、各自治体あるいは大学等による、地域の生活環境維持に向けた継続的な支援が必要であると考える。

付録：売店独自の取り組み事例

今回調査では一〇売店が他の収入源により最終的な収益を黒字で維持させている。他の収入源としては、①自治体からの補助、②公的機関からの補助、③企業からの補助・賠償金、④地域住民からの運営費徴収に分けられる（付録図表）。

付録図表：各共同売店の独自努力と中間支援の状況

	なんでもや	うきさとみんなの店	つねよし百貨店	知井の里	ふらっと美山	たなせん	大野屋	空山の里	波多マーケット
独自の取組	お弁当等惣菜部門を拡充，旬の果物等を近隣農家から取寄せ販売	光熱費抑制のため生鮮食品の取扱い休止	光熱費抑制のため生鮮食品の取扱い休止，自販機の売上で店の光熱費を賄う		株式会社化（美山ふるさと株式会社と合併）	月1回の路上マーケット開催，子どもの農家宿泊体験	コロッケ等惣菜部門を拡充	年末に餅つきをボランティアで開催	地区内交通の運営
中間支援の形態	民間企業からの支援	民間企業からの支援，簡易郵便局を併設	-	電気代は振興会負担（同敷地内）	道の駅として指定	他の事業（農事部）からの収入	他の事業（大野ファームセンター）からの収入	簡易郵便局を併設	地方自治体からの支援（指定管理団体手数料等）
店舗の所有形態	賃貸	自治会が購入	賃貸	市が購入，無償貸与		市が購入，無償貸与	市が購入，無償貸与	売店が購入	廃校を利用，市が購入，無償貸与
仕入れ	業者から仕入れ	従業員による買い出し	仕入れ業者，従業員仕入れ，ネット仕入れ（ともかく安いところから）	ＪＡ時代の仕入れ業者	道の駅部分は委託販売，在庫リスクの軽減のため	JA時代からの業者	JA時代からの業者，従業員仕入れ	従業員仕入れ，一部業者仕入れ	全日食チェーン

	ささえさん	神集島購買部	大棚商店	名柄商店	平田商店	宇検商店	芦検商店	伊地共同売店	奥共同売店
独自の取組	ホワイトボードによる需要のある商品のみ購入	商品開発：石割豆腐の製造販売　毎週月・木曜日にお惣菜を製造・販売	結びの会（地元の団体）が作るお弁当（300円と400円）と惣菜（100円）の取扱	年１回，売上奨励金として株主配当を実施				Coffeeやかき氷をしてる	日本で一番早い新茶の販売
中間支援の形態	地方自治体からの支援（人件費，光熱費，賃料）	運営費を地域住民から毎月徴収							
店舗の所有形態	公民館の敷地内		区所有	区所有	区所有，現在は有限会社の形態	区所有	区所有	賃貸（請負）	区所有
仕入れ	ホワイトボードの利用	代表，従業員による格安ショップでの買い出し	卸売業者，週2回買い出し	卸売業者からのみ，週3回納入	卸売業者，買い出し	卸売業者からのみ	卸売業者からのみ	業者から仕入れ＋一部，飲料など従業員仕入れ	卸売業者からのみ

	楚洲共同売店	安波共同売店	高江共同売店	宮城共同売店	川田区共同売店	崎山共同売店	呉我山共同売店	恩納共同売店	山田共同売店
独自の取組		商品開発：スパム握り，イカ天日干し製造販売	業者配送で未採算地域のため，近隣の共同売店まで業者搬入し，取りに行く	民泊者向けの商品を置く	従来は請負形態，採算とれず閉店　区民の要望から区所有で再開		2017年3月に一旦閉店，区の募集で請負人を探し，再開	ポイントカード（スタンプカード）を発行	「タイモバイ」の製造販売
中間支援の形態								区から運営費が補助されている	区から運営費が補助，住民による持ち株方式
店舗の所有形態	区所有	賃貸	賃貸（請負）	賃貸（請負）	区所有	賃貸（請負）	賃貸（請負）	区所有	区所有
仕入れ	業者から仕入れ	業者からの仕入れ	従業員による買い出し60%，たばこ・お酒・お米は業者から購入	従業員による買い出し＋生鮮食品中心に業者から仕入れ	業者から仕入れ	業者から仕入れ	業者から仕入れ	全日食チェーン	お菓子は業者，それ以外は従業員仕入れ

	真栄田共同売店	漢那共同売店	羽地中部共同売店	田名スーパー	前泊スーパー	島尻スーパー	南共同売店	名石共同売店
独自の取組	独自商品開発（うるまジェラート等），三味線講座を開催	お弁当等惣菜部門を拡充	月1回の区の行事で，折詰弁当等		地元産品のコーナーを充実させている			観光客の誘致（観光バスが止められるスペースあり）
中間支援の形態	区から運営費が補助されている							
店舗の所有形態	集落所有	賃貸	賃貸	集落所有	集落所有	集落所有	集落所有	集落所有
仕入れ	従業員による格安ショップでの買い出し		業者からの仕入れ，飲料，ラーメン等は従業員仕入れ	沖縄本島及び地元業者の業者から購入，定期船で輸送	多くの商品は沖縄本島の業者から購入，定期船で輸送	沖縄本島及び地元業者の業者から購入，定期船で輸送	石垣市の業者から購入，定期貨物船（火・木・土）で輸送	石垣市の業者から購入，定期貨物船（火・木・土）で輸送

（注）2016年12月から2019年11月までの実地調査によるヒアリング結果をもとに作成したもの．したがって，ヒアリング時の聞き間違い，メモ取りの間違いなどが含まれている可能性がある．

参考文献

1　安仁屋政昭・玉城隆雄・堂前亮平（一九七九）「売店と村落共同体：沖縄本島北部農村地域の事例（一）」、南島文化、第一号、四七―一八六頁、一九七九年三月。

2　小川護（二〇〇八）「沖縄本島北部の共同売店の立地と経営形態の変化：国頭村、大宜味村、東村を事例として」、『沖縄地理』、第八号、一三―二三頁、二〇〇八年。

3　沖縄大百科事典刊行事務局編（一九八三）、『沖縄大百科事典』、沖縄タイムス社刊

4　唐崎卓也・木下勇（二〇一一）「農村地域の売店にみられる地域協働に関する研究」、日本建築学会計画系論文集、第七六巻、第六六四号、一一二一―一一二八頁、二〇一一年六月。

5　小巻泰之（二〇一八）「小地域における福祉的機能を有する共同売店の維持可能性～経営環境に関する定量的な把握の試み～」、日本大学経済学部経済科学研究所 Working Paper Series No.18-2 pp.18。

6　自治体戦略二〇四〇構想研究会（二〇一八）、「第二次報告～人口減少下において満足度の高い人生と人間を尊重する社会をどう構築するか～」、二〇一八年七月。

7　鈴木雄高（二〇一一）『食品スーパーにおける高齢者の購買の計画性』財団法人流通経済研究所。

8　玉野井芳郎・金城一雄（一九七八）「共同体の経済組織に関する一考察――沖縄県国頭村字奥区の「売店」を事例として」、沖縄国際大学商経学部『商経論集』、第七号、第一号、一―二四頁、一九七八年一二月。

9　仲村弥秀（一九九三）『うるまの島の古層 - 琉球弧の村と民族』、新泉社、三〇二頁。

10　日本スーパーマーケット協会（二〇一七）「平成二九年スーパーマーケット年次統計調査報告書」

11 日本創生会議（二〇一六）、「成長を続ける二一世紀のために「ストップ少子化・地方元気戦略」、人口減少問題検討分科会、二〇一六年五月八日。鈴木雄高（二〇一一）「食品スーパーにおける高齢者の購買の計画性」、流通情報、二〇一一年、四八八号、四六―五四頁。

12 藤山浩（二〇一六）「田園回帰一％戦略～地元に人と仕事を取り戻す～」、市町村アカデミア、「アカデミア」vol. 一一九、二〇一六年一〇月一日、七頁。

13 宮城能彦（二〇〇四）「共同売店から見えてくる沖縄村落の現在」、『村落社会研究』、第一一巻、第一号、一三―二四頁、二〇〇四年。

14 村上了太（二〇一五）「地域住民が出資した共同売店の経営と課題－経営形態の選択による最適化戦略」、日本比較経営学会『比較経営研究』、第三九号、一二六―一四九頁、二〇一五年三月。

15 村上了太（二〇一七）「コミュニティによる社会課題の解決方法に関する日英比較―交通弱者と買い物弱者を中心に」、第一六回三大学院共同シンポジウム報告論文、二〇一七年一二月。

16 Plunkett (2017) ,"Community Shop A better form of business 2017"

17 Plunkett (2016) ,"Report of the Trustees and Financial Statement for the year ended 31 December 2016

注

(1) 本研究はJSPS科研費JP18K01623の助成を受けたものである。また、訪問した共同売店の関係者の方々から有益な情報を得ることができた。記して感謝いたします。

(2)「大張物産センターなんでもや」（宮城県丸森町）は運営資金不足で二〇一九年一月から休業している。同店では同年二月に地区住民に店の存続の是非に関するアンケート調査を実施したところ、回答二〇〇世帯の内七割が「店は必要」と回答したとのことである（河北新報、二〇一九年五月二〇日）。経費削減等で再開までこぎつけるか注目される。

(3) 沖縄県東村の「高江共同売店」では地理的な条件から輸送コストがかさみ、生鮮食品を含む多くの商品を卸売業者に届けてもらうことが困難な地域もある。「高江共同売店」では、近隣の「川田区売店」や「宮城共同売店」と連携して自店用の生鮮食品をそこまで届けてもらって、回収する方法が採られている。

(4) 冷蔵庫の効率を高めるため、冷蔵庫にビニールを付けるなど対策をしているものの、自宅の冷蔵庫代わりと考える固定客も多く、冷蔵庫の開けている時間が長いなど問題があるとのことである。

(5) 鈴木（二〇一一）は首都圏の商品スーパー二店舗における来店客調査で高齢者の食品スーパーにおける購買行動を分析している。入店からレジ会計終了までの平均的な滞在時間は一五・七分で、滞在時間に年齢の格差は小さいとのことである。また、スーパーマーケットへの来客者はお店で購入商品を決める非計画購買の割合が多いものの、高齢者の場合計画購買の割合が高くなるとのことで、高齢者の購入品目は固定的ともいえる。来店頻度は五九歳以下では週二～三回との回答割が最も多く、年代が上がるとともに来店頻度が高まっている。六〇歳代でも最多回答は週二～三回であるが、週四回以上との回答は過半を超え、七〇歳以上では週六回以上とほぼ毎日来店している様子が伺える。六〇歳以上のスーパーマーケット来店時の平均的な購入金額は平均で二一六七円程度であるが、週二～三回の頻度で二〇〇〇円程度とのことを考えると、一日当たり七〇〇～一〇〇〇円程度と売店での購入金額と大きな違いはない。日本スーパーマーケット協会の報告書（二〇一七）によれば、都市圏と地方圏での平客単価は都市圏一六八四・一円、地方圏一七四〇・二円（売り場面積一二〇〇㎡未満）となっており、都市圏に比べ地方圏の方が高くなっている。

(6) スーパー並みの価格設定を行っている「恩納共同売店」や「波多マーケット」では、仕入れで全日食チェーンを利用している。価格設定などは仕入先の指導により行っていることのことである。

(7) イギリスでは付加価値税（日本の消費税に相当）は内税方式を採用している。このため、Community shop では Mark-up と Margin 明確に区別して価格設定をしている。ただし、イギリスでは Shrinkflation（製品のサイズを縮小した後も販売価格固定として、実質的な値上げとなっている状況）が付加価値税率の引上げや原材料費の値上げなど販売価格に影響を与える状況が生じた場合に多くみられる。この場合には、販売価格には影響がなく、消費者はサイズの変更にはあまり気に留めないとのことである。したがって、製品の原価への上乗せの内訳を厳密にみることは難しい。

(8) イギリスでは多くの店で財務諸表はインターネット等で公開されており、誰もがアクセス可能となっている。日本では一部の売店で財務諸表を入手できたが、経営形態が請負もあることから、公開されてない場合が多い。

(9) このような地域の施設の資源を有効に利用することを「合わせ技」と藤山浩（二〇一六）が名付けたとのこと。

共同売店における地域福祉の役割

―住民主体の地域ケアシステム―

中村丘学

一 「はじめに」

近年、少子高齢化による家族の形が大きく変わってきている。そしてそれは沖縄県全体でもそうだが、特に離島や県北部などへの影響が大きいと考えられる。例えば沖縄県における高齢者世帯は平成二二年の二六・七%だったのが、平成二七年では二九・八%と、三・一%確実に増加している。独居高齢者数においても平成二二年三〇・四%が、平成二七年は三一・三%と〇・九%とわずかだが上昇傾向となっている。特に独居高齢者世帯数を市町村別でみても、最も高い一七・二%の粟国島に続き、一〇%を超す市町村は離島と本島北部を中心に本部町、金武町も入っている。ちなみに国頭村と大宜味村は一六・二%、東村一一・七%と、より深刻化している。また五〇歳時点の未婚者の割合を示す生涯未婚率では平成二七年で男性が二六・二%、全国平均では二三・三七%と、その差は二・八三と全国一高くなっている。女性についても一六・三六%となっており、全国平均の一四・〇六%とくらべると、こちらも沖縄県は全国五番目の未婚率の高さとなっている。そして未婚と逆の離婚率において沖縄は全国一であり、平成二五年では二・五三%、全国平均の一・八一%からみると約二倍となっている。未婚率、離婚率の両方が独居率の高さにもつながっていると考えられる。

経済的視点からにおいても平成二五年における沖縄県の平均所得三三三万円、全国平均では四六九万円となっており、沖縄県は全国平均所得より一三六万円少ない。また平成二七年五月の完全失業率においても、県内四・二%、全国二・二%と約二倍近く就労できていない実態があり、経済的理由からも子供を育てにくい環境や条件が少なくとも影響していると考えられる。元来、沖縄県は出生率が高いと言われているが、この経済的理由が解消されれば、もっと出生率増加が見込まれるのではないかと考えられる。

沖縄県における少子化の問題は、もちろん離島や本島北部だけの問題ではなく、都市部でも同様な傾向がある。そしてこのことは地域において様々な今後訪れる高齢化社会への問題が浮き彫りになってきている。介護の問題はもちろんの事、例えば「独居世帯の増加」「地域での孤立」など、地域とのつながりや「買物弱者」など生活課題があげられる。この買い物弱者などの生活課題は要介護状態には関係なく、地域の住民全員の生活課題となる。特に生活課題の中で、課題である買い物弱者や過疎地域では、必然的に地域での生活が困難になる。そのため、要介護状態はもちろんの事、身体的にはまだ地域で住める状態の高齢者が安易に福祉施設への入所や呼び寄せ老人（子供がすんでいる知らない地域へ転居）等の問題が起こっている。そのことは「今まで住んできた地域に住めなくなる」という地域福祉の限界や「本人らしく生きられない」という高齢者の権利擁護の視点の問題にもつながる。地域福祉の視点において、このような問題をかかえながらも、実は沖縄県北部や離島を中心に昔から「地域の問題は自分達の手で」「地域の高齢者のために」との想いで、現在も「売店」という形をとりながら、地域と連携して営んでいる共同売店の福祉的役割に注目する。

二　「共同売店とは」

共同売店の発祥は、創立一一〇年以上の奥共同売店といわれ、一九〇六年に個人が雑貨店を立ち上げたのが初めである。当時、沖縄本島の最北にある奥の集落は「陸の孤島」と呼ばれるほど交通の便が悪い地域であった。特に生活必需品を他の地域から購入することにより他の地域が潤うのではなく、どうにか自分達の地域へ還元する方法を生み出したのが奥の住民による出資、運営する「みんなのお店」奥共同売店である。最盛期には、今で言う資金融資、自家電力発電、酒造業も営んでいた。しかし近年、奥共同売店に限らず、共同売店は過疎化、交通の発達、大型店舗の進出等により、その減少の一歩をたどっている。そのため経営方式も①株式型②直営型③委託型など地域の実情に即した経営をおこなっているが、多くの共同売店は「地域の為、お年寄りの為」との想いで、細々と経営しているのが実態である。その他に以前は共同売店であったが、経営が苦しいため運営できず、個人がそのまま引き取り、個人商店として営んでいる店もある。

今回、私の言う共同売店の定義とは、沖縄本島北部地域や離島等、交通の便が悪いと言われる地域において、地域住民が出資（住民一人一人が出資、世帯で出資など）または個人に委託しているが、地域の自治団体が建物や運営に関して補助や支援している商店など、何らかの地域の自治や団体の援助を受けている売店を「共同売店」と定義する。例えば経営は個人に任せているが、建物や光熱費は区や自治会の物を借用、負担している等も含む。そういった経営方式で共同売店を捉えた場合、二〇一八年一二月現在、約五一店舗（沖縄本島約四五店舗、離島約二六店舗）があると考えられる。

三 「沖縄における高齢者福祉と地域の現状」地域包括ケアシステムへ

沖縄県における六五歳以上の高齢化率は二〇・五％であり、高齢者人口としては二九万五七五九人となっている。沖縄県における世帯においても沖縄の核家族率は五八・七％と、全国平均値の五五・九％を上回っている。特に独居高齢者の世帯比率は一〇年後に一割を超えるものと見込まれる。沖縄県住宅課では県営団地の単身世帯で、誰にも看取られることなく一日経過後、発見された人、いわゆる孤立死は過去五年間で九人と報告されている。大半は病死で亡くなった人であるが、その発見は近隣の住民の異臭により発見される事が多い実態がある。また琉球大学大学院医学研究科法医学講座のまとめにより、二〇一六年一月から一八年一一月までの約三年間で、沖縄県内で少なくとも四三一人の孤立死が発生しており、そのうち男性が約八割を占め、三日一人以上が孤立死しているという状態である。

今後、沖縄県全体で高齢者の数は増え、独居高齢者や高齢者世帯も増加することは確実である事から、今後も孤立死は増加すると考えられる。また少子高齢化により、超高齢化社会において介護や福祉がより重要性を増し今後、さらに地域で支えなければならない時期が来る。

県内北部の国頭村の国勢調査において平成一七年（人口五五四六人、世帯数二一四五世帯）平成二二年（人口五一八八人、世帯数二一一四世帯）平成二七年（人口四九二二人、世帯数二〇六四世帯）と確実に人口減少が起こっており、高齢化率も三〇・四％と超々高齢社会と高くなっている（高齢社会とは高齢化率一四％、超高齢社会とは高齢化率二一％）

本島北部の入り口といわれる名護市は総人口六〇、三九五人、六五歳以上は一〇、一三二人、高齢化率は一六・八％となっている。六五歳以上でさらに後期高齢者（七五歳以上の高齢者）は五、一五五人、高齢者人口の五〇・九％を占めている。ちなみに後期高齢者は要介護状態、介護サービス利用する確率が大幅増加する年齢層である。

さらに日本人の平均寿命（平成二五年）からみると男性八〇・二一歳、女性八六・六一歳となっているが、健康寿命と比較すると男性の健康寿命は七一・一九歳、女性の健康寿命は七四・二一歳となっている。健康寿命とは健康上問題がない状態で日常生活を送れる期間であり、平均寿命－健康寿命＝一般的に介護が必要な期間となる。男性は約九年間、女性は約一三年間、何らかの他者の手助けや介護が必要を要しながら生きる期間といわれている。そのため人々の理想として死の間際までピンピン元気でコロリと亡くなる「ピンピンコロリ」が理想の生き方だと考えられてきた。

さて国としても、このような超高齢化、特に団塊の世代が七五歳以上となる二〇二五年を目途に「要介護状態となっても住み慣れた地域で自分らしい暮らしを人生の最後まで続けることができるよう、住まい・医療・介護・予防・生活支援が一体的に提供される地域包括ケアシステムの実現」に取り組む方針を出している。

地域包括ケアシステムの推進にあたり、その要として、平成一八年度より各市町村に対し高齢者の介護、福祉の問題や諸生活に関する問題に対して包括的に支援する「地域包括支援センター」を設置することを義務付けられた。地域包括支援センターは原則、人口およそ二〜三万人に対して一センター以上設置されてる。また地域包括支援センターは介護だけではなく認知症高齢者の地域での生活を支えるためにも、地域の様々な機関とネットワークづくりが重要とされている。しかし全国にも、その業務は市町村（直営）四〇・三％、医療法人や社会福祉法人（委託）六八・一％となっており、高齢者虐待対応など事業においては、市町村直営だからこそできる事も少なくなく、委託では虐待においては適切な対応が困難な場合もある。また職員体制は保健師、社会福祉士、主任ケアマネージャーを中心に、圏域内の総合事業対象者全員の介護予防プラン作成や管理等の膨大な事業に取り組みながら、個別支援ケース、特に処遇困難や高齢者虐待においては緊急対応に追われ、地域づくりや見守り体制づくり等の地域福祉ネットワークづくりに対しては、なかなか進まない実態がある。

今後、このような高齢者社会に対して国が進める地域包括ケアシステムであるが、都市と地方では、病院や介護施設の数も違う、また生活に必要なスーパーや交通機関等の社会資源にも違いがあり、おのずと都市部と地方ではケアシステムのあり方も違ってくる。特に共同売店がある過疎地域では、生活資源も少ない中での展開となる。具体的に名護市、以北の大宜味村、東村、国頭村の地域では共同売店以外で徒歩三〇分圏内に買い物できる場はないところも多く、買い物は車で行かないといけない集落もあるのが現状である。

特に高齢者になれば、運転への判断力、技術の低下や、認知機能の低下も伴い、車の運転が困難となり、免許返上する傾向がある。そのため先に述べた買い物に車を使用しなければならい地域に住んでいる高齢者、また介護や支援を要する高齢者、いわゆる買物弱者はどうしているのか疑問が生じる。大げさだが、買い物（食料品・生活必要品の調達）ができなければ、その地域での生活、住み続ける事自体ができなくなるという問題にもつながる。これからの事を含め、今回改めて沖縄における過疎化、高齢化している地域において、高齢者や地域住民の生活を担い、地域の互助で成り立っている共同売店における地域包括ケアシステムにおける役割について検証する。

四　「共同売店の福祉的役割」

1　買い物弱者への支援

共同売店は車を持っていない住民の買い物の場となっている。まず生活に欠かせない食料品は、カップ麺や缶詰製品に野菜、冷凍庫には魚や精肉などが揃っている。もちろん飲み物も充実している。どの共同売店に聞いても飲み物が売り上げはよく、その次は嗜好品である酒・タバコの売り上げも良い。そして人気なのがパン。入荷するのを待ちかねて予約が入るほど人気の商品もある。また惣菜も人気である。ある高齢者の方（外出できない方）から「外食に行けない私たちにとって、惣菜は外食と一緒。楽しみ」という声もあり、その声にこたえるよう惣菜の仕入れに頑張る。また独自で調理する共同売店もある。もちろん惣菜やパン以外の食料品の日用品など、生活に必要な物が売店には揃っている。例えば農作業に欠かせない雨靴。その種類以外にもサイズごと、豊富に取り揃えている共同売店もあった。またあまり買いすぎて、帰る際にあまり重く負担にならないよう次回、購入の促しや、必要な分（一人分）だけ小分けに販売するなどの配慮もしている共同売店もある。さらに

沖縄の行事に欠かせない線香を一束、祝袋・香典袋も一枚単位で販売している。以前、私が訪れた離島の共同売店では、帰りの船が揺れるのを心配して、酔い止めを一回分（二錠）だけを分けて販売してくれたこともあった。特にこの個別の需要に応じた小分け販売は、高齢者世帯や独居の方には嬉しいものである。

高齢者や独居の世帯からよく聞く話として「食材を購入しても一回で使いきれない。大量に作っても何回も何日も続けて食べるのはできないし、残すのはもったいない。それだったら缶詰やレトルト食品、惣菜の方が良い」と言った栄養面から決して良いとは言えない食生活になりがちである。あとで述べるがある共同売店の売り子さんはその問題へのアドバイスも行っているケースもあった。

他にも高齢者はどうしても同じ商品を購入しがちになる。そのため、売り子さんが新しい表品が入荷した場合、使い方や料理方法も教えてあげるなどもしている共同売店もあり、商品を通して生活へのアドバイスをする機能が共同売店にはある。例をあげるならレトルト米も仕入れた当初は誰も利用していなかった。売り子さんが、高齢者が疲れた時、体調不良のときなど、簡単に調理できると調理方法を教え勧めると、実際に使った高齢者からは「い

ざという時に助かった」との好評を得ていた。ただし売り子さんとしては、レトルト食品に頼るのではなく、あくまでも非常食として勧めている。売り子さん曰く「ちゃんと作ったほうがおいしいし、調理するのも健康づくりのひとつ」と言われていた。安易に利便性の高いものを進めるだけでなく、高齢者の健康面にも配慮して商品を扱っている。

過疎の地域では買い物以外にも不便なことは多々ある。その中の一つにパーマ屋がある。特に高齢者には「白髪を黒髪染めに困る。髪染めが辛い（手が頭まで上がらない）」との事である。うまく手が回らないときれいに髪を染めれない。しかも外見にかかわる問題だから女性の高齢者には深刻な問題である。その気持ちを知って、ある売店では髪染液を共同売店で購入してもらい、店内で髪を染める手伝いをしている。そして、頭にビニールをつけたまま自宅に帰る。というなんともほのぼのする支援をしている売店もあった。

配慮しているのは高齢者だけではない。ある共同売店では子供に喜んでもらうため、お菓子コーナーは子供が喜びそうなデイスプレーにしている等、小さい子供が小額から購入できるよう一〇円から買える駄菓子を充実させるなど子供への工夫している。

少し思い出してほしい。私たちの子供のころ買い物の場と言えば、今のコンビニやスーパーのようなものではなく、地域のマチヤグァー（個人商店）であった。今思い返すとマチヤグァーが子供の買い物を学ぶ場、実践の場でもあった。お金の使い方や、計算を教えてくれたのはマチヤグァーのおじさんやおばさんだった。もちろんコンビニやスーパーでも、少なからずその役割を担ってくれている、しかし昔のマチヤグァーのような一対一で、顔なじみ等深い関係だろうか、そして買い物以外の気になる事など必要な人に連絡等までしてくれる積極的な関係だろうか。また子供会の資金造成の商品を子供会の子供たちが、どのような商品を作ったら皆が購入してくれるか、子供たちが考え、商品開発をしたものを売店で実際に売る事は、昨今、教育の場で言われているキャリア教育の一環として捉えると、子育てや教育にはとても重要な機能が共同売店にはある。また可能性を秘めていると考えられる。

離島の共同売店での話だが、子供のころ夏休みで祖父母宅に行き、地域にあった共同売店で祖父母の孫と伝えたら、好きなお菓子がもらえたから不思議だったという。今考えれば、きっと共同売店が祖父母の名で掛け売りしてくれていたと大人になって気づいたなどの思い出話もある。

他にも薬品を販売している共同売店もある。先に述べたように共同売店がある地域は、交通の便が不便な地域であり、買い物以外の医療についても同様で、いわゆる「へき地医療」問題である。ちなみに、医療における「へき地」とは、交通や地形、経済的、社会的理由により、医療の確保が困難な地域をいう。国頭村で救急車による救急搬送先は名護市となって、その搬送時間も四〇分以上かかる場合もある。そのため国頭村のさらに北側の地域の住民は、救急対応にも時間がかかるので、日ごろから健康には気を付けて積極的に予防に取り組んでいる方もいた。病気以外にも出産を控えた妊婦さんも同様に名護市の産婦人科に向かう時、病院に間に合わない場合は車中で出産したという話や、早めに病院に着いてしまい出産の時がくるまで、普通は自宅に帰るが、国頭村の妊婦さんの場合、自宅に戻る時間が心配なので、名護市内の大型スーパーで時間を過ごしたり、他の家族が来るまで時間をつぶすという事から、出産を含めて「へき地医療問題」は深刻である。ちなみに名護市以北の医療機関（診療所）国頭村二ヶ所、大宜味村一ヶ所、東村一ヶ所、入院機能を持つ病院はない。そのため共同売店には薬品を取り扱っているところも多い。先の離島の酔い止めを扱っている売店もそうであり、離島も同様である。薬品販売をしてくれているのは頼もしくて心強いと思う。例えば我慢ができない頭痛や歯痛み止めや、風邪の症状を抑える医薬品は重宝されているなど、食以外にも重要な医療面でもサポートしている役割を担っている。

その他として、共同売店が多くある国頭村には郵便局（簡易含）が三ヶ所しかない。そのため郵便・宅急便の取り扱いをしている共同売店もある。商品を売るだけではない、まさに地域に即したコンビニエンス（便利・好都合）機能を有している。

共同売店のお客や利用者は主に買い物弱者といわれる高齢者が多いが、共同売店は、ただ単に買い物の場を提供しているのではない。実は購入した商品の配達や電話注文による取り置き等も行っている。高齢者にとっては売店まで行く事自体、実は体力的に精いっぱいの方も多い。そのため、どの共同売店にも、店舗入り口には椅子を準備している。つまり店まで来た高齢者に、まずは「一休み」してもらう配慮（心づかい）がされている。実はこの配慮、利用する高齢者でないと、なかなか気づかない。街のコンビニやスーパーには、このような配慮が少ない。さらに言えばひと休みしてもらうと、他の買い物客の邪魔になる。また効率性（客の回転率）が落ちる。そのような場を設けると、長居する事につながるため、最近では逆に撤去する店舗もある。

他にも高齢者に配慮している取り組みとして、共同売店入口の段差に手すりの設置や、共同売店入り口までをスロープ等を設置している、レジカウンターで会計する時に立ったままなので、レジカウンターに直接手すりを設置したり、中にはレジ隣に椅子を設置し、座ったまま会計ができる共同売店もある。

面白い事に共同売店入り口にあるこの一休み用の椅子やスペースは、レジ（売り子）と対面になっていることが多い。すなわち共同売店に来たら必ず、高齢者はこのレジ近いスペースで一休みしながら、売り子さんと「元気ねー」「暑いねー」の声かけや、ユンタクができるような環境に自然となっているのが面白い。しかも売り子さんもあまり意識していない。実は、この「意識

していないこと」が大切である「意識していない」ということは「当たり前」の事である。共同売店では高齢者への配慮は「当たり前」の事であり、配慮をしている側は自分たちでは気づかない。そのこと自体が自然発生・日常的な「互助」であり「住民の力」である。

　話が外れたが、先述べた商品の取り置きや注文の場合、特に豆腐や生鮮物等においては、取り置きや注文が重要である（この入荷を逃したら、次の入荷まで待たないといけなくなってしまう）買主はもちろんこの事を踏まえ、売店としても配慮しないといけない。そのため、売り子は、できるだけ仕入れに行く際には、リクエストや注文が合った商品は積極的に仕入れる事になる。また地域のニーズにあわせた新聞配達所、ガソリンスタンドも併設している売店もある。近年、話題になるガソリンスタンド弱者（ガソリンスタンド困難過疎地）へも対応していると考える。

　このように共同売店は、一般の商店とは違い、ただ商品の売買を行うお店ではなく、住民のニーズや実態に合わせた「地域住民の生活全般」を、買い物を通して支えている機能がある。

2　見守り機能

共同売店における福祉的な役割として地域高齢者の見守りの機能がある。それは共同売店で買い物する際に、売り子さんが買い物に来た高齢者の健康や生活状態、安全かどうか、気にかけ注意を払うなどの見守り活動を当たり前に行っている事である。

地域でも近隣の方や区との関係が良好な方、また積極的に他者と交流する方は、自分自身で「見守り体制づくり」ができている。例えば毎朝、玄関や窓を少し開ける。新聞を取るなど、自分自身から他者に安心を知らせるなどの体制づくりである。しかし見守り体制づくりが自分自身で、できない高齢者、また地域から孤立している高齢者が本来見守りの必要性が高い。通常、地域ではこのような方に対して、気づいたら連絡するなど「消極的な見守り」という形で見守っている。しかし共同売店での見守りは、買い物活動を通した見守り。つまり買い物をすることで「必ず・必然的な場（共同売店）による見守り」が可能となる。

「必ず・必然的な場による見守り」とは、特に買い物弱者にとって共同売店は買い物ができる唯一の場所である買い物は高齢者、若者関係なく、人は商品を購入しなければ生活ができない深刻な問題である。そのため生きるため、生活するために共同売店に「必ず行かなくてならない」その事が買い物弱者（身体能力の低下者、他者とのかかわりを拒否する者）の安否確認や生活、健康状態

把握といった確認できる場など「積極的な見守りの場」となっている。

高齢者の見守りは、都市や市街地でも深刻な問題である。独居高齢者の見守りや集いの場は、民生委員・自治会や公民館と考えがちであるが、自治会に行く用事がない方、必要がない方に対しては、自治会はそのような高齢者自体を把握していない状態である。もちろんご近所お隣同士による見守り等はあるが「元気がどうか?」「変わりはないか?」等は確認できない。唯一商品が購入できる共同売店は、行かなければならない場所であり、特に買い物弱者＝なんらかの見守りが必要な方も多く、見守りや状態把握できる場は「積極的な見守りの場」として、今後ますます重要となる。

例えば、地域から孤立している方、本人が他者とのかかわりを拒否している方でも、売店に買い物に来る事で健康状態の確認ができるし、何処かいつもと違う等の大切な「気づき」の場である。高齢者は一般的に我慢強く、皆に心配をかけたくないとの思いにより、助けてと言わないか方も多い中、積極的な「気づきの場」は大切である。また、毎日、売店に来る高齢者が来ない場合や、しばらく買い物に来ない高齢者がいると、近隣の方から聞き取りをして状態の確認を行ったりもする。必要に応じて買い物とは関係なく、体調を崩していないか、心配で自宅まで様子を見に行くこともあるという。もし異変がある場合には、集落外に住んでいる息子や親せきに連絡をするなども行っている共同売店もある。

ある共同売店では、認知症の方への対応も行っていた。認知症を発症した高齢者が、毎日何度も共同売店に買い物に来て、何度も同じ説明と対応をすることで、本人の気持ちを受け入れる事で、認知症の症状悪化を防ぎ、在宅生活を維持・継続を支援していた。もし売り子さんに認知症への理解がなく、無視や「何度も来ないで」など、高齢者が不穏になる対応したら、逆に怒ったり、混乱してしまう。それにより自宅に閉じこもりや、他者との交流をしない等、ますます認知症の症状の悪化につながり、地域で住みづける事は困難となってしまう。

また、ある共同売店では、認知症を患っている方が、金銭管理がないため、毎日の買い物はすべて掛売で行っているケースもあった。支払いは、夕方、家族が支払うと共に、買い物の様子を報告するといった単なる見守り以上の支援を行っていた。

社会福祉に携わる者として、地方に住んでいる認知症高齢者の支援は「その人らしい生き方を大切する」権利擁護の視点においても、ますます重要な課題となる。ご存知の通り認知症は高齢になれば、その発症率も比例する。現在でも介護サービスや高齢者福祉が充実していない地域においては、要介護状態や認知症になり、今まで住んでいた地域から息子と同居のため、また介護や医療サービスが充実している地域、施設入所等、見知らぬ土地や環境に引っ越す「呼び寄せ老人」となってしまう事があげられる。呼び寄せ老人や認知症の方は、環境の変化は過度のストレスとなり、不穏状態や認知症の進行につながる。もちろん認知症でなくとも、新しい地域では土地勘もなく知り合いもいないため、必然的に自宅での閉じこもりや息子達との家族による同居により、今までできてきた家事などの役割を奪ってしまう事となり、生きる目的や生活の質の低下につながる事も危

惧される。

他の共同売店では新聞取次店も行っており、新聞配達時に安否確認をしたり、別の共同売店では、購読者自身が共同売店まで新聞を取りに来るという仕組みのため、何日か新聞を取りに来なかったら新聞を届けるついでに安否確認を行っている。

共同売店における見守りは、買い物という行為から、＋αすることで、地域で住む高齢者がいつまでも安全、安心に生活できる機能の1つである。ある共同売店では、地域福祉機関からの依頼により、集落の高齢者が売店に来ているかどうか、実際に「見守り報告書」にチェックするしっかりとした高齢者の見守りをしている売店もある。まさに買い物「ついで」に、見守る側からも負担がない見守りをしているのもある。福祉関係者から見ると、見守られる側も遠慮することなく、見守る側もついでなので負担なく、お互い様が助かるまさに理想の見守り体制づくりである。

もし売店に来ない場合は売り子さんが様子を見に行ったり、区長に報告する。そして売り子や区長が対応できない専門的な対応が必要な場合は、福祉関係機関に相談・紹介する。また逆に健康状態や介護が必要な状態から落ち着いた方は、専門機関から地域への見守りへ移行する段階的な見守り体制づ

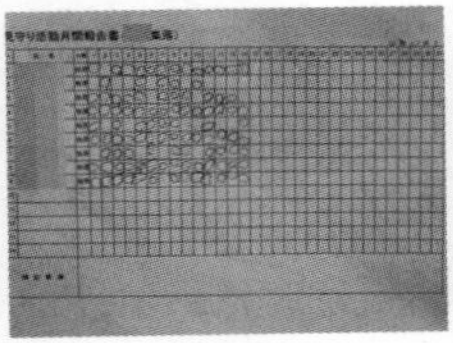

くりを行っている。

3　災害支援機能

共同売店がある本島北部地域では台風時や異常気象時において、与那~安田、安田~奥間、うるま市の海中道路の道路は異常気象時通行規制区間となり通行禁止となる。まさしくその先の区間は今でも陸の孤島となってしまう。そんな地域にある共同売店では、地域の災害時対策の機能を担っている。例えば沖縄県民にとってポピュラーな災害である台風発生時において、すぐ地域住民に対し、台風情報や予報を積極的に伝えたり、場合によっては直接電話をして、必要な物がないか確認したり、早めの対策を促している。いくら地域のお店である共同売店でも台風や災害時の真っただ中では営業は困難である。そのため台風前の早めの商品購入を促している。特に本島と橋でつながっているある離島では、台風時は橋の通行を止めてしまうため、島から出られなくなってしまう。もちろん買い物等もいけない状態になっている。そのため島の共同売店では、区の放送も活用して台風時における共同売店の開店時間等を伝え台風時の対策を呼び掛けているなどをしている。特に一人暮らしの高齢者に声かけを積極的にしている。

ある共同売店では台風が発生したらレジ横にタブレットを設置し、最新の台風情報を来店する住民に提供しているところもあり、タイムリーな災害情報の提供に努めている。

また台風時も困り事として長時間の停電により、冷蔵庫の物が腐ってしまう場合がる。もちろん共同売店でも同様の問題が発生し冷蔵庫や冷凍庫、アイスクリームなどの商品も損害を受けてしまい、共同売店に行っても商品がない状態となってしまうなど、台風時の停電は深刻な問題である。その対策として共同売店に独自で自家発電機を設置し、停電での損害を防ぐと共に、停電時にでも地域の方々に食品販売可能にしている心強い共同売店もある。

災害時の避難先として、学校や公民館などがあるが、避難先はあくまでも一時避難の場であり、生命の安全を確保が優先されているため、その次に必要な食料や居心地などはおざなりになってしまいがちである。もうすでにいくつかの地域では、共同売店と公民館は併設または隣接している。そのため公民館（避難所）＋共同売店（備蓄保管庫）＝災害避難場所となれば、安全な避難場所と共同売店の商品による生活の必需品が揃うため災害避難場所の機能強化につながると考えられる。

4　交流の場、繋がる場、居場所の機能

共同売店が高齢者の見守り機能を果たしているが、本来、見守りとは、気になる方に対して「元気かな」「変わりはないか」等を確認する一方的な活動であるが、共同売店においては住民同士がつながる場、交流の場にもなっ

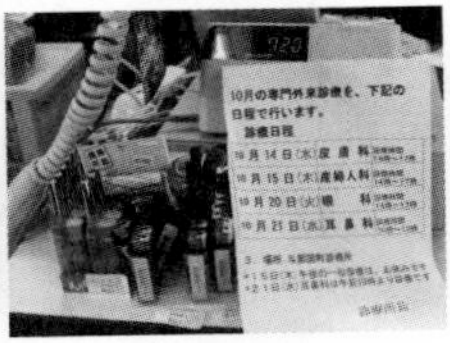

ている。

例えば、畑やアタイグァ（家庭菜園）で収穫した野菜を小分けしたり、商品として出荷できる作業を行う場が共同売店で行われており、もちろんゆんたく（おしゃべり）しながら、楽しく行われている。また野菜の納品にくる業者が来る時間に合わせて、地域の高齢者がぞくぞく集まってくる共同売店もある。集まってくる理由は業者が持ってきた野菜から、なるだけ良いもの選び購入したいとの思いから集まってくる。そして業者が来る待ち時間で、お互い地域の情報交換が行われている。情報交換の内容は税金が高い、病気の事、次回集まる老人会での話など、愚痴や悩みや地域の情報などである。他から見るとただのゆんたくの場であるが、福祉的な視点から見ると、外出する事（買い物）は、多少なりとも他者の会うために、容姿（服装等）に「気を使う事」になる。また独居高齢者の場合、閉じこもり防止にもなる。さらに他者と会話をする事は、脳の活性化になり認知症予防につながる。実際に都市部の独居高齢者では「今日、誰とも話していない」「話す相手はヘルパーさんか、デイサービスに行かないといない」という声を多く聞く。

会話する事はストレス解消にもつながる。高齢者の多くの心配事は健康・病気や介護についてである。高齢者のストレスは健康への影響もあるといわ

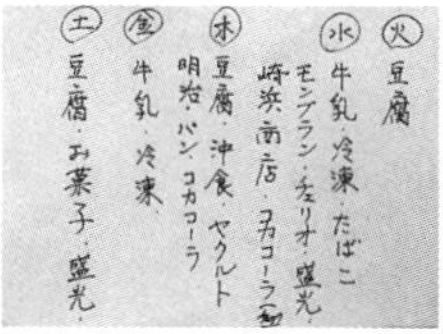

れており、共同売店で他者と会話することは、免疫力の向上やすっきりするなどストレス解消の役割も担っている。またドリップコーヒーを販売し、高齢者以外の特に男性がコーヒーを飲みながら集まりやすい場・居場所づくりとなっている共同売店もある。

　男性の居場所といえば、酒の場での集まりがある。ある共同売店にはマイカップやマイお箸、調味料を設置しており、お酒やつまみは共同売店で購入し、店内で飲酒しながら集まる場がある。内容は区の文句やお互いの悩みなどが多いとの事。中には若い時には繁華街に飲みに行けたが、今は行けないので共同売店で飲んでいるという男性高齢者もいた。

　共同売店店内にはイスや空き瓶ケースがある。それを利用して居場所として、ゆんたくや住民同士や売り子さんと情報交換を行っている。ある売店にあるイスは高齢者が使用する場合は座るために使い、子供が来たら勉強机になるという機能を持っていた。実はこの地域は子どもが少ない

ため、学童保育も設置できなかった。そのため共同売店が学童保育の役割を担っていた。

他にも子どもの居場所として、夏休み時期の暑い日にクーラーが効いている共同売店で子どもたちが集まり、夏休みの宿題をする場となっているケースもあった。子どもを通してのつながる場として共同売店前のバス停が幼稚園バスの乗り降りの場となっているため、その待ち時間において、共同売店の売り子さんや同じ子どもを迎えに来る住民同士で会話・交流する場が生まれていた。また共同売店の前にはバス停や、郵便ポスト、公衆電話が併設されていることが多く人が集まりやすい環境でもある。近年では共同売店にフリーＷＩＦＩを設置するなどして、新たな人が集まる場、つながる場へと発展している。

5　情報発信の機能

共同売店は地域の情報交換と情報発信の場である。例えば集落内での冠婚葬祭はもちろん、救急車のサイレンが聞こえたら、共同売店に「誰の家に救急車が来たのか」聞きに来るという。しかも複数の住民から問い合わせがあるため、共同売店の売り子さんはいち早くその情報収集をしないといけない。

その情報収集先も地域住民や区長であり、地域住民皆で積極的に情報収集し共同売店にて情報交換の場づくりを行っている。

ある共同売店の売り子さんは「みんな、売店くれば何でもわかると思っているから大変よ」と言っていた。公民館には毎日いつでも区長や事務員がいるわけではない。場合によっては必要時にしか人がいない公民館もある。その点、共同売店にはいつでも売り子さんがいる。タイミングが良ければ友達や知り合いもいる場のため、住民にとっては情報収集や交換するにはとても利便性の良い場所である。

共同売店特徴として店の入り口が地域の掲示板になっていることが多い。普通の商店なら、商品の広報に利用されていることが多いが、自治体や地域の行事のお知らせなどの情報が所狭しと、入り口のドアに貼られて、売店に来る集落の人に必ず目に入る（周知される）ようになっている。さらに重要な情報はレジ近くに掲示されていたり、お金を支払う際に売り子さんが直接口頭で伝えるという周知徹底している事もしている。時には集落行事の出席確認をする場合もあり共同売店は地域において多様な活動を行っている。

情報発信の対象はもちろん地域住民であり、住民の中には当然、子供も入っている、そのため子供用の掲示物はこども目線の低い位置（レジカウンタ

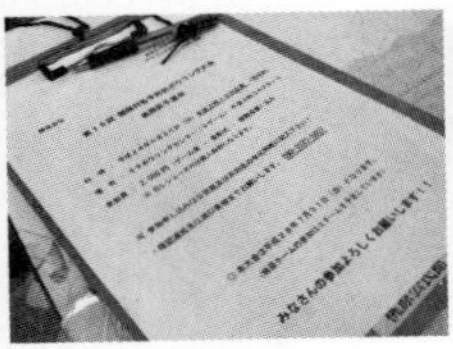

ーの下）に配慮されて設置されていたり、子供会や学校からのお知らせも多く掲示されているなど、情報発信の幅も広く行っていることがうかがえる。

ある共同売店には「目安箱」といった意見箱を設置していた。通常のお店の場合、要望等の意見は店主宛てとなっているが、この共同売店のあて先は店主ではなく区長となっている。このことからも共同売店は区や集落の物であり、意見や改善に関しても集落で対応するという形になっている。

6　健康増進の機能

正直、共同売店のお客さんは多くはない。しかもお客の大半は地域住民であるため、売り子とお客との距離感も非常に近い。そのため共同売店の売り子はお客（どの人）がどの商品をどれくらい購入したかを知っている。その事を活かし、食や栄養に関するアドバイスを行っている共同売店もある。例えば昨日、ニンジンと豆腐を買って行ってチャンプルーを作って食べた事を知っている。ニンジンや豆腐を、一日で食べきれない量を購入していったことも知っているので、次の日来店した際には「肉とジャガイモを購入してカレーライスにした

方が良いよ」「豆腐そのまま食べて残ったら味噌汁にした方が栄養にも良いよ」と残った食材や栄養のバランスを考えたアドバイスをする共同売店もある。もちろんアドバイスを受けるのは、高齢者だけではなく独身の若者など、調理に関してアドバイスしたほうが良いと思われる人に行っており、若いお母さんに行うケースもあった。

このような購入した食材活用アドバイスは、お客と売り子との距離が近く、ある程度関係性が取れているからこそできる取り組みである。高齢者の中では一人分を作ると費用も高くなる。かといって多く調理すると何日も同じメニューを食べないといけなくなる。また食べきれなかったら破棄するといったフードロスの問題もでてくる。

都市部のコンビニエンスストアや大型食品販売店では、初めから小分けにされた野菜や、惣菜等が多く売られている。ある大手コンビニエンスストアでも、客層が二〇代の利用が二割、五〇代以上が四割と客層がシニア向けになっているため、ターゲットを高齢者にシフトを検討しているほどである。しかし実際、小分けの商品の値段は高くついてしまう。それよりもある程度、安い値段で購入した食材を、多くのメニューに調理して飽きずに食べる事ができれば、結果、経済的にも安くて助かる。そのメニューアドバイスを売店の売り子さんが、自然にお節介（善意）アドバイスを行っているのは経済的、健康的にも助かるものである。

先に述べたように、高齢者は共同売店に買い物に行くだけで精いっぱいの方もいる。その事を知っているからこそ共同売店入り口には椅子や休み処を設置しており、まず店に来たら椅子に座り一休みする。ある共同売店では買い物に来た高齢者は、休憩処から立ち上がりもせず、売り子さんに商品を取らせたりする場合もある。それほど大変なのだ。それであれば商品の配達してもらってはどうか、という声もあるが、高齢者にとって、共同売店まで「歩いて来ることが運動」という視点で見たら、配達は逆に高齢者の運動する機会を奪ってしまう事になる。売り子さんもそれを意識して「高齢者には、なるだけ共同売店に来てもらうようにしている。運搬できないお米などの重いものだけを配達したり、共同売店まで来れなくなった方にのみに配達している」とのことだった。また高齢者自身もその事を意識している方もおり、まとめて商品購入せず、必要な分の買い物を毎日するとの事だった。

また、ある共同売店ではレジカウンターに血圧計を設置している。来店して際に血圧測定して、少しでも健康管理してもらう取り組みだ。血圧計の設置は、共同売店自ら設置したり、住民からいただいた物を設置したり、役所が設置していったりとさまざまであるが、設置の目的は地域住民の健康管理である。実際に来店するたびに測定する方や、朝に来店した時だけに測定する方等、測定方法は、さまざまである。しかしある売店の売り子さんによると「本当に血圧が高い人は、怖いから自分から測らないよ」と言っていた。いずれにせよ本来、共同売店は買い物する場所であり、血圧測定は「買い物ついで」での行動である。この「ついで」だから血圧測定（健康管理）しやすくなっているのは事実である。もう少し福祉の専門職として助言させていただけば、せっかく測定した血圧は、「記録」してもらい、受診の際に主治医に提示してもらうことで、自宅での血圧管理の把握と管理に活かせる事が出来る。さらにこの記録する冊子やノートは、売店で販売し、血圧の記録などのお手伝いするという付加価値を付けてはどうかと思う。しかも個人でなく老人会等を通すことで販売数が伸び、少しは共同売店の収入につながる。

他にもいざという時のために共同売店にＡＥＤ（自動体外式除細動器）を共同売店に設置しており、心停止など緊急時の対応を担っている。ＡＥＤ設置場所としても普段から多くの人の目に着く場所、目印にしてわかりやすい場所、そして開店時間内には確実に人がいる場として、共同売店への設置にふさわしいと考えられる。

7　生活支援機能

共同売店には実に多様な機能を有している。その根底的な理念には「地域のため」「住民のため」に行っている。今まで数多くの共同売店で話を聞いたが、店主や主任さんが口をそろえて言うのが「お年寄りのため」である。お年寄りのためとは買い物弱者である高齢者のことを指している。しかし近年、共同売店の機能はなにも高齢者のためだけではない。例えば今でも商品を後払いで購入できる「掛け売り」の習慣が残っている共同売店もある。離

島の共同売店（住民出資の株式会社）では、レジ横の棚に並べられた各世帯ごとの「掛け帳」とその数は圧巻である。実際に集落の人が買い物に来た際には、お金は払わずに店員とやり取りだけで買い物を済ましていた。清算後にレシートを掛け帳に張り付けて、ある一定の期間が来るとまとめて支払うというシステムをまじかで見た。傍から見るとキャッシュレスで、スマートな買い物姿であった。ある共同売店ではこの掛け売り制度が高齢者だけでなく、働き盛り世代も支えていた。店主に聞くと「高齢者はちゃんと給料（年金」があるから良いさぁ」「若い人で大変な人がある。仕事がなくて日雇いや臨時で働いている人たちは、定期的・安定的な収入がないので、掛け売りが非常に役立っている。しかし支払えなくて共同売店の経営を圧迫する事もあるから困る時もある」と言われる。また掛け売りは、いわば信用があればのクレジットでもある。そのためつい買いすぎや、嗜好品（タバコ・お酒）に浪費してしまい、生活に必要なものが買えなくなるという心配がある。しかし共同売店としては生活に必要な物をお金が無くても生活できるよう「掛け」でも購入してほしい。その想いからか、掛け売りの金額に上限を決めたり、お酒やたばこ等の嗜好品については掛け売り禁止をしている共同売店もある。ある売店では掛け売りの金額を回収できずに閉店してしまったとの話

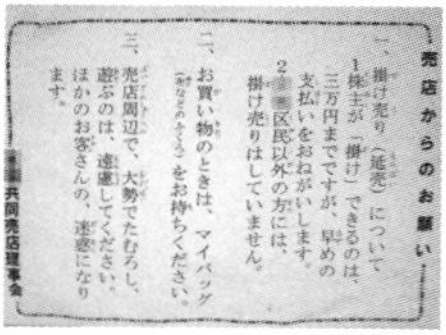

も聞いたことがある。掛売は信頼関係が成り立っていなければ難しい。そして回収できない場合、その住民との関係は共同売店だけでなく集落との関係自体が壊れてしまう。それくらい「掛け」という信用による売買は共同売店経営に影響がある事がある。もちろんリスク回避のため、掛売りをしていない共同売店もあり、地域によってその違いがあり、地域性や歴史を見るようで興味深い。

他にも共同売店は、地域住民の住民から住民への伝言を預かり伝える場や、集落への尋ね人への対応、不在時の郵便物の預かりの場など、商店以外の総合案内の役割をも担っている。そのため住民世帯の電話番号も把握している売店も多い。

また高齢者自身の役割・生きがい・やりがいづくりの場となっている。例えば高齢者が自ら畑やアタイグァ（家庭菜園）で育てた野菜を売店に持ち込み販売するなど、売店で商品を購入するだけではなく「野菜を売る」という年金以外の収入源の一役を担っている場合もある。このことは、高齢者だけでなく、子供に関しても子供会の資金造成のための物品や、リサイクル商品の販売や、地域の特産物、はたまた売店オリジナルの商品などを販売するなど、お店の機能を活用し地域住民が自分たちにお金が入る仕組みづくりにも

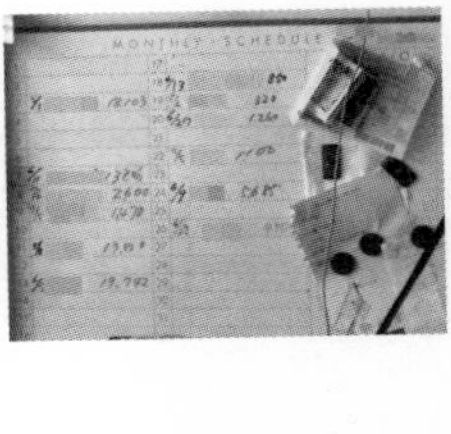

一役買っている。

　近年、新たな取り組みとして図書館を設置している共同売店がある。この図書館は、共同売店が県立図書館から一括して本を借用し、共同売店が住民に貸し出している。設置している本は定期的に県立図書館と変更してラインナップも充実に努めている。共同売店がある地域は過疎の地域が多く図書館などの設備施設も遠いなど、図書館の利用も不便（図書館弱者）であると言える。その対策として、図書の一括貸出しは、とても有効である。その図書の設置場所が、公民館に設置ではなく、共同売店に設置されているのが良い。買い物ついでに、ゆんたくに立ち寄る共同売店で、「ついでに」「気軽に」本が借りられるシステムは理にかなっている。

8　その他（社会的な役割等）

　共同売店はけっして個人だけのものではない。それを裏づけるように先に述べた1～7までの地域住民のための活動を行っている。他にも共同売店ではメッシュサポート（航空機を活用した救急医療の提供）の募金を行って救急時医療格差解消に協力したり、共同売

店で集まった空き缶を、地域の障がい者の就労支援事業と寄付したり、地元の学生の職場体験も積極的に受け入れたりもしている。他にも海に近い共同売店には、いざという時のための救命道具が設置されていたり、離島の共同売店では隣接する「ゆくり場」に簡易だが消防団の設備が設置されていた。その一番の象徴が共同売店が公民館等と併設している事である。そしてそれは集落との関係性の強さと社会性・公共性の高さの表れだと言える。

五　「店主のインタビュー」からみえる共同売店への想い

W共同売店（個人請負）で店主とお客（住民）への聞き取り

店主からの聞き取り

・この集落は現在七五名住んでいる。そのうち一二名は

八五歳以上の高齢者
・二〇代一名。三〇代四名。四〇代〇名。五〇代一名。六〇・七〇代は五七名くらい
＊五七人／七五名＝高齢化率八〇％
・近年、集落で生まれる子はない。
・今まで売店は、求められて年中無休だったが、〇月より〇曜日は休みにしようと思っている。
・売店に来るのが目的になっている高齢者もいる。売店に来るだけで精いっぱい。売店に来たら椅子に座って、ゆんたくをしながが、欲しい商品は、私にとってもらう高齢者もいる。中にはその商品を持ち帰るのが大変といって、場合によっては配達もしている。
・男性高齢者は一時間くらい、売店で買ったお酒を飲み、テレビを見ながらゆんたくする方もいる。
・商品購入のアドバイスをしている。例えば野菜を買う時に、良いのから購入勧めたり、見つくろうとか、「一個買うより二個買った方がお得だよ」等の声かけを行っている。
・高齢者には野菜は積極的購入促している。そのために「上等」「うちで採れた新鮮なもの」「明日まで残ってない」など、声かけしている。自分もだんだん売り上手になってきている。
・子供がお菓子やアイスクリーム買おうとしている時に、迷っているとつい「コレが良いよ」と勧めたり、お使いに来てどの商品がいいか迷っている場合「おばさんが、これにしなさいって言われたからって言いなさい」とつい言ってしまう。
・住民からの依頼で弁当を作るときもある。

・住民の人が追い込み漁で魚を多く取ってきたときには、売店でから揚げにして、家に持って行ってもらうこともある。
・お酒は売店で買うが、野菜等は自宅から持ってきて、私に調理してもらう。本当は材料の持ち込みは困る。売店で買ってほしい。しかし断っていいのか。どこまでやっていいのかわからない。自分にもやってあげる事に限界がある。
・自分の前任の店主は一年しか持たなかった。自分も本当は売店をしながら、ビーチクラフトしたいが、そんな時間はない（笑）
・もっと地域のために、自分にできる事はしてあげたいと思っているが、自分の負担になるので、これ以上はできない。今でも一二時間以上は働いている。
・自分以外にも、娘の彼氏が手伝ってくれる。彼氏は手伝いではなく「いたずら」と言って手伝ってくれる。子供に計算させて買い物の仕方を教えてあげるのはやりがい感じて楽しい。
・売店に来れない高齢者に配食サービスをしたい。区が支援して欲しい。そうでないと収入的にも厳しい。

高齢者のお客さんへの聞き取り

・配達ではだめ。売店に行かないと寂しい。売店には〇〇さん（店主）が、必ずいるし、ここ（共同売店）で会うからゆんたくする人もいる。だから、配達してもらわない。もちろんお米や重いものは配達してもらうが、それ以外は自分で買い物を続けたい。それに運動にもなる。

この店主のインタビューからわかるとおり、店主に求められるのは積極的な関わり（お節介）である。逆に言えば、お節介的な性格だから地域のため、住民のためと考え、売店を個人で請負している。しかし実際は、その性分が売店の役割を大きくし、経営的にも苦しめている状況がうかがえる。結果として、この店主による売店運営は数年しか持たなかった。自分の理念と実際にできる事を経営も含め、うまくバランスよく天秤にかけながら売店運営を行わなければならない。ある委託されている共同売店では、収支を皆に公開し、経営状態の透明性と苦しい経営を理解してもらい、集落のために共同売店を残せるよう住民にも協力してもらえるようしていた。このような「想い」を重点を置く経営方針は、ＮＰＯやボランティア団体の運営にも似ている。

共同売店に仕入れ業者の価格より、都市部の大型店舗や安売り店の販売価格が仕入れ値より安い場合もある。そのため、ある共同売店では、都市から週末に集落に戻ってくる親せきや知人の手を借りて大型店舗や安売り店から商品を仕入れている。また一〇〇円均一ショップから商品を仕入れしている共同売店もある。仕入れのためのガソリン代などのコスト減を考えると有効な手段だが、仕入れ業者の利益減につながり、業者撤退につながる可能性もある。業者とも、長年なじみの関係であり、共同売店としても本音として仕入れ業者が撤退していく中、継続してくれているのは助かる。また他の共同売店や個人商店の情報も得られるという利点もある。

もちろん共同売店も経営努力は日々行っている。毎日の商品売買以外にも、珍しい取り組みとして、共同売店の一角に地域のフリーマーケットコーナーを設置したり、お歳暮時期には集落の注文を一手に引き受けたり、また集落の行事開催時においては必要な商品を売店から購入したり、共同売店が販売元の商品や、個人から直接仕入れる事により価格を抑えたお米。またレジ袋のリサイクルなどにより、経費削減取り組んでいる。またある共同売店では集落内でお金が回る仕組みとして、集落での作業時に出る支払いは、その共同売店のみ商品券（地域通貨）を発行することで、地域で利益が循環するような取り組みをしている売店もあった。共同売店の苦悩や今後の経営については、今回福祉的役割についての題材とは異なるため、別の機会で論じたい。

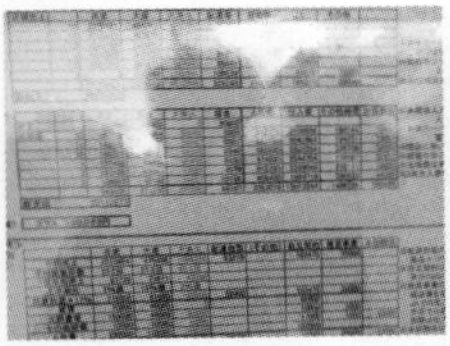

六　「ソーシャルキャピタルの機能」

ある個人委託している共同売店に地域とのつながりについてマッピングを実施した。結果、高齢者間における関係はもちろんだが、集落全ての高齢者以外の住民全員も把握していた。もちろん売店に来ない住民もいるが、驚くことに売店に来ない住民は「〇〇に聞けばわかるから大丈夫よ」など把握の方法をも知っているのである。本来、売店に来ない方（つながっていない方）に関しては、基本的に知らないのが当たり前である

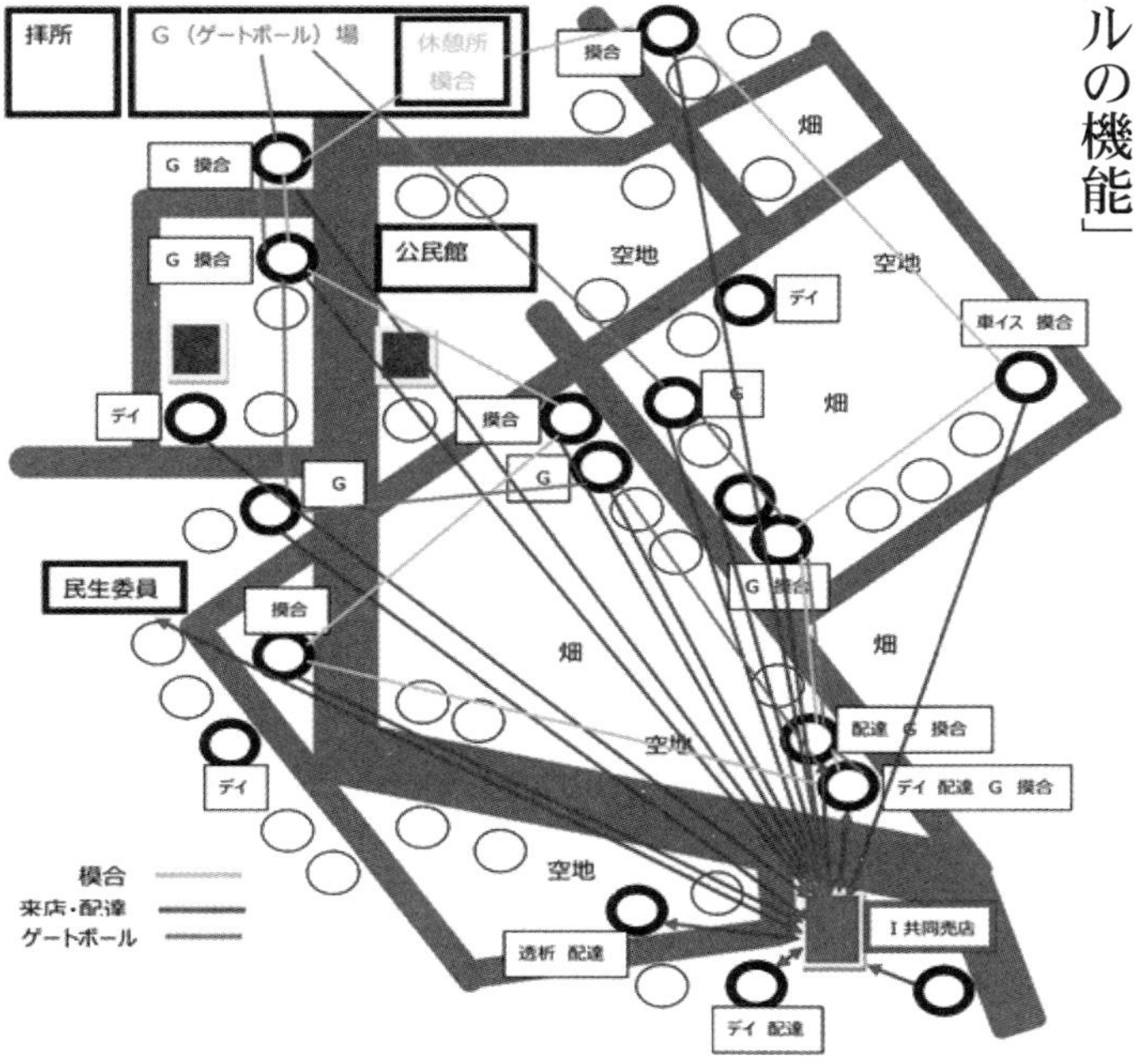

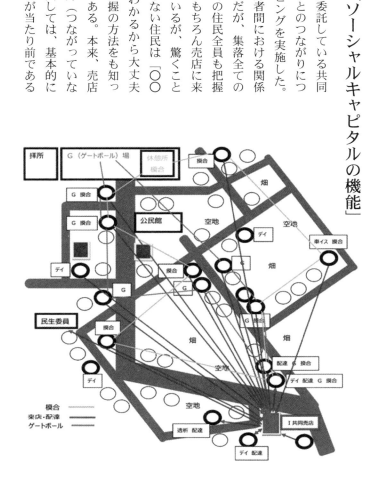

が、別のかたちで知る方法を知っているのは、良い意味で積極的な情報収集であり、積極的な見守りにつながる。

〇は高齢者である（この集落には独居高齢者はいない、皆、高齢者夫婦または、その子供と住んでいる世帯だけ）マップを見てもらえばわかるが、ほとんどの高齢者は買い物の移動手段の問題があるためか売店を利用している。また売店に来ない高齢者はデイサービス利用している方もおり、その方は売店までは身体的に来られない（買い物に行けない）と判断するとしても、他の高齢者とゲートボールや模合で繋がっているのがわかる。しかしデイサービスを利用している方でも他の高齢者と繋がっていない方もいるため、あらためて介護サービスを利用している方は、地域と交流関係において希薄になりがちになる事がわかる。

集落における集いの場を調べると、ゲートボールの集会所がその役目を果たしている。公民館は特に集まるが用事がない。とのことで集いの場になっていない。集会以外の場所を聴くと売店も集いの場の一つとして挙げられる。

最近、ある集落では、集落内における集いの場について話し合う事があり「高齢者が外出する集いの場が必要」との意見があり、買い物ついでに住民が集う場となっている共同売店は大切だとの意見も出て、再認識する事につながった。

マップからみえる福祉的な気づきとして、月に一度の模合による集まりがあるが、集落の中央部にあるデイサービスを利用している外出が困難な方の自宅でお茶飲みの場や、集いの場があれば、デイサービス以外でも人との繋がる小規模な集いの場となる。そしてデイサービス利用している本人が、自宅でホスト役を演じる事で、友人知人を招くなど役割や生きがいにもつながるのではないかと考える。

共同売店での集いの場は「買い物ついで」がもちろん多いと思うが、買い物しなくても集いの場、集まる場となっている場合もある。例えば共同売店が多くある国頭村ではバスを利用して学校に通学する児童も多い、その乗り降りするのは売店の前や近くに設置しているバス停である。そのためお迎え等の待ち時間において、買い物はしなくても売店に立ち寄って、話をしたり、通学バスを待っている間に、お客（住民）と話をする場となっている。またちょっとした事なら買い物をしないで、共同売店に地域の情報を聞きに来るだけの住民の方も多くいる。ある店主は「公民館に、いつも事務員がいるわけではない。共同売店なら開店時間には必ず私（売り子）いるのを知っているので、わからない事があったら聞きにきたり、話しに来る」特に高齢者は多いと言われていた。

他にも若い母親の乳児を抱っこして散歩する際の立ち寄り先となっており、子育ての相談、アドバイスの場、子育てのストレス発散の場となっている共同売店もあった。ちなみにある共同売店では「子育て中の母親が働ける場」として店内にベビーベットを配置して勤務している共同売店もあった。過疎地では、子育てしながらでもできる場は少ない。そのため母親の働く場・雇用の場はとてもありがたく子育て世代には助かる職場でもあり、しかも子育

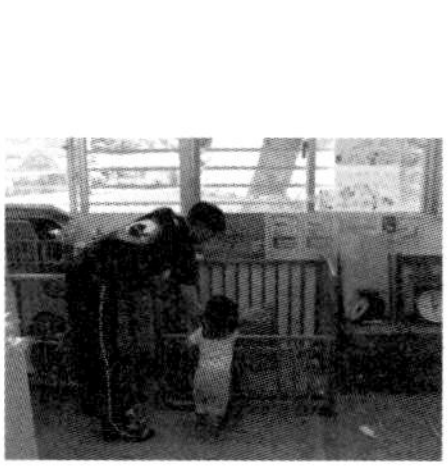

同居者以外の他者との交流頻度と健康指標との関連：Cox 回帰分析

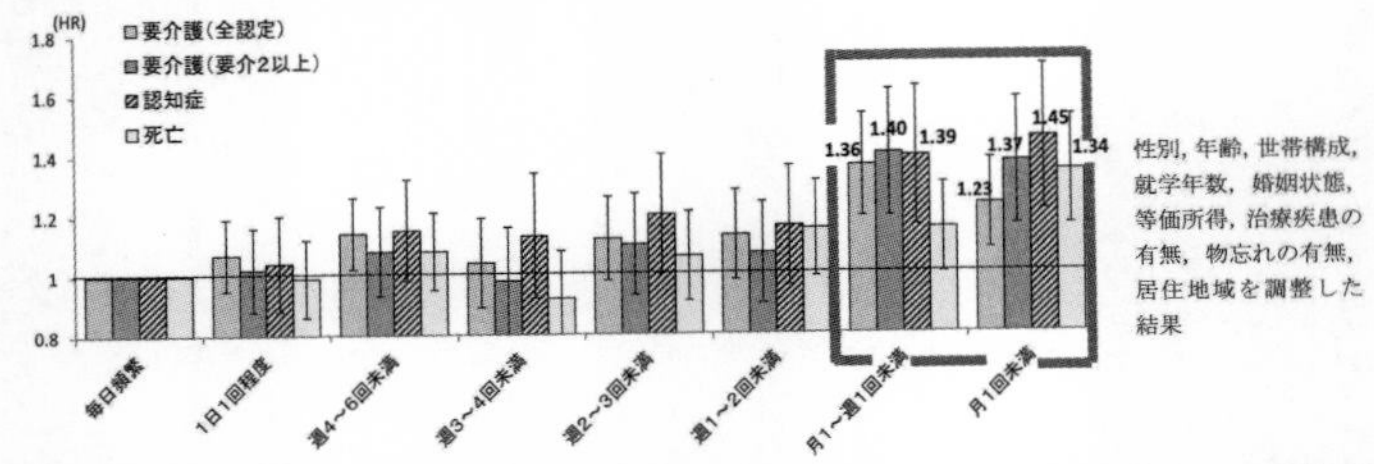

斎藤雅茂　同居以外の他者との交流が「週１回未満」の状態からが健康リスクになる可能性あり　Press Release No: 054-14-082015.2.26

てで地域とつながる場になる可能性もあり今後も期待したい。

共同売店は、買い物以外にも、自然発生的に住民によるつながる場として機能している。

居場所や集いの場は、大小様々な形でいろいろあったほうが良い。どちらにせよ、より多く他者と交流できる機会が増える事は良い事である。

グラフから、同居者以外の他者との交流頻度において月一回～週一回未満と月一回未満の方では、毎日交流している方より一・三早くに死亡する傾向がある事がわかる。

店主に、もし「共同売店で対応できない困りごとを把握した時は誰に相談するのか」との問いに対して「民生委員と連携をとっている」との事だった。区長は仕事をしているので忙しい。そのため日頃から、お客としても関係が取れている民生委員さんにすぐに連絡して相談に乗ってもらっている。区長へは民生委員から相談するという。別の共同売店では「目安箱」というご意見箱が設置されていた。普通お店でご意見箱に投函した意見は、店長や店の管理者が対応すると思うが、この共同売店に設置している目安箱（ご意見箱）は店主でなく、直接区長に届くという。しかし個人へ委託している共同売店でも区や集落となんらかの関わりやつながりがあるため、売店での相談事や困りごとは、そのまま区長へ連絡があり、対応しているのが現状である。

集落間での人のつながりをソーシャルキャピタルの視点から見ると、共同売店は売り子や住民同士がつながる場となっている。しかも同じ地域に住んでいるという「地縁」によるつながりのため「信頼ある方とのつながりの場」となっている。下記のグラフから見るとお互い信頼が高い地域ほど長寿というのがわかる。共同売店での地縁のつながりは長寿へ起因の一つとしても考えられる。

ただし上下関係が厳しい、経済的に負担がある関係での「つながり」は、逆に要介護になりやすい傾向となるため、なるだけお互いが対等な関係、立場。縦の関係より横の関係の方が、要介護状態へのリスクが減るという研究結果もあるので注意したい。

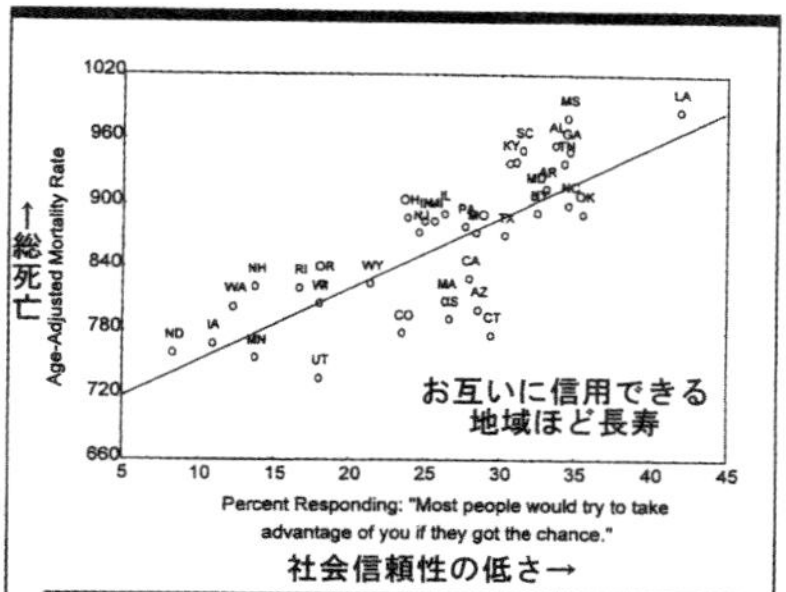

FIGURE 2—The relationship between age-adjusted mortality rates and lack of social trust.

Kawachi et al Am J Public Health.1997;87:1491-8
1-8.

七　まとめ「地域包括ケアシステムの要」

地域包括ケアシステムとは、要介護状態となっても住み慣れた地域で自分らしい暮らしを人生の最後まで続けることができるよう、住まい・医療・介護・予防・生活支援が一体的に提供される事である。これまで述べたように共同売店はまさに多様な地域住民。特に高齢者福祉に対応しているのが実態であり、特に地域包括ケアシステムの核である「住み慣れた地域で自分らしい暮らしが最後まで続けることができるよう」との部分を支える住民に一番近く、関係も深い社会資源と言える。

実際に共同売店の店主と区長を兼任している地域では、すでに毎月一回、地域包括支援センターの地区担当社会福祉士、社会福祉協議会の地区コーディネーター、近隣の病院の地域連携室職員による情報共有と、地域の行事に協力・共同開催や、地区の課題を聞き、その課題に対して解決方法について話し合う取り組みが行われている。内容は、地域の高齢者に野菜ではなく花苗を栽培（野菜より花苗の方が手間がかからず比較的安易にできるから）して販売するという取り組みであった。高齢者に運動による介護予防の視点で

はなく、作業（花の栽培）を通しての介護予防の視点で取り組むことにより、高齢者の生きがい・やりがいの向上に努めている。

ある地域では食事と惣菜を求めるニーズがあった。そのため地域の婦人会が惣菜等を調理し、それを共同売店で定期的に販売する取り組みをした事例もある。販売する総菜は独居高齢者用に小分けにされ、料金も抑えている。当初は独居高齢者用として取り組んだが、実際は若い独り暮らしの男性の需要も多かった。共同売店で販売することで安否確認を行ったり、販売する際に栄養についての掲示版も設置するなどの配慮した取り組みも行っている。

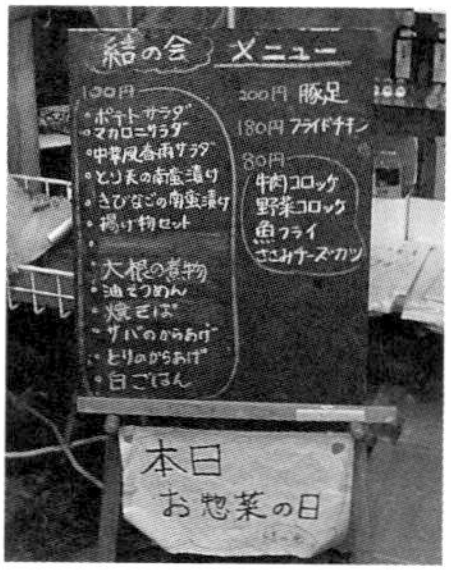

共同売店は、地域住民の生活にとても身近な社会資源であり、買い物しなければ生活できない。という意味では「ねばならない場」である。その「ねばばらない場」だからこそ、積極的な見守りや交流、情報発信、健康増進の場が展開される。しかも住民は「高齢者のため、住民のため」という想いにより、自主的かつ自然に様々な実態やニーズに合わせた活動をしている。地域包括システム構築の視点から考えると、その推進を担っている地域包括支援センターと共同売店は協力を図る必要があると考えられる。

基本的には自助（住民自身の力）基本とし互助・共助の「力」である共同売店の取り組みを強化・活用する事が期待される。また住民では解決できない課題については共有し、地域ケア会議へと進

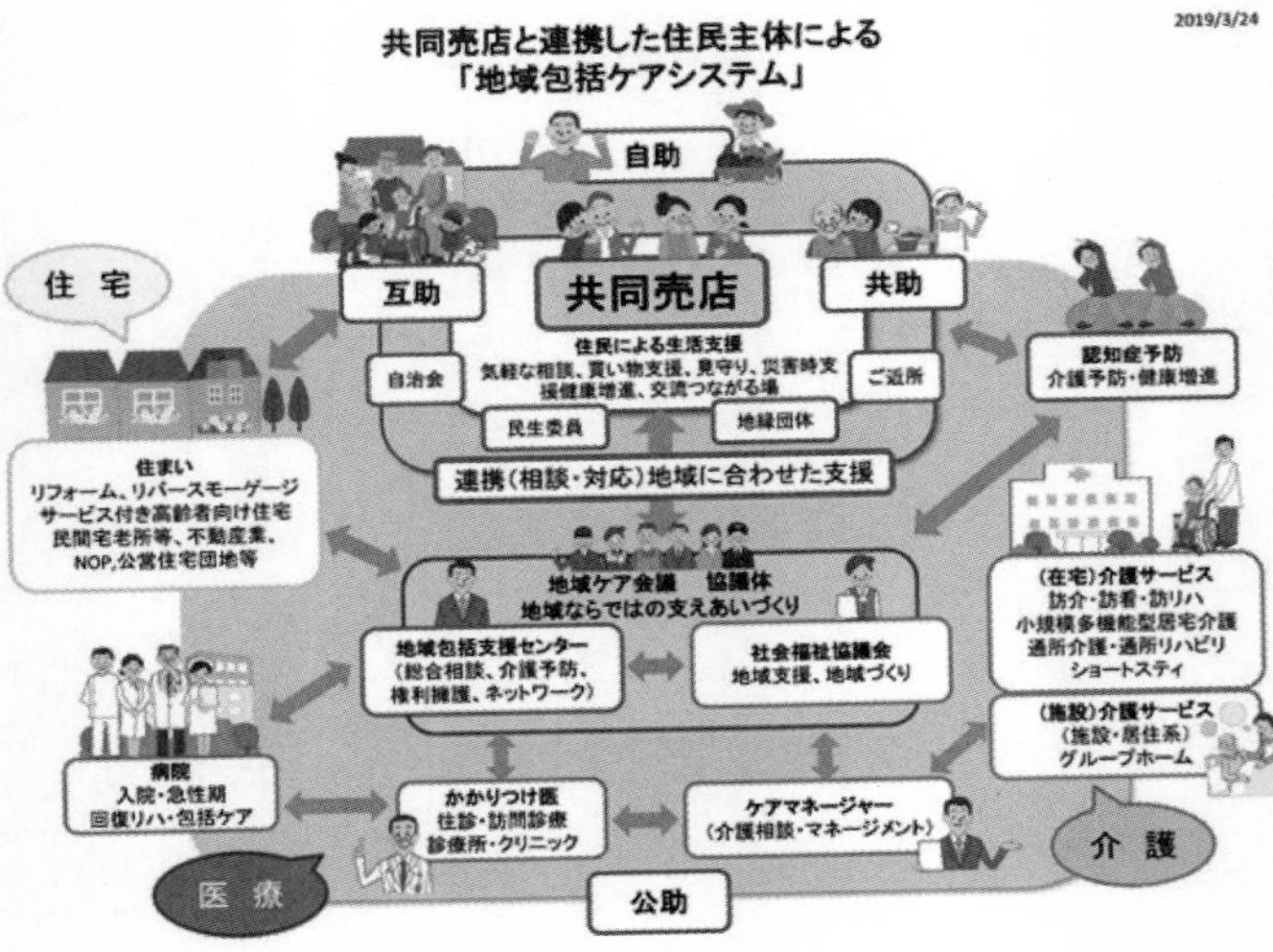

共同売店を核としたによる地域包括ケアシステムづくり（イメージ図）

展させ、あらたなサービスやシステム作りに取り組む必要がある。そして地域包括ケアシステムは高齢者だけの問題ではない。ある共同売店では「買い物で困っている人は、高齢者だけでなく障がい者も同じだよ。障がい者は免許も取れないし、共同売店がなくなったらどうして買い物しようか。本当に問題だよ」と言っていた。そのため今後は共同売店は単なる商店としての見方以外の福祉的な役割を担っている社会資源機関として活用されることが必要である。

共同売店は住民に一番近い気軽な相談窓口であり、買い物支援や相談、つながる場、情報発信と提供、見守り、健康増進など、地域住民の自助・互助によるソーシャルキャピタルとしての役割を担う事が今後も期待される。その理由として共同売店は「集落お店」「みんなのお店」でもあり「私のお店」でもある。そして何よりも、すでに「住民の力」により、つくられた地域の資源だからである。ある共同売店の運営方針として「元気はつらつ地域と共に」と掲げいる共同売店もある。まさに社会性・公共性の高さが伺える。

「ソーシャルキャピタルが豊かな地域は幸福度も高くなる」と言われおり、共同売店の役割を今後強化し、支援する事は、まさに地域を幸せや、満足にすることをサポートすることにつながる。これからは共同売店（地域の力）を主体とした取り組みと医療と福祉が協働することにより、その地域独自の地域包括ケアシステムの構築が期待される。沖縄にはすでに先人の知恵である「古くて新しいシステム」である共同売店を今後さらに活用し、強化することが、これからの地域福祉に求められている。

参考文献

国頭村人口ビジョン　総合戦略概要書　平成二八年三月
斎藤雅茂　同居以外の他者との交流が「週一回未満」の状態からが健康リスクになる可能性あり
Press Release No: 054-14-082015.2.26
Kawachi et al Am Public Health. 1997;87:1491-81-8

中山間地域における社会的企業の役割と成立条件 ―沖縄・宮城・京都の事例調査を中心に　萬田剛史

「共同売店―ふるさとを守るための沖縄の知恵」沖縄大学地域研究所　宮城能彦

期待概念あるいは自己投影としての沖縄村落共同体および共同売店研究[1]

宮城能彦

はじめに

一九八〇年代頃まで「沖縄では何語が話されているのですか」という県外の人からの質問を受けたことのある沖縄県人は少なくない。あれから三〇年以上を経た現在、沖縄の社会やそれを取り巻く状況は大きく変化した。それと同時に社会学者の沖縄に関する興味関心も変容してきたといえよう。

かつて沖縄は一九七〇年代に大手航空会社が南の島の観光地として売り出すまでは、国境というより異境の島々であった。しかし現在では日本国内で「沖縄に行ったことがない」という人の方が珍しがられるほどである。日本復帰の時点で、だれが現在の沖縄のこのような状況を予言できただろうか。ましてや米軍統治時代や戦前から見れば、今の沖縄は伊波普猷のいう「あま世」だとも言えよう。

社会学者が沖縄社会に興味を抱くようになったのは、ようやく沖縄が日本に復帰した一九七二年以降であり、その中心は村落や家族であった。それらは、「沖縄社会」の特質の理解と、日本の中における沖縄の位置付けについての暗中模索である。しかし、その時に持ち込まれたのが「『家』を単位として村落構造をとらえる農村社会学」の「研究手法と理論仮説」であり、「沖縄の農村には通用しなかった」（安藤二〇一三：二九六）と言われている。

さらに、その後社会学者による沖縄研究の主流はこれらの課題に直接的に答えようとする方向には必ずしも進むことはなかった。

おそらく沖縄という「地域」は、多くの社会学者にとって極めて魅力的な研究テーマの宝庫であることに誰も異論はないだろう。それだけに、観光客やIターン者数と並行するように増加していく沖縄研究は、多様になると同時にかつての先学者たちの「暗中模索」とは直接には繋がらないものも増えた。

その一方で、二〇〇一年のNHKドラマ「ちゅらさん」放送の頃からの沖縄ブームによって、沖縄社会の特質が助け合い（ユイマール）であることが協調されるようになり、興味深いことに、沖縄県民も自分たちの社会がユイマール精神にあふれているという自己認識をもつようになった。

沖縄研究、特に沖縄村落共同体やその象徴的な存在である共同売店の研究も、「ユイマールの島沖縄」というイメージを根底にもちながら、ことさら相互扶助的な面にのみ注目し評価していることが多い。

ユイマールの定義にもよるが、沖縄の村落共同体は果たして「皆が積極的に快く協力しあう」という意味でのユイマール社会なのだろうか。本論は、社会学による沖縄研究史を鳥瞰しつつ、そのイメージの形成過程を考察し、新たな仮説を問題提起するものである。

一　日本復帰前後の沖縄村落共同体研究

よく知られているように、沖縄村落の社会学的研究の端緒を開いたのは、やはり九学会連合沖縄調査委員会による『沖縄―自然・文化・社会―』（一九七六年）である。

その調査チームのリーダーのひとりであった松原治郎は、沖縄村落の異質性について驚きを隠すことなく率直に記している。（松原　一九七六：五五三―五五七）

まず、沖縄農業の歴史的特質を次のように整理する。①明治後半期から甘蔗モノカルチュア農業であり、[(2)]②生産力水準が著しく低位で、かつ③二〇世紀初頭以降一貫して停滞的に推移している。そして④それは政策的に放置され国民経済的に隔離されたがゆえであるが、さらには、⑤沖縄県内における農業生産の水準や経営規模の面での格差がきわめて大きいこと。⑥就業人口や農家減少率が他府県にくらべてはるかに高率で「農家そのものの移動性が高」いことである。ここでは特に、沖縄農業の生産力水準の低さが強調されている。

さらに、戦後の沖縄農業の特質を、①戦前の甘藷から甘蔗やパイン単作へ移行したが、相変わらず「モノカルチュア農業の特質を脱却していない」②その要因は特恵措置（関税その他）にある。③甘藷生産は都市化、兼業化、土地基盤の未整備、機械化の遅れ、製糖企業の零細性停滞等が要因で近年停滞している。⑤畜産が伸びている⑥戦後は戦前の総耕地面積の半分近いところから出発しその後微増したが一九六三年頃から再び減少傾向にあり、土地の荒廃が目立つ。⑦一九六四〜一九七一年の農家そのものの減少率が驚異的に高い（南九州七・八％、沖縄二一・七％）とし、ここでも沖縄農業の脆弱性が強調されている。

これらの調査結果を踏まえ、「沖縄農村に村落共同体が明治以降も存続しえたのだろうか？」という疑問が投げかけられる。それは、①「『村落共同体』を成り立たせるだけの物資的基盤がはたしてあったか」②「農家における家産の成立がさまたげられ続けてきた歴史のなかで、村落共同体の単位たるべき『家』そのものが存在しなかったのではないか」という疑問から導き出されたものである。

そして、その歴史的要因を、近世から明治三〇年代の土地整理の施工までの「地割制度」に求め、『『アジア的共同体』と思えるような原型が崩れて、しかも農民的村落共同体を形成しえないままに、資本主義経済に巻き込まれてしまったというべきではないだろうか」という仮説を提出し、そこから、日本村落社会研究に対して「沖縄村落をも射程に入れた日本農村社会分析の方法論を再構成する必要」を提言した。

これまで日本の村落社会研究を深化させてきた社会学者達の前に立ちはだかったのは、近世沖縄村落にける地割制と現在も盛んな門中であった。

地割制とその歴史的意義については、与那国暹がその後に繋がる重要な指摘を行っている。「沖縄の地割制度は支配者の租税収奪のたまの主要な社会政策であったが、それはまた強固な共同体慣行によって維持されてきた」（五六八）「王府は村落共同体の自主的な規制にゆだねることによって効果的に地割制度を維持し、租税収奪を確保することが出来た」（五六八）。「地割制度が廃止されたことによって村落は従来の共同体的連帯の主要な根拠を失うことになった」「たとえばユイの慣行、模合による経済的互助組織、御嶽と祭祀組織など、いずれも地割制下の共同体においてもっともよく機能したものである」（五七三）。

すなわち、沖縄の村落共同体の特質の本源は地割制下の近世村落にあり、近代（明治三〇年代の土地整理）以降、その基盤を失うことによって衰退していったという沖縄の村落観である。

与那国はさらに、沖縄村落共同体の象徴として、土地整理事業終結後まもなく一九〇六（明治三九）年に国頭村奥に設立された共同店に注目する。

国頭村の奥の人々が独自に作り出した「共同店はかくして資本主義的営利主義の攪乱から村落共同体を防衛する共同組織として設立に至った」のであり、「共同店の出現が地割制下の村落共同体に密着した共同組織として、その伝統と理念を受け継いでいることは否定できない」とするのである。

最も理解が困難であったのが「門中」制度であった。父系親族組織である門中とそれを構成する単位としての「ヤー」（家）は同族団・家連合とその単位としての「家」と類似しているようで、実は生産活動とはほとんど関わりがなく、そもそも沖縄の「ヤー」（家）において「家産」と呼べるモノや観念が存在するのかという議論から始めなければならなかった。さらには、門中が村落を越えて存在している例も少なくなく、沖縄の村落において「ヤー」（家）を構成単位として村落構造を分析しようとしても、沖縄の「ヤー」（家）の持つ多面的な特徴からそれは困難な試みであったのである。

与那国暹は、（旧）東風平町世名城の調査から、沖縄の「門中」の特質についても、後に重要な論点となる報告を行っている（与那国 一九七六：五九九―六〇四）。すなわち、「門中の機能は墓の共同を中心とした、祖先の再試関係にかぎられており、生産活動ないし日常生活に関する共同はほとんどみられない」（六〇二）。砂糖組（サーターグミ）は「親族組織と重なるところもあったが、むしろ居住が近所であるとか、畑がたがいに隣り合わせているとか、だいたい地縁的に決定されていた。しかし砂糖組を単位にした、耕作、キビの植え付けや収穫などについてのユイの慣行はなかった」[3]（六〇三）という指摘である。

九学会による調査研究の大きな成果は、家制度、家連合、寄生地主、といったキーワードを基に村落構造をとらえようとする農村社会学の理論仮説と方法が沖縄の村落には通用しないことを明確にしたことである。[4] さらに、地割制によって本土のような寄生地主が発達しなかったことを根拠にして、村落内部では、土地所有による階層分化がおこりにくく、無家格的平等性をもった比較的フラットな人間関係のもとでの相互扶助的な慣習が多く村落自治能力の高い沖縄の村落共同体という

「沖縄村落像」の基がつくられた。(5)

すなわち、歴史に翻弄され苦難の道が歩む中で、生産力も著しく低く搾取され貧しい沖縄村落像(6)と、地主小作関係といった固定された権力の上下関係が希薄な歴史の中で、ユイマール等の相互扶助や村落自治が発達し助け合いの精神に満ち溢れたある種のユートピア的沖縄村落像である。そしてその村落像は、沖縄の村落社会研究にとどまらず、その後の沖縄研究の他分野、開発と環境、民族問題、生活史、社会運動、マイノリティ、地域自治や米軍基地問題、の研究の問題意識の底に根付いたように思われる。

さて、松原は「沖縄村落をも射程に入れた日本農村社会分析の方法論を再構成する必要」性を訴えたが、その後それが顧みられることはほとんどなかった。

『沖縄─自然・文化・社会─』が発刊された一九七六年頃、村落研究では、「『家』を理解することは日本社会を理解することであり、『家』の問題は現実の社会生活と不可分に結びついているという点から『家』理論の形成、『家』をめぐっての論争が行われていた」（堤二〇一五：五）頃であり、さらに、「家は制度的にも現実の生活からも遠ざかっていくようになると、家や同族研究よりも家の解体過程や、農村家族の相続をめぐる研究など、現実の諸問題の解決をめざした研究が進められ」（堤二〇〇七：六九─七〇）ていた時期であった。

沖縄の村落構造を明らかにしていくためには、そもそも「共同体」や「村落」の本質から問い直さなくてはならない。日本の村落社会も急激に変化して「家」や「家連合」という実態が急速に見えなくなっていく中で、沖縄村落を取り組んだ日本村落社会研究の再構築という試みは、そもそも無理な問題提起、あるいは時機を逸してしまっていたのかもしれない。

二　共同売店研究の本格化―「九学会」の継承と分岐―

一九七六年「九学会」以降、一九七〇年代後半から一九八〇年代にかけては、数は決して多くはないものの、「九学会」で提起された課題の直接的な追及や補完的な研究が続いた。しかし、一九九〇年頃からは村落や地域社会の変容に重点がおかれ、村落構造の解明より社会病理学的研究や政治・開発・環境・地域福祉的テーマが主流となっていった。特に「九学会」の調査メンバーを主に再結成された『沖縄の都市と農村』においては、「沖縄の構造的特質をふまえて振興開発と都市・農村の社会変動、およびそこに引き起こされてくる諸問題をとらえようとする仕事」として、沖縄と本土との経済格差は「本土資本による収奪と政治・行政権力の支配に基本的な要因がある」と考え「従属理論の中心部―周辺部の視点でとらえる」（山本・高橋・蓮見編、一九九五：三―四）ことが中心となっている。従ってそこでは、「沖縄に対する日本国家のふるまいを糾明することが目的となっており、農村や地域社会の内部構造や過程への言及は少ない」（安藤、二〇一三：三〇二）。[7]

一方、沖縄大学の研究者が中心となって編まれた『戦後沖縄の社会変動と家族問題』（一九八九）

は、沖縄の家族の問題を中心においた社会病理学の研究報告書であった。(8)

さて、「九学会」による調査研究をストレートに継承したのが、メンバーの一人でもあった与那国暹である。

九学会における与那国の功績は、薩摩支配以降の近世(「地割制時代」)から近代への沖縄村落の歴史的変化を重視したこと、村落社会における門中とヤー(家)との関係を実証的に提示し、その後の議論の土台をつくったこと、そして、共同体のひとつの象徴としての共同店に注目したことである。九学会社会学メンバーのほとんどが、日本復帰後の地域社会の変貌を国家への批判という文脈で研究を継続していく中、与那国は、マックス・ウェーバーの停滞性論と近代化論を拠り所に、沖縄の村落共同体の停滞性の要因解明に継続的に力を注いでいく。ウェ―バ―におけるアジア的「停滞性」論の沖縄村落構造解明における有効性については議論の必要性はあるものの、与那国が提起した様々な事例はその後の沖縄村落研究の基礎となるものであった。

そして、「九学会」で提起された課題に直接的に向き合ったのが、一九七〇年代後半に設立された沖縄国際大学南島文化研究所の研究チームである。一九七九年の研究所紀要創刊号においては、主に沖縄本島北部地域における共同店の総合調査の報告がなされ、その後調査を重ね沖縄の村落共同体の象徴的存在である共同店研究の礎を築いた。(9) また同号においては共同研究「近代沖縄農村におけるウェーキ＝シカマ関係」も掲載され、沖縄在住研究者たちの渾身の研究報告書であり、その後の沖縄研究中核を担っていくことになる。

「九学会」で強調されたのは、近世沖縄の地割制が主な要因となって、近代沖縄村落において地主制は発達せず寄生地主が登場することはなかったということである。しかし、地割制下の近世沖縄村落においても、私有を許された仕明地（新規開墾地）があり、村落内における貧富の差は存在した。富農のことを沖縄では「ウェーキ」、その下で小作料あるいは借金の利子替わりとして隷属的に働く者を「シカマ」と呼んでいた。沖縄村落の平等性が注目されていく中、「南島文化研究」においては、あえて地主＝小作関係に注目し、沖縄村落構造において看過されがちな一面を詳細に調査したのであった。そして、沖縄における地主層の形成・発展・衰退に関する緻密な研究を進めたのが、同メンバーのひとりでもある波平勇夫であった。

「近世ウェーキの成立基盤が、おえか地・のろくもい地などの役俸地、さらに私有を許された仕明地であったとすれば、近代ウェーキの成立基盤は、土地整理にともなう私有地の確定および拡大であった。」（波平、一九九九：一三六―一三七）しかし、「前時代のウェーキに比べ富農といわれるほどではない。小作地経営と同時に、自作農でも・あり、使用人を使って商品作物を生産する点では、それ以前のウェーキと共通するが、小作地・耕地面・使用人数などの規模が前ウェーキよりはるかに小さい。さらに、労働力の性格も異なる。彼らはイリチリなどの隷農者に大きく依存するものの、貸借関係による古い主従関係はみられない。代わって賃金制による雇用形態が主流を占めるのである。」（波平、一九九九：一三八）

しかし、近代のウェーキの多くは第一次世界大戦までに衰退・没落してしまう。その要因の「共通点は労働力不足である。先述のごとく、ウェーキの土地集積の背景には安価な労働力があった。しかし第一次世界大戦後、日本経済の拡大にともなって、労働力需要が高まってくると（中略）若年労働力は京阪神地域へ吸収されていった。ムラに残っているのが恥ずかしかったと、当時を述懐する人もいる。中には、ウェーキに貸借関係でつながれているイリチリが、借金は本土で働いて返済するとの約束でウェーキのもとを離れていく例もあったようである。海外移民は、もう一つの労働力喪失経路であった。渡航費は、やはり借りたらしい。こうして農村では労働力が減少し、その上労賃さえも都市との比較で高騰していった。ウェーキにとって、安価な労働力はもはや期待できなかったのである。」（波平、一九九九：一六二―一六三）

ここで長い引用をしたのは、沖縄村落の特質として語られる平等性や相互扶助あるいは自治力の高さの基盤が、近世沖縄村落における地割制度の直接的な反映ではないことを示すためである。

ちなみに、私自身が沖縄本島北部の旧羽地村（現在名護市）でよく耳にしたのは、「ウェーキの方が小作よりも勤勉でよく働いていた」「シカマの人たちの方が遊んでばかりいた」「結局、借金はうやむやになった」というエピソードである。経営体としての家制度が発達しなかった沖縄において、地主＝小作関係は本土の村落に比べればかなりルーズなものであったことが推測される。近代沖縄村落においては、ウェーキの没落によって階層差の少ない均質的な社会となっていく、そして、シカマ等いわゆる貧農層においては、移民先の親族からの送金(10)によって村落内における比較的富裕な層となっていく例も少なくない。現在の沖縄村落において比較的大きな屋敷地を持つ家が移民による送金によるものだという事例も多い。しかし彼らも、豪華な自宅の建築と幾分かの自作地を買い増やした程度にとどまることが多かった。

三　沖縄の「家（ヤー）」および門中の機能

沖縄の門中および村落構造の解明に正面から取り組み沖縄村落社会構造論を格段に進めたのが、北原と安和が二〇〇一に発表した『沖縄の家・門中・村落』である。そこでは主に社会人類学や民俗学で展開されてきた門中研究を中心とする沖縄の親族理論と社会学や経済史学の共同体理論をアジア社会との比較の視点や歴史学の成果を踏まえて統合していくことを試みている。

北原は、従来の沖縄村落研究が「「ヤーとムラを親族組織と祭祀組織という視点でとらえすぎたため、歴史学的、社会科学的な家族・村落研究との接点を持たなかった」（北原、二〇〇一：四二）とし、また、「マルクスの原始共同体論が地割制をもつ沖縄の村落に公式的に適用されたことも問題であった。戦後社会経済史学の共同体理論は、土地割替制をともなう沖縄の村落を原始共同体の遺制とみる傾向があったが、これが上述のような人類学的研究の成果と無反省に結合することによって、固定的で閉鎖的な村落社会像が形成され、村落構造自体の歴史的変化、外部の政治権力による村落の構造的再編成などについての視点が曇らされることにもなった」（北原、二〇〇一：四二）と批判する。

近世沖縄村落は、「薩摩入りという外圧の下で行われた向象賢から蔡温に至る一連の改革」によって「伝統的な古琉球的要素を起草に残しながら、沖縄農村を基本的に近世的小農社会に近い形に変化させたもの」であって、「現代に続く村落共同体はこのときに初めて体系化された可能性が強」く、「この点で、古代からの原始共同体の連続説は支持できない」（北原、二〇〇一：二〇）のである。

さらに北原は杣山をはじめとする入会や王府による森林管理に注目して、「古琉球的時代には、おそらく、ルースな「諸人模合」のような、輻輳する森林管理形態が一般的であった。八重山にみられたようなこのタイプの原型は、東南アジアの森林利用に極めて近い。しかしこれを、蔡温時代の王朝国家が、近世的な一村所持利用的形態に変革したことによって、森林資源はそれ以上の荒廃をくいとめられた」（北原、二〇〇一：九二）とする。すなわち、近代および現代沖縄村落に続く入会地の利用管理形態は、近世における羽地や蔡温による政策・改革が基礎となっているのである。

沖縄のヤー（家）については、「祖先崇拝儀礼の際紙面では制度的単位でありながら、ムラの法制面では、それ自体は制度的課税単位とはならず、個々成員が人頭割原理で把握されるという二元性」（北原、二〇〇一：四四）をもつと指摘する。そして、「村落内部では本土のように土地所有によるヤー間の家格制は発展せず、村落内部の公的単位であるヤーは無家格的平等性を持続させてきた」（北原、二〇〇一：四六）。

ヤーの特質を北原は次のようにまとめている。「⑴儀礼組織としての門中の成員であるが、同時に地域組織としてのムラの成員でもある」「⑵門中組織の単位としてのヤーはムラの単位としてのヤーよりも本末関係があり不平等である」「(3)近代になって門中の体系化過程に土地私有権の創出家庭が重なり、しかもヤーの経済的自立が困難になったため、ヤーの内部構造には」「財産相続、家族面における親権の強化、位牌継承・財産相続等の面における長男と次三男の差別の発生、等」「若干の変化があったが、公的性格に変化はなかった」（北原、二〇〇一：四三―四七）。

徹底的な父系出自・長子単独相続（継承）を原理とする門中は本家と分家という本末関係がありヤー間は平等ではない。しかし、それは本土の同族団や家連合のような生産に結びついた組織ではなく、生産や村落の行事に関わることではその単位がヤーよりもむしろ個人といったことも少なくない。「沖縄のヤーの基層的特質はむしろムラ成員としての自然発生的核家族的ヤーの方にあり、門中の直系家族的ヤーは幕末以降、あるいはもっと端的にいえば、近代以降の制度的所産であり、しかもつねに前者の基層構造によって制約された」（北原、二〇〇一：四八）ものなのである。

さらに安和は、これまで門中が存在しなかった地域において、近代以降現在も門中が創出され、「その内部の家の系譜関係を厳格な父系血縁関係として再構成」（小田、一九九六：一二二）していくという「門中化」現象の要因を、門中そのものの原理にもとめている。すなわち、「門中とは自己を時系列的に過去の先祖、ひいては門中始祖との関わりで社会的に根拠づけるものとして、自己確認の拠りどころと観念されているのである。（中略）要は門中とは、祖先観、他界観に関わる社会学的構成物であるということである。そして、観念の世界では理想像をいかようにも構築できる自由さがあるから、そこに門中の典型的理想像の設定が可能になり」（安和 二〇〇一：一九一）門中化が進行するのである。

山本英治は書評で北原・安和に対し、「ヤー及び門中については宗教的儀礼的側面を強調し、村落については近世以降に形成された村落共同体及び法制的な枠組みでもってとらえる傾向がみられる」として、「この論理からすれば、ヤー及び門中と村落の構造原理が相異なり、その間に断層があるということになる。そしてこの断層を埋めているのが個人ということである。そうだとすれば、村落構造の中に門中を位置づけるのは無理ということになる。ということは、門中と村落構造とは直接にはかかわりがないという認識に達」っしてしまい、「人々は全く異なる行動原理で動いているのであろうか」（山本 二〇〇一：三七二―三七五）と疑問を投げかけている。

四 「伝統の創出」としての門中化と沖縄村落共同体

ここで、沖縄の村落構造と門中を、北原と安和も問題提起した門中化という現象から考えてみたい。人類学者の小田（一九九六）は、ホブズボウムとレンジャーの「伝統の創出」やベネディクト・アンダーソン「想像の共同体」という視点から、門中化を「ネーションとは違ったもうひとつの『幻想の共同体』である」ととらえている。

門中化の時代背景を小田は次のように説明する。すなわち、明治の土地整理や海外移民による人々の流出によって「人々の生活の中心であり、ひとつの小宇宙をなしていたシマ（村落共同体）

は、中央から離れた田舎の単なる行政的な地域単位のひとつになってしまった。そのような小宇宙としてのシマ（村落共同体）の価値の低下に連動するように、共同体内部の別の門中に属する他の家との交換関係はほとんど重要ではなくなっていった。他の家との人の交通は、婚姻関係以外にはなくなり、そしてその婚姻関係も外からの婚人が増えてきたため、その依存の程度は低下していった。つまり、個々人のアイデンティティの継承にとって、村落共同体内部の他の家々との関係は少しも重要ではなくなった。」（小田、一九九六：一三八―一三九）のである。そして、「門中化以降、村落共同体（シマ）での家間関係の価値は、家と家のヨコのつながりによる共時的な関係から、共同体の境界を原理的に超えていくタテのつながりであるシジ（父系血縁）という通時的な関係へと移行していった。つまり、共同体の中の家間関係の価値が衰退したことにともない、人々は自分の家のアイデンティティの基盤を、自分たちを「幻想の琉球王国」へと結びつけてもくれる、共同体を超えた父系血縁の通時的なつながりに置くようになったのである。[11]（小田、一九九六：一三九）

北原（二〇〇一：三〇〇）も「人々の門中認識が、近代日本との関係の中で沖縄的アイデンティティーを形成し、本土への文化的包摂に対抗する有力な武器として強められた」と分析している。沖縄の門中とは、近代沖縄村落における共同性の変容にともなう人々のアイデンティティのもう一つの拠りどころとして広がっていったものなのである。

それでは、山本が「門中とムラの機能は一見別のようであるが、それらは全く重なりあうことはないのであろうか」（山本　二〇〇一：三七五）と疑問を抱くように、確かに門中と村落内における生産組織等には多くの重なりを見ることができるのはなぜだろうか。

結論から言えば、それは部落内婚が長年（少なくとも近世以降）続いたことによって、部落の中ではほとんどが親類になってしまったことが要因だと考えられる。

例えば、戦後暫く沖縄の農村で見られた、製糖のための共同作業を行う組織であるサーター組と門中の成員が重なっていることは珍しくなかった。サーター組は畑や屋敷が近いということで結成されることが多かったが、それがたまたま親類であったり同じ門中であることも少なくなかった。

「部落内婚」（村内婚）は、「近世においては、「村内法」によって義務付けられており、明治後半の土地整理以降に次第に「村内法」が適応されなくなっても、戦後暫くは多くの部落で、部落内で結婚相手を見つけることが普通であったからである。百戸前後の部落において長期にわたって「部落内婚」が行われれば、当然、近所（地縁）でもあり親戚や同じ門中（血縁）でもあるということは珍しくなくなってくる。すなわち、「地縁」で結成された組織でもその中に同じ門中の家（ヤー）がいる確率はかなり高いのである。

沖縄の村落構造に関する議論の中で、あまり注目されてこなかったのが、この「村内婚」「部落内婚」である。

佐喜真（一九二五）は、近世の新城部落（シマ）のことを「シマの男はシマの女を娶るのが原則であった」と記しているし、[12] 奥野（一九七八）によれば、部落を越えて密通した者には例外なく身体的制裁を加えること。他部落の女性を娶ることがたとえ許されたとしても女性側の部落から「馬酒」「馬手間」などが供用されると報告している。例えば金武間切の村内法では「第四十四條　他村他間切ヨリ村女ヲモライ受ケ妻ニセントスルモノハ婿家ヨリ馬酒代として千五百貫文以上弐千貫文以下徴収ノ上妻ニ差免候事」とあり、これは「単に他部落と縁組するばあいの条件を意味したのではなく、事実上他部落との結婚を禁止するものであった」(与那国、一九九三：一七二)。

戦後においても、一九六三年に比嘉（一九八三：一〇三）が玉城村（現南城市）仲村渠で行った調査によれば、当時配偶者が同じ仲村渠部落である夫婦は五三組中二二組であったし、瀬川（一九六九：二〇〇―二一五）は「藩政時代には、村外人との交渉は、たとえ家で肯定しても、村人からみれば、それは許しがたい密通で、当人たちはむらからきつく制裁された。」とし一九五九年の聞き取り調査で多くの村内婚の事例を紹介している。

以上のことから、「九学会」で提起された沖縄の村落構造と門中との関係は、北原・安和の研究によって、とりあえずの結論を得たと考えられる。

五　近世沖縄村落に共同体はなかった？

二〇〇〇年代に入ると、政治・開発・環境といった研究が多くを占めるようになり、沖縄村落社会構造論的テーマはほとんど見られなくなっていった。沖縄村落の特質を日本や東南アジアとの比較で明らかにしていくのではなく、むしろ、環境や開発といったテーマや問題を扱う上でのいくつかの事例としての沖縄（村落）社会という研究である。

そのような中で、かつての「九学会」のメンバーであった山本英治（山本、二〇〇五）と高橋明善（高橋、二〇〇一）は、沖縄の特殊性を日本社会の中に位置づけようとするものの、村落社会構造論というよりも『沖縄の都市と農村』（一九九五）から続く、沖縄の基地問題や経済的自立の問題を題材とした日本国家批判となっている（安藤、二〇一三）。

この時期、沖縄の村落構造の解明に寄与したのは、歴史学や考古学、経済史学、そして法社会学の分野である。

考古学では、近世以前のグスク時代の遺跡の新たな発掘から、当時の沖縄の村落と共同性について大胆な仮説を提示し、歴史学では、近世において沖縄の農村は政策的に大きな改編がなされたことを明らかにしてきた。経済史や法社会学の分野でも、薩摩や明治政府に「搾取」されてきた沖縄の「過酷な歴史」の根拠を見直す動きが強くなっていった。

その動きを象徴するのが、来間泰男の『人頭税はなかった』（来間、二〇一五）である。人頭税は近世から近代にかけての沖縄の八重山地方の村落社会を語る時の最も重要なキーワードであった。例えば比較的最近の社会学者による研究においても、「八重山諸島は琉球王国に支配され人頭税に代表されるような苦難を背負った地域である」（杉本二〇一二：六）といった認識が研究者の問題意識や研究動機の根底にある。そしてその前提は、沖縄村落の特質を説明するための「歴史的背景」として使われることが少なくない。

ところが、二〇一五年になって、農業経済学者の来間泰男は「人頭税はなかった」とストレートに問題を投げかけている。

来間によれば、人頭税は、明治二六年（一八九三年）の『沖縄県旧慣租税制度』によって『定額人頭配賦税』と表現されたことから生まれたもので、本来ならば、「頭懸」されるべき、労働地代＝夫役＝賦役であったということであり、それは沖縄本島地域でも同様であった。

それでは、なぜ王府時代に「頭懸」が行われたのであろうか。

その理由として来間は、「沖縄では自然災害が非常に激しく、耕地面積や地目、収穫量の安定性を期待すること」ができず、特に「先島地域では（中略）生産力が決定的に低く、低度利用の面積が多く、かつ耕境が判然とせず、耕作されたりされなかったりする流動的な分が大きかった」（来間二〇一五：四九）ことをあげている。「頭懸」とはすなわち「一人当たり粟何石」という基準を定めて、それに人口を掛けて総額を決定したということで、「『一人当たり粟何石』ずつ賦課したという意味ではない。つまり、慶長検地の石高を基準とするのではなく（それはあてにならないので）、人口を基準に総額を定めたということである。」（来間二〇一五：三五―三六）

そして、「一七四三年に、蔡温が地割制度を廃止して石高制を布こうとしたが、それでも実行できなかった。地割制度を廃止するには、個別百姓の経営としての自立が進んでいることが前提になるが沖縄ではその域に届いていなかったのである。」（来間二〇一五：四九）とする。

さらには、「沖縄本島地域の地割制度は、割り当てられた土地に対応して租税が賦課されるとこれまでは理解されてきたが、その土地の配分は自給用の農産物の生産にあてられ、租税は夫役（ぶやく）を中心に課されてくるものと考えるべきであろう。」（来間二〇一五：一五）と、地割制にも言及している。

来間は人頭税的な制度がなかったと主張しているわけではない。これまでその詳細を検討することもなく「人頭税＝過酷な搾取」というイメージを安易に前提としていることを批判しているのである。

来間も言及しているように「人頭税」（頭懸）が他の税制に比べて過酷であったかの判断は困難である。しかし、研究者も含めて「人頭税」という時、ほぼ同様に「過酷な搾取」という価値観が含まれている。

これら来間の言説は我々社会学者が最も耳を傾けるべきものだと思われる。なぜならば、先に述べたように、沖縄村落のイメージの源が地割制下の村落共同体にあるとするならば、その近世の地割制度下の村落共同体のイメージそのものを修正しなければならないからだ。

近世沖縄村落の特質について、歴史学では大きく変化しつつある。すなわち、現在に繋がる沖縄村落共同体の基盤は、薩摩以降の羽地朝秀や蔡温による変革によって形作られたものということである。例えば矢野美沙子は、上原兼善、真栄平房昭、豊見山和行等の研究を踏まえたうえで、王府は疲弊する農村対策として、羽地仕置によって、地頭による百姓の使役や利子替わりに使役する「すかま」行為を禁じて隷属関係を断つことを目指したことを示し、「個人的な枠組みを排除し、公的な枠組みをもって間切りを統括するとともに、百姓と土地を強く結びつけるための政策が実行されていた」（矢野、二〇一三：七）ことを指摘する。

羽地仕置による農村の再編の目的の第一は確かに王府による安定的徴税が目的である。しかし、そのためには困窮する農民を救済することが求められる。矢野は羽地仕置が、一七世紀前半における「幕藩領主の農政が、全余剰収奪から百姓撫育へと転換していく」（矢野、二〇一三：五）流れの中に羽地仕置も位置付けられるとする。

六　沖縄村落共同体像の再検討

近世・近代の沖縄村落像の変革を求めているのが、法社会学者の上地一郎である。上地は、仲間（一九八四）等の研究[13]から「王府時代に由来する山林管理制度が、実は村落レベルでほとんど根付いていなかった」（上地、二〇一四：一一）とする。

近世沖縄において杣山の憔悴が深刻化していた。王府はその「原因を複数の間切・村の杣山共同利用にあると考え、御用木の安定供給のために、利用範囲の錯綜する間切模合山、村々模合山を一村所持形態に区分し、村落に対し杣山の管理主体としての責任を明確に」したのである。（上地、二〇一四：九）すなわち、杣山の村落共同体における管理は王府の指導によって作られたということになる。

さらに、上地は「村による杣山の利用と管理は、近世期を経て近代以降も村落内部においては家を主体にして行われたというよりも個人を基準に人頭割りで利用され、家を基調とする本土の入会山利用とはかなり様相が異なっている。つまり、上の粗放的利用状況や入会の構成主体をみると本土の入会と同等のものとは言えなかった可能性はあろう。」（上地、二〇一四：一二）とする。

上地は土地整理以降についても我々の認識の変革をもとめている。沖縄本島北部金武の事例から、「杣山が官有地として取り上げられた後、杣山の払下げ金を負担して取り戻さなければならなくなった。この払下げ金の負担以降、山林の保護と利用の体系化（山林の造植林・禁伐林の設定保護・盗伐取締りの強化）が図られた。この地域では、本来、山林の粗放利用が行われていたが、不可避の圧力が自主的な山林管理制度の構築を促したのである。」[14]（上地、二〇一四：一三　金武町誌、一九八三：五一三—五一四）さらには、「県は内法の実際の運用が予想以上の身体刑や罰金をともなうことに苦慮しつつも、旧慣たる内法を積極的に利用することによって山林管理制度の再構築を企図した。内法によって、県の管理の下で村民自ら村の自治を行わせることが、県政運営にとって有利になると判断したと考えられる」（上地、二〇一四：一二）とする。

すなわち、我々が沖縄の村落共同体の特質だと考えているその基礎は、官による指導によって形作られたとするのである。

「琉球処分後に上級権力による山林管理制度が弱体化した際の杣山の荒廃という状況を考慮すると、役人の監督が離れれば濫伐と放置が生ずる危険性を常に内包しており、管理制度が村落レベルで自主的に実践されていたのか疑わしいといえよう。旧慣存置期の県庁指導の内法成文化の経験が、村落に社会的な取り決めや慣習を新たに自主的に成文化するという方法をとらせ、村落外の不可避の圧力が、村落の自主的な山林管理制度の形成を促す要因となったと考えられる」。しかも、「近代法に代替して旧慣諸制度を用いるという旧慣存置政策は、沖縄の民衆に対して、「旧慣」という名のもとで、これまでの慣習的な社会制度を認識させ、「旧慣」に基づく自主的なルールを形成させた。さらに杣山の官有化と払下げは、村落が、その対応として自主的な山林管理制度を構築することを促した。」（上地、二〇一四：二〇）

「沖縄においても、沖縄社会とは異質な日本本土から派遣されてきた役人たちが、旧慣存置政策の下で旧慣と見なしたものを維持し、さらに内法の成文化を積極的に促進した。その結果、それまで不文のままであった沖縄村落の慣習法は成文化され、さらに自主的に山林管理を制度化する村落も出てきたのである」（上地・二〇〇八：三四）とし、近世に沖縄村落共同体の特質が形成されたとしてきたことについても疑問を投げかけている。

門中についても、「位牌祭祀の普及は、首里・那覇の士族層から徐々に沖縄の一般農村社会に浸透したと考えられているが、実は逆に、土地整理事業による土地所有権の確立と私有財産の成立によって、財産相続の論理が社会的に必要性とされ、位牌祭祀とその継承の論理が伝統的なるものとして認識され、「長男単独一括相続」という相続慣習が伝統として選択されたのではないか、という仮説を提起しておきたい」（上地・二〇〇八：一三二）としている。先述の小田（一九九六）は「小宇宙としてのシマ（村落共同体）の価値の低下に連動するように、共同体内部の別の門中に属する他の家との交換関係はほとんど重要ではなくなっていった」ことが門中という「伝統の創出」の要因であるとしたが、門中化の要因は共同体の衰退というよりも、むしろ土地所有権の確立と私有財産制の成立にあると考えたほうがよいだろう。

さて、我々は上地や来間の提起する近世・近代沖縄村落共同体像をどのようにとらえればいいのであろうか。

筆者は沖縄の村落共同体を象徴する共同店を、かつて与那国（一九七六：五七四）が「資本主義的営利主義の攪乱から村落共同体を防衛する共同組織」と表現したのと同様に、近世から続く強い村落共同体こそが共同売店を作り得たと考えていた。しかしこの十数年の奥共同店の変化と、部落総会や共同店理事会の議事録からその歴史を見ていくと、奥部落においては、共同店を設立・運営していくことによってこそ現在に繋がる「共同体」が作られていったのではないかと疑問をいだくようになった。

「九学会」報告において、「『村落共同体』を成り立たせるだけの物資的基盤がはたしてあったか」というところから「沖縄農村に村落共同体が明治以降も存続しえたのだろうか？」という疑問を投げかけているが、むしろそれは、それ以前の近世沖縄村落にこそ投げかけられるべき疑問であろう。

来間のいうように、地割制度で割り当てられた土地は自給農産物生産用であり、また、地割制度は生産直の低さに対応する王府の政策であった。そして、「実は、生産をめぐる共同関係の弱さこそが沖縄の歴史的特質なのであって、（中略）本土が近世封建期に、支配の枠を前提にしながらも、個別経営の成立を基礎として、自治共同体的に運営されていたこととは異なって、『近世』琉球は、個別経営の成立も危うく、住民相互の自治的な共同性は育たなかった」（来間泰男、二〇〇五：一三八）のではないか。

もし、近世期における沖縄の村落は、「単に祭祀的な結合体であって、経済的な意味合いが極めて低く、また非政治的村落」（来間、一九九八：一〇四―一〇五）あるとすれば、[15]あるいは、杣山が、「役人の監督が離れれば濫伐と放置が生ずる危険性を常に内包しており、管理制度が村落レベルで自主的に実践されていたのか疑わしい」（上地、二〇一四：二〇）ものだとするのならば、例えば奥の共同店が、「資本主義経済化への共同体の防衛」として当初から機能していたとは考えにくくなる。

国頭村奥の大垣（ウーガチ）は、奥共同店創設の三年前年（一九〇三年、明治三六）に、後の共同店創設者である糸満盛邦によってシシ（猪）垣の共同管理が提案され年に構築された。シシ垣は奥では大垣（ウーガチ）と呼ばれ、集落の前浜（メーバマ）東側の通称アンヌサーを起点とする「東大垣」と、前浜（メーバマ）の西側のユッピ崎を起点とする「西大垣」からなる。東大垣と西大垣は集落南の奥川中流の大田川（ウフダーガー）で結合し、全長八・九九キロの長大な石垣である。

一八世紀頃に構築されたといわれる同じ沖縄本島北部の大宜味村や西表島などの猪垣に比べると一〇〇年以上も後のことである。また、同じ国頭村内でも安田集落では一八八一年には猪垣が確認されており、県内では比較的新しい近代につくられたシシ垣だと言える。

ここで注目すべきことは、近世作られたという西表島のシシ垣が王府の許可によって建設され、王府の監督・指導の下に管理されていたことに対して（蛯原：二〇〇九：四四―六一）、近代・明治後半になって造られた奥のシシ垣根は奥集落民自らによる建設と管理運営が行われていることである。

奥部落では、その後「垣当りの制」（垣監視役）と「総廻りの制」（全員による定期的視察）という厳格な規則のもとに猪垣が管理されていた。戦後一九五九年頃まで続いたという。（奥のあゆみ刊行委員会、一九八六：四二一―一四三）大垣管理はとても厳しく、「①年二回の大垣提起巡検と台風や大雨後の臨時巡視、②大垣巡視で崩壊ヵ所が報告され、垣主に通告されて三日以内に修復しないと罰金が請求される」（宮城邦昌、二〇一二：六五）これらのシステムを奥の人々は、シシ垣根の管理という実践においての試行錯誤の中から築き上げてきた。そして、その試行錯誤が共同売店の設立と運営に生かされ、共同売店の運営というさらなる試行錯誤が続いていくのである。

すなわち、現在我々が沖縄村落の特質だと考えている相互扶助や自治の強さといった沖縄の村落共同体像は、実は、例えば奥部落においては、シシ垣の共同管理や奥共同店の共同運営というシステムを作り上げていく過程で形成されていったものだという仮説の設定が可能ではないだろうか。

また、ちょうどその頃、明治三〇年に県外出稼ぎ、明治三二年に海外移民が始まる。移民や、県外出稼ぎ、紡績などの女工経験などによって、はじめて村落を外から見る視点を得たことも大きいと思われる。このような「外からの視点」獲得による沖縄村落共同体イメージの形成という視角から移民や県外出稼ぎを問いなおしてみることも重要であろう。

来間は、近代、明治の土地整理事業後、地割制度が廃止されて私有地が認められ、労働地代から金納に移行した時のことを次のように表現している。「人々はさっそく現金を入手するのに苦労したのである。役人の言うとおりに仕事をしておれば、それが租税納入に相当していたのに、作った砂糖や鬱金や泡盛や農産物を、自分で換金する方法が分からない」。沖縄の村落においては、明治の土地整理以降の試行錯誤の中で現在に繋がる「共同体」は形成されていったと考える方が合理的であろう。

おわりに
―自己投影としての沖縄村落共同体―

一九七〇年代の「九学会」から二〇一〇年代までの沖縄村落研究の流れを、その時の研究者の表現を直接用いて概観してみた。

これまで、沖縄の村落とか共同体という言葉を少し乱暴に使用してきたが、最後に整理しておこう。

鳥越（一九八五：七〇―七五）は、集落と村落、村落共同体について最も簡潔に表現している。「景観的な側面から村をみたばあい」が集落で、集落を構成している家々が組織化されたのが村落であり、「そこには家を単位とした人々の生活連関があり、その生活連関を支える組織があり、そこにおのずと社会的統一性がみいだせる、そのようなものを村落とよぶ」と定義している。また、共同体を「土地の共同占取を基礎にした組織体を意味する」としている。

佐藤は共同体を「住民が農業・農村の日常生活のなかで土地や寺院の施設などの共有財を媒介にして共同関係を結び、さらに寺院や祖霊・土地神の守護霊儀礼をとおして同一の空間を共有する人々を捉えるための分析概念」とする（佐藤、二〇〇七：一四一）。ここで重要なのは「共同占取」「共有財」であるが、近世沖縄村落におけるそれらの実態と評価が争点となるだろう。

さらに、共同体論にとって重要なことは、戦後日本において否定克服すべき封建遺制としての共同体論が、次第に近代批判のための理想像としての共同体論へと変化してきたことである。

そもそも、「一般に、西欧近代になって生まれた共同体論は、利己主義的・競争社会的・功利主義的な近代社会を批判するため、近代社会が失った連帯や共同の契機を過去の村落社会に求め、「共同体」として理想化し、美化した」（北原、二〇〇七：六）のであり、「日本の共同体論もまた、到達した近代の工業化・都市化社会の対極に、現実の村落社会を抽象化して『共同体』として理想化し、その対極にある現実の近代社会を批判する、という基本的構造を具えるにいたった」（北原、二〇〇七：一二）ものなのである。

また、かなり以前から、「社会学者による『共同体』の叙述は、しばしば、目の前の現象の経験的記述と同時に、それがこうあってほしいと願う規範的価値（良き生活 Good Life）を含んでいる」（北原淳、一九九六：一九三）と指摘されている。

沖縄村落研究において、共同体研究がもつこれらの特質を自覚することはかなり重要なことだと言えるだろう。

最近の沖縄をフィールドとした調査・研究の特質は、かつての村落構造分析研究とは方法論的にも問題関心的にも直接的には繋がらず、それぞれの研究テーマにおける一つの事例として扱われていて、そこに日本本土やアジアの村落や地域社会との比較という視点が直接的には見られない。その一方で、アプリオリに「過酷な歴史」「強い共同性」「自治意識の高さ」といった沖縄村落共同体像が使用されている感がある。そのために「沖縄的」という言葉があまり洗練されることなく流通しているのではないだろうか。

しかしそれは、共同体論・共同体研究の全体の流れの中の沖縄における同様な傾向なのかもしれない。北原が「共同体論は、各レベルで、実態分析的概念よりも、規範・理念に基づく運動論、政策論的概念へと傾斜してきた。それらの構成要素には、社会関係だけでなく、権威＝権力関係、ポリティックスを含むといった議論もふえた」（北原、二〇〇七：一五六）と指摘したように、沖縄村落研究もその流れの中にあるのだろう。

沖縄村落研究史を概観すると、一つの特徴が見えてくる。沖縄出身者は、沖縄村落の特質や歴史を、どちらかというと克服すべき課題として捉えようとする傾向にあるのに対して、県外出身者は沖縄村落社会共同体に「彼自身の共同体への思い入れ」（北原、一九九六：一八六）あるいはその裏返しを語る傾向がある。

いずれにせよ、沖縄という地域は様々な意味や視角からのテーマの宝庫であることは間違いないようである。しかし、だからこそ、問題の設定の時点で調査者の価値観・思い入れが顕在的・潜在的に入り込んでくることに対する意識も重要となってくる。

ただし、このような指摘すらも既に多く語られてきたことであり、例えば、「消費される沖縄」という指摘をする者こそが食物連鎖の最も頂点に立っているようなことにもなりかねない。「沖縄の人々に寄り添う視点」というのも同様に、それこそ最高の「上から目線」かもしれない。沖縄を研究するということは、このような複雑で煩わしい作業と向き合うことなのである。

注

(1) 本稿は拙著（二〇一六年）「沖縄村落社会研究の動向と課題―共同体像の形成と再考―」（『社会学評論』六七（四）、三六八―三八二に、二〇一八―二〇（平成三〇―三二）年度科学研究費助成事業基盤研究（C）「沖縄村落共同体像を問い直す―近代沖縄村落共同体の形成過程と本質―」（課題番号一八k〇二〇二一）の研究成果の一部を加筆・修正したものである。

(2) ただし、沖縄農業が歴史的にも当時（一九七〇年代）も「モノカルチュア」ではなかったことを来間が実

証している。（来間、一九七九）

(3) 蓮見音彦も同様に、世名城の砂糖組は「門中関係を中心に構成されているものもあったが、むしろ今日中の近接にもとづいて形成されていることの方が多かった。（中略）この組はキビの収穫などに際しては機能せず、収穫作業は親類などを中心としたユイが組まれていた。」という報告を行っている。（蓮見、一九七六：五八九―五九九）また、山本英治は、本部町伊豆見地区の調査から「サトウキビの収穫および製糖における協同労働の組織は、組内に固執することなく、近隣を中心としながら、どちらかといえば属地主義的な形で構成されていた点、共同体における重要な特質である生産共同が必ずしも組とは重ならないことを指摘しうる」としている（山本、一九七六：五八〇）

(4) 鳥越皓之も「沖縄・奄美地方の親族組織（門中、ハロージ、ヒキなど）の分析は、結果としては社会学から外されてしまった。これらの地方の親族組織の分析は社会人類学にゆだねられることになった。これらの地域が社会学の分析対象から外されてしまった主な理由は、社会学の親族組織研究は『家』の理論を基盤としているにもかかわらず、沖縄・奄美地方の家族は、社会学が定義した『家』から大きくズレており、そのため社会学の理論では、これらの地方の親族組織をうまく説明できなかったからとおもわれる」と言及している。（鳥越、一九八五：四六）

(5) 与那国も「共同体内部の並列的構造と共同体成員が公平を重んじ、平等の権利義務を強調する価値観」（与那国、一九七六：五七四）と表現している。

(6) 近世では薩摩に、近代では明治政府に搾取されていた沖縄の農民というイメージは現在でも根強い。例えば、「一九二四年の国税納付額を面積・人口が同じような県と比較すると、宮崎県が二二六万円、鳥取県が一九九万円であるのに対して、沖縄は実に四八五万円にものぼる」（山本 一九九五）というようなことが定説であったが、来間（二〇〇六）によれば、その中には砂糖消費税が含まれており、「これらを考慮に入れて比較すれば、国庫において『収入』が『支出』を上回るということはない」ということである。かつて安良城（一九八〇：二二〇―二二二）は、近代沖縄の旧慣温存（存続）期についての論争のなかで、「沖縄県は『日本資本主義の本源的蓄積のための重要な財源創出地』であるどころか、些少な額ではあるが本土の他府県で徴収された国税の一部が割かれて、沖縄で徴収される国税だけでは賄いきれない国庫支出金の沖縄県費を補っていたのが、事実なのである」ことを明らかにしている。

(7) 九学会の問題提起を継承している研究として杉原（一九九四）による実証研究があるが、北原がその書評で指摘したように（北原、一九九五：五七―五八）、それはむしろ沖縄村落の例外的事例としての要素が強くここでは特に言及しなかった。

(8) 冒頭において、「こうした特異な歴史を歩み、独自の文化を培ってきた沖縄社会にあっては、個人と社会を結びつける媒介役を果す基礎的集団としての家族の構造や機能にも、また、家族の機能に病理的影響を及ぼす、あるいは及ぼす可能性をもつ、いわゆる家族問題においても、それなりの特徴が刻印されているはずである。（中略）こうしたことが、この共同研究の出発点における問題意識であった」（新崎他、一九八九：五）とあるように、ここでも「苦難の歴史を背負った」沖縄像がその根底にある。

(9) 共同店は、地域によっては、共同売店、協同売店、購買店、などと呼ばれることもある。基本的には村落の住民のほとんどが共同出資して共同運営する小売店のことであり、一九〇六年国頭村奥部落に設立されたのが最初だとされる。（安仁屋・玉城・堂前、一九七九）。

(10) 移民先からの送金は、例えば一九二九年において一、九八六、〇〇〇円で同年の県歳入総額に比較すると、その六六・四％に達していた。当時の沖縄経済を支えていたといっても過言ではない。

(11) 「門中化のもう一つの側面は、ユタの託宣などによって自分たちの祖先を琉球王朝に繋げるように系図作りをするということである。それによってアイデンティティのよりどころとしての「幻想の琉球王国」が形成されていく」（小田、一九九六：一一三―五四）

(12) 与那国も「部落内婚」（と共同貢租制）に関係について言及している（与那国、一九九三：一七一―一七三）。

(13) 「王府が杣山の憔悴の原因を複数の間切・村の杣山共同利用にあると考え、御用木の安定供給のために、利用範囲の錯綜する間切模合山、村々模合山を一村所持形態に区分し、村落に対し杣山の管理主体としての責任を明確にするためであったとされる。」（上地、二〇一四：九）

(14) 金武町誌、（一九八三：五一三―五一四）参照

(15) 上地は、磯部（一九九二）や来間（一九九八）をもとに「本土の村落が、近世期に「自治村落」の経験を経た経済的結合体であり、そのことが政治的性格にも影響しているのに対し、沖縄の村落は、単なる祭祀的結合体であって、経済的意味合いが極めて低く、非政治的村落とされる。つまり、沖縄の農村社会は、上部構造としての村落自治機構の欠落した、単なる相互扶助システムとしての下部構造だけの集落」とまとめて

いる。（上地、二〇一四：五）

(16) 沖縄の村落共同体の特質を簡潔に記述しているのは、例えば、佐藤、（二〇〇七：一四〇―一五二）である。

【文献】

安仁屋政昭・玉城隆雄・堂前亮平、一九七九、「共同店と村落共同体―沖縄本島北部農村地域の事例（一）―」『南島文化』一：四七―一八六、沖縄国際大学南島文化研究所
安良城盛昭、一九八〇、『新・沖縄史論』沖縄タイムス社。
磯部俊彦、一九九二、「家族制農業の存在構造―現代の危機を軸として国際比較の視座を考える―」『村落社会研究』二八　農山漁村文化協会
上地一郎、二〇〇八、『沖縄社会の近代法制度への包摂とその影響― 歴史法社会学的分析―』
上地一郎、二〇一四、「共同性の創発―土地整理事業以後の沖縄村落共同体」『高岡法学』一―二六
上原兼善、一九九〇、「元禄期琉球王政の展開」『沖縄県史料編集室紀要』（一五）：一―四二
蛯原一平、二〇〇九「沖縄八重山地方における猪垣築造の社会的背景」『歴史地理学』五一（三）、四四―六一
奥のあゆみ刊行委員会、一九八六、『奥のあゆみ』
奥野彦六郎、一九七八、『沖縄婚姻史』国書刊行会。
小田亮、一九九六、「伝統の創出」としての門中化―沖縄のユタ問題ともうひとつの『想像の共同体―』」『日本常民文化紀要』一九

恩田守雄、二〇〇六、『互助社会論―ユイ、モヤイ、テツダイの民俗社会学』世界思想社。
北原淳 一九九五「書評：杉原たまえ『家族制農業の推転過程―ケニア、沖縄にみる慣習と経済の間―』：日本経済評論社一九九四年」『村落社会研究』一（二）
北原淳、一九九六、『共同体の思想　村落開発理論の比較社会学』世界思想社。
北原淳・安和守茂、二〇〇一、『沖縄の家・門中・村落』第一書房。
北原淳、二〇〇七、「アジア共同体論の課題」
金武町誌編纂委員会編、一九八三『金武町誌』
来間泰男、一九七九、『沖縄の農業―歴史のなかで考える―』日本経済評論社。
来間泰男、一九九八、『沖縄経済の幻想と現実』日本経済評論社、
来間泰男、二〇〇五、「書評：山本英治『沖縄と日本国家―国家を照射する〈地域〉』」『南島文化』二七、一三五―一三九
来間泰男、二〇〇六、『沖縄経済史講義要綱―原始から沖縄戦まで―』沖縄国際大学。
来間泰男、二〇一六、『人頭税はなかった―伝承・事実・真実―』榕樹書林。
佐喜真興英、一九七〇、「シマの話」『佐喜真興英全集（復刻版）』琉球史料複刻頒布会（初出一九二五）。
佐藤康行、二〇〇七、「アジアの共同体比較」日本村落研究学会編責任編集『むらの社会を研究する―フィールドからの発想―』農文協
杉原たまえ、一九九四、『家族制農業の推転過程―ケニア、沖縄にみる慣習と経済の間―』：日本経済評論社

瀬川清子、一九六九、『沖縄の婚姻』岩崎美術者、二〇〇―二一五
関礼子、二〇〇四、「開発による伝統の再編と民俗行事の力学―共同性とアイデンティティをめぐるポリティクス」松井健編『沖縄列島―シマの自然と伝統のゆくえ（島の生活世界と開発）』東京大学出版会。
高橋明善、二〇〇一、『沖縄の基地移設と地域振興』日本経済評論社。
堤マサエ、二〇〇七、「農村家族の研究からみえてくることと現実」日本村落研究学会編・鳥越責任編集『むらの社会を研究する―』農山漁村文化協会、六六―七五。
堤マサエ、二〇一五、「農村家族をめぐる研究動向と課題（上）―持続と変動の視点から―」日本村落社会研究会『村落社会研究ジャーナル』四二：一―九
鳥越皓之、一九八五、『家と村の社会学』世界思想社。
仲間勇栄、一九八四、『沖縄林野制度利用史研究―山に刻まれた歴史像を求めて―』ひるぎ社、三一―三五
波平勇夫、一九九九、『近代南島の地主層―近代への移行期研究―』第一書房
蓮見音彦、一九七六、「世名城部落におけるキビ策の組織と部落」九学会連合沖縄調査委員会『沖縄―自然・文化・社会―』弘文堂。
比嘉政夫著、一九八三、『沖縄の門中と村落祭祀』三一書房。
ベネディクト・アンダーソン、白石隆 白石さや（訳）、二〇〇七、『定本 想像の共同体―ナショナリズムの起源と流行（社会科学の冒険 二―四）』書籍工房早山。
ホブズボウム・レンジャー編、前川 啓治（翻訳）、一九九二、『創られた伝統』紀伊國屋書店。

松原治郎、一九七六、「沖縄農村の社会学的研究」九学会連合沖縄調査委員会『沖縄—自然・文化・社会—』弘文堂
宮城邦昌、二〇一二、「エコルーリズムとしてのフイジ（越地）垣」『第四回シシガキサミット勝山記録』六五
宮城邦昌（二〇一三）「奥の共同猪垣（ウーガチ）について - 先人が培った生産遺跡から知恵を感得し、村おこしに活かす—」『第六回　シシ垣サミット in やんばる・奥記録集』一八—二八
森岡清志、二〇〇八、「地域社会の空間範域」森岡清志編『地域の社会学』有斐閣。
矢野美沙子、二〇一三、「羽地仕置に見る近世琉球の民衆と社会」『民衆史研究』（八四）、一—一〇。
「特集　近世琉球における民衆と社会」『民衆史研究』（八三）、二〇一二：一—三〇
山本英治、一九七六、「伊豆見地区の歴史的展開」「伊豆見地区の機構と運営」九学会連合沖縄調査委員会『沖縄—自然・文化・社会—』弘文堂
山本英治、高橋明善、蓮見音彦編、一九九五、『沖縄の都市と農村』東京大学出版会。
山本 英治　二〇〇一「〈書評〉北原淳・安和守茂著『沖縄の家・門中・村落』」社会学評論 五二（二）
山本英治、二〇〇五、『沖縄と日本国家―国家を照射する〈地域〉』東京大学出版会
与那国暹、一九七六、「沖縄村落の社会的特質—沖縄農村の自作的性格を中心に—」九学会連合沖縄調査委員会『沖縄—自然・文化・社会—』弘文堂
与那国暹、一九九三、『ウェーバーの社会理論と沖縄』第一書房。

あとがき

宮城能彦

共同売店論集・資料集を作りたい。

二〇年前に共同売店の研究をはじめた時からそう考えていました。

その頃、共同売店といえば、「ああ、ヤンバルでよく見るね」というくらいに認識しかなく、なぜ店の名に「共同」が付くのか、ごく一部の研究者を除いてほとんど知られていなかったからです。共同売店発祥の地だと言われる国頭村奥に行っても、「なんでわざわざ来るのかねえ」と言われ、奥の人たちですら、「共同売店」がいかに貴重な自分たちの財産であるかという認識はあまり強くありませんでした。

その後、二〇〇六年に奥の共同売店設立一〇〇周年記念のお祭りが大々的に催され、テレビや新聞でも大きく取りあげられることによって、共同売店は多くの人に知られるようになり、本土のマスコミによる取材も増えていきました。

奥共同店には、毎週のように研究者やマスコミが取材来ていた時期もあります。私にも、いくつかのドキュメンタリー番組の制作の協力依頼が来ました。

ところが、研究報告書を含めて、多くの場合、共同売店を現代に残るユートピアとして描かれるのです。それにはさすがに違和感を覚えざるを得ません。

「沖縄＝ユイマール＝助け合いの精神に満ち溢れたところ」というイメージがすっかり定着しています。

たしかに沖縄の人たち、沖縄の社会にはそういった面が強いことも確かですが、もちろん「共同体」はそんなに甘いものではありません。「平等」「公平」を生活の中で実践していくには、「厳しい掟」「厳しい人間関係」がなくてはならないからです。一般の人ならともかく、近年沖縄に調査に来る人たちにそういう認識が多いことが気になっています。

共同売店をより多くの人に知ってもらい、かつ、多くの人に研究してもらいたい。そういう思いから本書の企画を南島文化研究所にお願いしていたところ、小川先生が快く引き受けてくれました。感謝の念に堪えません。

しかし、実際に作業を始めてみると、掲載したい論文だけで膨大なページ数になってしまいました。当初は「資料編」も用意していたのですが、とてもそれどころではなく、編集会議で議論した結果、掲載を諦め、「解題」で紹介する程度で済ませてしまった論文もあります。諸先輩方々の業績を全部載せたられなかったのがとても残念ですが、これも共同売店の経営同様、予算その他の現実を考えなければなりません。

資料編はまた機会を見つけていつか実現させたいと考えています。

一九七九年に沖縄国際大学南島文化研究所が設立され、その記念すべき創刊号の特集が「共同売店」でした。私はちょうどその年に琉球大学社会学科に入学したので、私が初めて読んだ地域研究の論文や報告書がその「南島文化創刊号」です。

私も母方がやんばるなので、「共同売店」の存在は知っていましたが、それが研究対象となるのだということに感激したことを今でもよく覚えています。そして、あれからちょうど四〇年後に、それらを総括する本書の編さんに携われたことをとても光栄に思います。

本書が発刊できるのは、南島文化研究所の小川護先生の尽力のおかげです。また、細かな編纂業務や外部とのやりとりその他雑務を引き受けてくれた打越さんと後任の宮平さんの仕事がなければこの本は完成に至りませんでした。お二人の今後の研究に期待しつつお礼を申し上げます。

本書への掲載を快く応じてくれた研究者の先輩方々、そして、それぞれの論文作成のための調査に協力してくれた地元の方々に最も大きなお礼を言わなくてはなりません。本書が沖縄の地域を考えるひとつの参考になれば編さん者一同最高に幸せです。

ありがとうございました。

初出一覧

本稿の一部は、以下にあげる各稿をもとにして、それらを加筆・修正したものである。

第一編

平恒次、一九五七、「琉球村落の研究――国頭村奥区調査報告」琉球大学文理学部編『琉球大学文理學部紀要（人文科学）』第二号、一―五三（本書一部所収）。

宮城栄昌、一九六七、「共同店の設立」『国頭村史』四九二―五〇六。

※『国頭村史』の奥付には一九六七年発行と記載されているが、実際の発行は一九七二年である。

与那国暹、一九七六、沖縄村落の社会的特質、沖縄―自然・文化・社会、九学会連合沖縄調査委員会、弘文堂、五六八―五七四

玉野井芳郎・金城一雄、一九七八、「共同体の経済組織に関する一考察――沖縄県国頭村奥区の『共同店』を事例として」沖縄国際大学商経学部編『商経論集』第七巻第一号、一―二四。

※本論文は、共著者の文意を逸脱しない範囲で村上了太が編集しており、原典とは記述に若干の相違があることを付記する。

堂前亮平、一九九七、『沖縄の都市空間』古今書院、一三三―一四八。堂前亮平、安仁屋政昭・玉城隆雄（一九七九）：共同店と村落共同体（一）沖縄本島北部の事例。『南島文化』創刊号、四七―一八六（堂前氏が担当した事例研究「安田共同店」の部分を一部修正して掲載）。

宮城能彦、二〇〇四、「共同売店から見えてくる沖縄村落の現在」『村落社会研究』第一一巻第一号、一三—二四。

小川護、二〇〇八、「沖縄本島北部の共同売店の立地と経営形態の変化——国頭村・大宜味村・東村を事例として」沖縄地理学会編『沖縄地理』第八号、一三—二三。

上地一郎、二〇一四、「共同性の創発——土地整理事業以後の沖縄の村落共同体」高岡法科大学法学会編『高岡法学』第三三号、一—二六。

第二編

村上了太　書下ろし

小巻泰之　書下ろし

中村丘学　書下ろし

宮城能彦　二〇二〇、期待概念あるいは自己投影としての沖縄村落共同体および共同売店研究

※本論文は拙著（二〇一六年）「沖縄村落社会研究の動向と課題—共同体の形成と再考—」（『社会学評論』六七（四）、三六八—三八二に二〇一八—二〇（平成三〇—三二）年度科学研究費助成事業基盤研究（C）「沖縄村落共同体像を問い直す—近代沖縄村落共同体の形成過程と本質—」（課題番号18k02021）の二〇一八年度研究成果分を加筆・修正したものである。

執筆者紹介（執筆順）

〇宮城　能彦（みやぎ　よしひこ）

1960年生。沖縄大学人文学部教授。地域社会学専攻。南島文化研究所特別研究員。『奥むらの戦世の記録―ヤンバルの沖縄戦―』（榕樹書林、2018年）

平　恒次（たいら　こうじ）

1929年生。イリノイ大学名誉教授。労働経済学専攻。『「沖縄問題」とは何か』（藤原書店、2011年）

宮城　栄昌（みやぎ　えいしょう）

1907－1982年。元沖縄国際大学文学部教授、初代南島文化研究所所長。歴史学専攻。『琉球の歴史』（吉川弘文館、1977年）

与那国　暹（よなぐに　のぼる）

1934年生。琉球大学名誉教授。社会学専攻。『沖縄・反戦平和意識の形成』（新泉社、2005年）

玉野井　芳郎（たまのい　よしろう）

1918－1985年。東京大学名誉教授、元沖縄国際大学商経学部教授。経済理論、経済学史専攻。『玉野井芳郎著作集』全4巻（学陽書房、1990年）

金城　一雄（きんじょう　かずお）

1948－2015年。元沖縄大学人文学部教授。家族社会学、地域社会学専攻。『沖縄で学ぶ福祉老年学』（学文社、2009年）。

堂前　亮平（どうまえ　りょうへい）

1944年生。久留米大学名誉教授。南島文化研究所特別研究員。都市地理学・社会地理学専攻。『沖縄の都市空間』（古今書院、1997年）。

○小川　護（おがわ　まもる）

1958年生。沖縄国際大学経済学部教授。農業地理学専攻。南島文化研究所員。『日本の地誌10　九州・沖縄』（共著、朝倉書店、2012年）

上地　一郎（うえち　いちろう）

1967年生。松蔭大学経営文化学部教授。法社会学専攻。「アジアにおける日本法教育はどうあるべきか—立ち上げ時の模索の経験から」『法律時報』90巻3号2018年

○村上　了太（むらかみ　りょうた）

1966年生。沖縄国際大学経済学部教授。企業論専攻。南島文化研究所員。『日本公企業史』（ミネルヴァ書房、2001年）。

○小巻　泰之（こまき　やすゆき）

1962年生。大阪経済大学経済学部教授。マクロ経済学専攻。『経済データと政策決定
～速報値と確定値の間の不確実性を読み解く』（日本経済新聞社、2015年）

中村　丘学（なかむら　きゅうがく）

1971年生。医療法人社団輔仁会。南島文化研究所特別研究員。「個人商店における福祉的役割」～沖縄における「つながり」について～（社会福祉士、2012年）

○は編集委員

南島文化研究所叢書4

共同売店の新たなかたちを求めて

―沖縄における役割・課題・展望―

発　行――二〇二〇年八月三一日
編　集――沖縄国際大学南島文化研究所
〒九〇一―二七〇一
沖縄県宜野湾市宜野湾二丁目六番一号
電話　〇九八―八九二―一一一一（代表）
発売元――編集工房　東洋企画
〒九〇一―〇三〇六
沖縄県糸満市西崎町四丁目二一―五
電話　〇九八―九九五―四四四四
印刷所――株式会社　東洋企画印刷
ISBN978-4-909647-15-3 C0030 ¥1500E
乱丁・落丁はお取り替えいたします。